U0728451

# 混合式学习

## 用颠覆式创新推动教育革命

[美] 迈克尔·霍恩（Michael B. Horn）　著
希瑟·斯特克（Heather Staker）

聂风华　徐铁英 ◎译

杨　斌　审校

# blended

## Using

### DISRUPTIVE INNOVATION
### to Improve Schools

机械工业出版社
CHINA MACHINE PRESS

**图书在版编目（CIP）数据**

混合式学习：用颠覆式创新推动教育革命 /（美）霍恩（Horn, M. B），斯泰克（Staker, H.）著；聂风华，徐铁英译 . —北京：机械工业出版社，2015.6（2023.11 重印）

书名原文：Blended: Using Disruptive Innovation to Improve Schools

ISBN 978-7-111-50324-8

I. 混… II. ① 霍… ② 斯… ③聂… ④徐… III. 教学法 – 研究 IV. G424.1

中国版本图书馆 CIP 数据核字（2015）第 103612 号

**北京市版权局著作权合同登记　图字：01-2015-1189 号。**

Michael B. Horn, Heather Staker. Blended: Using Disruptive Innovation to Improve Schools.

Copyright © 2015 by Michael B. Horn, Heather Staker.

This translation published under license. Simplified Chinese translation copyright © 2015 by China Machine Press.

No part of this book may be reproduced or transmitted in any form or by any means, electronic or mechanical, including photocopying, recording or any information storage and retrieval system, without permission, in writing, from the publisher.

All rights reserved.

本书中文简体字版由 John Wiley & Sons 公司授权机械工业出版社在全球独家出版发行。

未经出版者书面许可，不得以任何方式抄袭、复制或节录本书中的任何部分。

本书封底贴有 John Wiley & Sons 公司防伪标签，无标签者不得销售。

**混合式学习：用颠覆式创新推动教育革命**

| | |
|---|---|
| 出版发行：机械工业出版社（北京市西城区百万庄大街 22 号　邮政编码：100037） | |
| 责任编辑：岳晓月 | 责任校对：董纪丽 |
| 印　　刷：北京建宏印刷有限公司 | 版　　次：2023 年 11 月第 1 版第 18 次印刷 |
| 开　　本：170mm×242mm　1/16 | 印　　张：20.25 |
| 书　　号：ISBN 978-7-111-50324-8 | 定　　价：45.00 元 |

客服电话：（010）88361066　68326294

版权所有·侵权必究

封底无防伪标均为盗版

人们用技术来影响学校教育的兴趣正在快速发展，这意味着为了尽可能有效地利用这些创新工具，学区管理能力非常关键。本书为管理者提供了一份行动计划，来确保混合式学习能够促进学生学业。

——丹尼尔 A. 多梅内克（Daniel A. Domenech）

美国学校管理者协会执行理事

本书不仅描述了许多混合式学习模式的特征，还为学校管理者、教师以及家长精心设计了一份行动计划，使他们可以在学校开展混合式学习实践。正如霍恩和斯泰克在本书中所清晰表述的那样，今日之教育最需要的是用迭代和创新文化来思考，并充分利用潜在学习模式的动态转换。这本重要的书对任何想在教育中呈现这一重要变革的人来说都是极好的资源。我确定我的每一位团队成员都将仔细拜读本书。我强烈推荐本书！

——杰米·卡萨普（Jaime Casap）

谷歌全球教育宣讲师

我们的学校需要改进，如果善加应用，技术可以帮我们做到。本书基于作者之前所著的开创性作品——《颠覆课堂》，为正确运用混合式学习提供了一个步骤清晰的行动指南。本书是那些为学生寻求有益教育成果的学校管理者和教育家的必读书目。

——乔尔·克莱恩（Joel Klein）

Amplify 首席执行官、纽约市教育局前局长

本书将《颠覆课堂》一书中的创新工作提升至一个新的高度。本书为师生释放出前所未有的机遇，告诉他们如何为每一个学习者设计个性化的学习路径，而不是一刀切的做法。这份行动蓝图推动教育家、管理者、政策制定者以及社区负责人共同打破美国传统教育孤岛，通过开发创新的教学和学习环境，帮助学生在技术驱动的全球经济中取得成功。

——裴铎丽（Bev Perdue）

DigiLEARN 创始人兼主席，北卡罗来纳州前州长

在本书中，对数字资源进入美国课堂这一不可阻挡的势头，迈克尔·霍恩和希瑟·斯泰克完美地捕捉到那种既紧张又乐观的态度。本书将成为教师、管理人员和企业家的无价资源，帮助他们达成一项共同使命：利用技术这一工具帮助美国每一个孩子追求卓越。

——简·斯威夫特（Jane Swift）

明德交互语言公司首席执行官、马萨诸塞州前州长

数字革命就在我们身边，教师们正在热切地寻求与学生们联系的更好方式，给予他们超凡的教育，为他们在快速发展的社会取得成功而做好准备。作为教育管理者，我们必须确保教师与学生都已经为打造 21 世纪的课堂做好准备。如果说《颠覆课堂》这本书为教育领域展示了正在出现的数字化图景，那么《混合式学习》这本书在此意义上则更进了一步。在阅

读本书时，作为教育者，我们开始明白如何在这个新的世界中生存，如何利用混合式学习策略来为学生提供应有的教育。

——特里·格里亚（Terry B. Grier）

休斯敦独立学区总校监

本书对混合式学习进行了深入、全面的考察。尽管作者意在提出充分理由让我们相信在线学习对个性化教学的重大影响，但他们也揭示了在线学习尚未开发的潜能，即学生能够拥有属于自己的教育体验。混合式学习对于交流的贡献，我对此感到乐观，我们能够将过去的那种定制的教育模式迁移为一种真正个性化的教育模式，较少关注传递知识，更多关注探索和发现。

——乔安·巴托雷蒂（JoAnn Bartoletti）

全美中学校长协会执行理事

在所有要求改革、改进或者运用技术来提高教育的呼声中，霍恩和斯泰克的方法令人耳目一新，并颇具实际意义。他们简明扼要地抓住了混合式学习的三大优势：个性化、便利性和低成本，并以案例作为支持告诉我们什么在发挥作用，如何奏效。作者说明了学生如何渴望参与和探索那些建立在他们已有知识基础上的资源，并引导他们获得他们应该知道的知识；教师可以关注那些需要被关心的学生。用这种方法，掌握知识对每个学生来说都成为可能。本书为学生们指明了方向，加速他们进入大学和职场所需的准备进程。本书非常值得教育领导者和政策制定者一读。

——吉姆·格林格（Jim Geringer）

DigiLe 副主席、怀俄明州前州长

# 目录

赞誉

作者简介

推荐序一　检验我们是否真懂的八个设问（杨斌）

推荐序二　当颠覆性创新与范式发生冲突（克莱顿·克里斯坦森）

致谢

引　言　// 1

颠覆性创新的模式　// 2

颠覆性创新与在线学习　// 3

工厂模式的学校教育　// 5

以学生为中心的学习　// 9

为什么说学校处于临界点　// 12

打造一个领域的专家　// 19

你在本书中将会发现　// 19

注释　// 20

29 ----　第一部分　理解

第 1 章　什么是混合式学习　// 30

在线学习的发展进步　// 31

对混合式学习的正解和误解 // 33

混合式学习模式 // 36

混合式模式的搭配 // 51

小结 // 52

附录 1A 关键术语讨论 // 53

附录 1B 基础教育阶段混合式学习的分类 // 55

注释 // 60

第 2 章 所有的课堂都要进行混合吗 // 65

混合理论 // 67

混合式学习具有颠覆性吗 // 70

混合式学习的混合模式 // 71

混合式学习的颠覆性模式 // 74

对基础教育变革的前瞻 // 75

学校会有怎样的变化 // 77

小结 // 83

注释 // 83

89 ···· 第二部分 动员

第 3 章 从行动纲领开始 // 90

取代设备"填鸭" // 93

界定问题或阐述目标 // 94

领导应关注延续性行动纲领，还是颠覆性
行动纲领 // 98

如何识别核心机会 // 99

如何识别非消费机会 // 101

威胁与机会 // 103

小结 // 104

注释 // 105

第 4 章 组建创新团队 // 108

团队设计的框架 // 109

在学校中应用团队类型框架　//　115

利用多种类型的团队　//　124

失误的代价　//　125

小结　//　126

注释　//　127


*131* ‥‥　**第三部分　设计**

第5章　**提升学生学习动力**　//　132

学生学习意愿的重要性　//　133

"待解决任务"理论　//　134

学生待解决的任务　//　138

待解决任务的结构　//　140

实现学生待解决的任务　//　141

整合什么，如何整合　//　147

混合式学习对于完成学生任务的作用　//　150

让学生改变任务的风险　//　151

小结　//　152

注释　//　155


第6章　**提升教师教学水平**　//　161

从学生的角度来设计教师的角色　//　162

从教师的角度来设计教师的角色　//　168

为师生共谋福祉　//　174

小结　//　175

注释　//　175


第7章　**虚拟和实体装备的设计**　//　180

产品结构和接口　//　181

个人电脑结构的变化　//　183

教育领域向模块化转变　//　185

一体化和模块化的在线内容　//　187

一体化和模块化的操作系统　//　195

一体化和模块化的实体空间 // 197

根据你的环境调整你的策略 // 200

小结 // 200

附录7A　在线内容中应用基础教育
混合项目的概览 // 202

注释 // 204

第8章　模式选择 // 210

与待解决问题类型的模式匹配 // 212

与团队类型的模式匹配 // 215

与预期学生体验的模式匹配 // 216

与教师角色的模式匹配 // 220

与物理空间的模式匹配 // 222

与可用的网络设备的模式匹配 // 225

对选项进行排序并做出选择 // 226

走向多元模式 // 227

小结 // 228

附录8A　哪种混合式学习模式最适合
你们的情境 // 230

注释 // 232

235 ····　第四部分　实施

第9章　塑造文化 // 236

什么是文化 // 237

文化对儿童的力量 // 238

文化在校园中的力量 // 239

如何塑造文化 // 241

文化在实施混合式学习过程中的作用 // 243

现在还为时不晚 // 246

小结 // 248

注释 // 248

第10章　发现自己的成功之路 // 251

发现导向规划 // 252

从结果入手 // 254

创建一个假设条件清单 // 255

实施方案：了解更多 // 259

我们应当继续推进、改变抑或搁置方案 // 261

小结 // 262

注释 // 263

第11章　结语 // 265

不断推进项目实施 // 266

混合式学习是团队协作 // 267

理解、动员、设计和实施 // 269

注释 // 270

附录A　需要讨论的问题 // 272

附录B　清华大学首推混合式教育学位项目　促进专业硕士招生

培养模式改革 // 277

附录C　慕课混合式学习实践概要 // 281

**迈克尔·霍恩**（Michael B. Horn）是克莱恩·克里斯坦森颠覆性创新研究所的共同创办人，并担任教育项目的执行主任。他领导团队通过研究颠覆性创新对基础教育和高等教育的影响，来为教育政策制定者和社区负责人提供智力支持。他的团队旨在将庞大而僵化的、工厂模式的教育系统转变为以学生为中心的制度设计，并成功地教育学生且使他们每个人都能充分发挥自己的潜能。

2008 年，霍恩、哈佛商学院教授克莱恩·克里斯坦森和柯蒂斯·约翰逊合著了获奖图书《颠覆课堂：颠覆性创新将如何改变世界的学习方式》，《新闻周刊》将该书评为"我们这个时代的 50 本书"中的第 14 名。霍恩还出版过几本关于混合式学习的白皮书，并与弗雷德里克·赫斯一同编辑了《私人企业与公共教育》一书。他还和硅谷学校基金的布莱恩·格林伯格为一些大的出版物如《福布斯》《华盛顿邮报》《经济学人》《赫芬顿邮报》和《教育周刊》开设了"混合式学习 101"——这是一个由五个单元组成的系列免费在线课程，与可汗学院合作而成。

霍恩还定期出席州立法会议，并且经常作为主旨发言人出席美国教育会议和发展规划会议。《技术与学习》杂志认为他是在教育技术运用的创造和进步方面最重要的 100 位人士之一。

此外，霍恩还在一些委员会任职，包括担任《教育下一代》杂志的执行主编，这本杂志以教育政策建议与研究为主要内容。他还任职于飞达利斯教育（Fieldlis Education）和硅谷学校基金（Silicon Schools Fund）董事会。同时，他也是亚利桑那州立大学教育创新咨询委员会成员、马萨诸塞州数字化学习咨询委员会成员、哥伦比亚大学教师学院赫钦格教育及媒体研究所咨询委员会成员。霍恩拥有耶鲁大学历史学学士学位、哈佛商学院工商管理硕士学位。他还是 2014 年艾森豪威尔学者奖获得者，并在越南和韩国进行了教育体系的研究。

**希瑟·斯泰克**（Heather Staker）是克莱恩·克里斯坦森颠覆性创新研究所的教育实践项目高级研究人员。她在广播和电视节目中出任嘉宾，并在全国的立法听证会上担任混合式学习、基于能力的学习和以学生为中心的教育设计的发言人。她的著作或合著的重要出版物包括《基础教育领域混合式学习的兴起》《基础教育混合式学习的分类》和《基础教育混合式学习是颠覆性的吗》。

2012 年，她被学乐集团（Scholastic）评为教育界值得关注的五位人士之一。她为《教育下一代》《犹他新闻》和 *THE Journal* 撰稿，也经常作为主旨发言人出席全美的教育与创新会议。斯泰克还是 Brain Chase 的联合制片人，Brain Chase 是一个为期六周的世界性的学习探险，为八年级以下的学生设计的暑期探寻巨大宝藏的活动。

在就职于克里斯坦森研究所之前，斯泰克是麦肯锡公司的战略咨询师，并于皮特·威尔逊州长任期内担任加利福尼亚州教育委员会成员。她还曾任职哈佛大学为教学人员讲授美国历史；她建立了一所合作式的幼儿园；她还帮宝洁公司玉兰油品牌进行过市场营销。她获得了哈佛大学政府管理学士学位和哈佛商学院工商管理硕士学位。她幸福地嫁给了阿伦·斯泰克，他们共同养育了五个活泼可爱的孩子。

## 检验我们是否真懂的八个设问

"我们叫作开始的往往就是结束,而宣告结束也就是着手开始。终点是我们出发的地方。"诗人艾略特在其极具哲学意味的作品《四个四重奏》中这样写道。看似矛盾的诗句背后暗藏着无数的隐喻,引发我们对日常一些概念和行为模式的重新认知。二元关系的存在是广泛的,而对二元关系的认知却常常停留在表象:对立的外在常常掩盖了统一的内涵,非此即彼的理解往往凌驾于彼此互通的意义。

在工具进步和技术创新的时代,传统和新兴构成了二元结构,摆在人们面前的选择就是:要么摒弃传统,要么裹足不前。新与旧之间内在的统一联系和对事物本质的理解反而显得不那么重要了,而后者,对事物本质的理解,正是我们采取有效行动的关键。

以网络这一新技术的出现为例,网络化学习与传统学习形成了新的二元关系。我们忍不住要发出一些疑问:在两种不同的学习范式下，学习环境、学习内容的安排以及教师的作用是否发生了深刻的变化？当你要把一门在传统课堂上已经反复讲授、很受好评的课程，变成一门在线课程（不管是 MOOC 还是 SPOC）的时候，课程的有机组成是什么？当一个学生来到了传统课堂，写完日常作业并参加了期末考试，是否就算是我们所认可的学习"参与者"（participant）并"参与"（participate）学习了？课堂教学效果与学习者的规模之间是否存在相关性？如果有，多少真正合适？学习者社群的产出究竟有多重要？对教学质量的评价，究竟在多大程度上依赖于学习者的智商和看不见摸不到的"学习志趣"？大学或者教育机构是否可以给通过在线学习方式完成所有学分课程和毕业论文的学生一个相应的学位？

这是检验我们是否真（zhuang）懂的八个设问。我们之所以纠结、摇摆于这些问题，正是由于对两种学习方式所产生的二元关系的理解不足造成的。非此即彼的对立只能加深质疑，统一方可加强内在联系，是时候重新审视我们对于课程、学习、学位、教育等概念的本质了。回答这八个甚至更多的设问，才能帮助我们有效地建立不同学习范式之间的内在联系，才能保证不同范式的统一不是浮于表面的"迁移"，才能让我们不是简单地做出非此即彼的选择。

一切远不止于此。从过去到未来，无论是传统学习、在线学习或是混合式学习，我们一直力图获得的，其实从未改变，那就是质量。当传统学习的偏好者对小荷才露尖尖角的在线学习进行"拷问与苛求"时，其实同时也会发现，传统课程学习方式的质量居然还停留在"良心活"和"经验活"的状态；对于每个课堂学习成效的把握，还非常有限和局促。对于课程参与的理解和促成，对于大学教学中各种更适应新一代年轻学习者的教学法的创新与普及，还"少人关心少人问"。教师的优秀做法，在发现、提炼和推广上所做的努力、投入还远远不够。同样，妥协质量也从来不应该是在线学习或是混合式学习的目标。从克里斯坦森的颠覆式创新（disruptive innovation）理论来说，颠覆者的主流性能在最初的一段时间内低于大路货，这里所提到的主流性能，在中国的在线学习近几年的发展中，不是质量，那是什么？在线学习过于重视内容传授，轻视学习的系统性和知识的整体性，往往呈现出"碎片化"样貌，这是必须克服的不足。

"混合式学习"正是建立在对二元关系的统一，以及对学习、课程、教师等概念深刻理解的基础上形成的一种新的学习范式。学习理论的混合、学习资源的混合、学习环境的混合和学习方式的混合，使两种不同的学习范式得到内在的统一，而不是简单的迁移。

毋庸置疑，未来还会不断出现新的学习范式，我们不必纠结"新"是否会取代"旧"，更应该认真审视学习、课程、教师和学习者等概念的本质。检验我们是否真（zhuang）懂的八个设问，没有过时。

是为序。

清华大学副校长　杨斌

2015 年 8 月 10 日

## 当颠覆性创新与范式发生冲突

我们正处于教育转变的当口。一直以来，人们对学校教育的困境争论不休，还提出了不同的解决方案。然而，世界上没有灵丹妙药。每个阵营的人都持有自己的解决方法，但是因为学校有其运作方式，使得每种解决方法常常与其他方法针锋相对。随着混合式学习出现在美国基础教育阶段中，我们现在有机会超越之前所做的权衡和取舍。请允许我通过说明"范式"和"颠覆"这两个概念是如何发生联系的来解释上述论点。

托马斯·库恩的《科学革命的结构》（*The Structure of Scientific Revolutions*）是我所读过的最有用的书之一，该书向我们介绍了"范式"的概念。这本书基于库恩对科学史的毕生研究，对认识体系如何出现并改进这一问题，总结出一个既简明又通用的模式。从本质上来看，库恩的模式所强调的并不是认识体系最初的起点，而是聚焦于认识体系如何改进。

认识体系通常开始于对两种事物之间的关系模式所做的假

设。增强认识的方法几乎总是异常的——发现原有的模式无法解释。这些异常现象迫使研究者重新审视原有的因果关系，并作调整以便能够同时解释原有的现象和新的观察。通过面对并解决这些无法被之前经验所解释的异常，认识体系得以解释越来越多的现象。

某些时候，在一些认识体系中，因果关系被广泛理解并接受，因此这些领域的研究者所做的研究本能地建构在这些认识体系上。库恩将这些基于因果关系的认识体系称为"范式"。它在所要观察的现象与研究的结果之间建立了关联；它规定了应该提出什么问题，这些问题该如何结构化并解答，如何解释研究结果。

研究人员很少质疑范式，因为它是如此有助于理解一个研究领域中发生的现象，所以他们假定范式在常规科学中是有效的并可以加以运用。范式包括的知识内容有：如何衡量事物，界定并描述现象特征，探索范式应用的边界。这些工作大都需要分组和比较，研究者因此能够持续发现异常的存在。当他们观察一个异常现象时，为了包容这些边界之外的存在，他们致力于调整并重新表述范式。如果行不通，他们就判定这个异常发生在范式的应用范围之外。

然而，有时研究者发现一个范式无法解释的异常，他们通常把它束之高阁——等同于学界所谓的"悬案"。当研究者又发现其他无法用范式解释的异常时，同样这个异常也会被暂且打入"悬案"之列。越来越多的悬案累积到一定程度时，一个大胆的研究者会对它们做整体研究并宣布："嗨，伙计们，看看这些悬案吧！你们能看出它们之间的关联吗？范式错了！"

通常情况下，只有一种理论能够有助于揭示这些异常之间的模式，而这一理论往往属于其他科学分支领域，范式最原始的、最深切的信仰者对此理论知之甚少。因此，这些信徒至死捍卫最初范式的有效性。他们对所属科学分支的研究工具常常出自本能，这使他们对那些质疑范式的异常现象视而不见。鉴于此，库恩发现那些学术训练和学科教育与众不同的新手研究者通常能推翻范式，并用新的知识取代它。

这种发现、测试并推翻范式的过程每天都会发生，它不是一个偶然出现的事件。通常需要花费数十年的时间去积累，然后质疑范式。

此外，许多人出于各种目的使用"范式"这一术语。他们当中的大多数并没有读过库恩的著作，他们使用这一术语是为了给自己的观点镀金，使其观点得以"范式转换"，或是为了在学术派系争斗时提升自身高度等。依我愚见，"颠覆性创新"这一术语同样也被一些无知的人滥用，给他们的为所欲为寻求正当理由。


## 战略与创新之间的关系

常规科学中投入精力最多的研究就是考察权衡关系，一般用二维图来展示：为了获取更多的一种事物，用纵轴表示；获取较少的另一种事物，用横轴表示。这种此消彼长的权衡关系，被称为"效率限界"，其关系曲线可以是线性的、凸形的或者凹形的。例如，发射一枚卫星进入轨道就可以呈现出这种曲线。发射卫星至低端轨道可以加速其通信速度，但是卫星需要小型、轻量并执行单一任务；在高轨道运行的卫星则可以是更大的、执行多项任务的，但是耗资更多等。

利用效率限界对公司或产品进行定位的决策被我的朋友迈克尔·波特称为"战略"。战略需要权衡关系曲线。在教育领域，这种权衡关系可能是：教学模式应该是单向的（授课）还是双向的（讨论）？我们的模式是基于单独授课还是集体授课？我们应该建立大型学校以符合规模经济的需要，还是应该建立小型学校让师生比更低？这些都是基于理论的战略选择。一旦做出战略选择，教育者关注的创新类型就聚焦于所谓的"延续性创新"。这种类型的创新使好产品更加完善，并帮助人们更有效地执行所选择的战略决策。

范式在卫星设计和位置上得以体现，但是它并不决定效率曲线上的最优点。范式只是确定了要讨论的权衡关系以及评价所需的指标。在教育领域，范式提供了框架用以研究诸如在基于项目的学习（实践行动）和基于授课的学习（知识学习）中师生比或者权衡关系。常规科学很少质疑这些权衡关系。

当企业家或者技术专家想出打破权衡关系的办法，增加其中一种事物的数量却不必以减少另一种事物的数量为代价的时候，颠覆性创新就发生了。在通常情况下，打破权衡关系意味着开始推翻范式。为什么颠覆性创新如此长于推翻范式和产业领袖，其关键原因在于延续性创新处于停滞，它使历史条件下的权衡关系处于最优状态。

那些实施颠覆性创新的人最初也接受旧范式确立的权衡关系。但是，他们看到技术进步的曲线超越了客户会使用的技术水平，技术的市场表现从"不够好"到"很好"时，权衡关系就被打破了。在颠覆理论中，技术进步曲线的切入释放出阻碍权衡关系发展下去的因素。

具有颠覆性的技术进步曲线，始于低端市场顾客的需求未得到满足之时。在教育领域，早先大多数教师像我一样，至少口头上承认在线授课会逐渐颠覆性地超越传统课堂。但是，我们一致认为在线学习不可能模拟现场讨论，像在高中、大学的高级研讨课上或者哈佛商学院基于案例的教学课上那样。在颠覆性创新的大举进攻下，我们一直认为这是传统教学的避风港。

然而，现在谈谈我的朋友埃斯彭·安德森，他是位于奥斯陆的挪威管理学院的教授。埃斯彭正在打破课堂教学的权衡关系，他的做法是具有颠覆性的并且不断向前发展。当我写下这些文字时，出于体检的原因，埃斯彭需要在波士顿逗留，而他的学生需要在奥斯陆通过案例教学法学习知识。埃斯彭如何解决这一问题呢？他把自己的签名领结系在奥斯陆的一个机器人身上，把他的苹果平板电脑安装在机器人的脖子上，然后带着无线操纵杆在波士顿指挥机器人。埃斯彭的学生则坐在奥斯陆教室指定的位子上，每个座位都有三个按钮，其中一个可以给埃斯彭发信号，意思是"我想发表意见来支持你刚才说的话"；另一个按钮表示的意思是"我不同意你刚才的说法"；第三个按钮表示"我想谈谈其他话题"。这使埃斯彭能够根据学生们象征性的空中举手来与学生互动并引导课堂讨论的方向。埃斯彭还可以象征性地走到白板前对学生们的发言进行总结，也可以走到某个学生面前，不仅可以口头回答，还可以利用肢体语言对学生的问题进行回应。

我讲这个故事不是想说美国基础教育（K-12）<sup>⊖</sup>阶段将会在未来变成

---

⊖ K-12 是美国基础教育的统称。"K-12"中的"K"代表 kindergarten（幼儿园），"12"代表 12 年级（相当于我国的高三）。K-12 是指从幼儿园到 12 年级的教育，因此也被国际上用作对基础教育阶段的通称。——译者注

埃斯彭的课堂那样，而是想举例说明技术进步比人们运用技术的能力要超前，埃斯彭正在给我们展示，那些在某种教育范式中处于绝对地位的权衡关系现在正在被打破。

下面我们来描述一下这个过程：所有事情都不是一朝一夕发生的。未来和过去同时存在于当下，但是它们并不是均匀分布在这个世界上的（威廉姆·吉布森和肖恩·卡罗尔等人有同样的思想）。那么，埃斯彭·安德森的课堂是处在未来还是现在呢？

如果我们仅仅靠等待来指望未来成为现在，也就是说，如果我们等到那些关于教学新方式的数据呈现出来，这些数据将会继续与其他数据存在冲突，现实不会发生任何变化。这是因为如果没有令人信服的理论做基础，你的数据就没有发言权，也没有强有力的逻辑。行动和改变的基础是理论而不是数据。

过去，许多关于教学的范式都与社会发展相适应。现在我们的理论——颠覆性创新，为正在出现的数据赋予了意义。包括埃斯彭在内的来自课堂的数据表明，在世界上许多地方，教育的权衡关系正在被打破。

我能意识到，在过去作为一名教师，我被已存在的权衡关系所束缚。我所做的创新实际上是延续性创新。对学生来说，我一直是一名好教师，而他们的所思所想和所经历的与我一样。在教学生用不同方式来理解这个世界方面，我充其量是个中等水平的教师。在线学习为每一个学生提供了接受定制学习的机会。为了与我的学生们有激发智力的讨论，我不得不降低选课名额。我常常认为教学就是"教师教，学生学"，但是这一切已经改变。激发大量来自不同地点的学生进行讨论现在已经成为可能。除了教师可以教学生之外，学生们彼此之间也可以互相学习。我们都在学习如何学和如何教。谢天谢地，正如埃里克·霍夫所说的那样，"在社会变化迅猛的时代，学习者才有未来。总是自以为饱学的人其实生活在一个已经不存在的世界里"。

　　本书为我的同事迈克尔·霍恩和希瑟·斯泰克所著，书中精彩地描述了教和学中多种权衡关系正在被打破的事实。现在我们不需要以此消彼长为代价，就能满怀信心地实现预期。当在线学习的性能继续在技术进步的曲线上攀升，越来越多的权衡关系将被消除，混合式学习为个人的教和学活动最优化提供了机会。混合式学习充分利用了求知者现有的新旧范式。本书旨在帮助教师、学校领导、教育主管及家长们学习如何在今天进行混合式学习，而不是置身事外等候未来。

克莱顿·克里斯坦森

哈佛商学院

在出版了《颠覆课堂》之后，幸运从天而降。教师、学校负责人、政策制定者、家长、企业家、投资者、慈善家、技术专家、公司负责人以及大学教授等都与我们联系。我们有一个共同目标，那就是：让我们的教育体系以学生为中心，让所有学生都能够发挥出他们的潜能。

在与我们联系的人当中，许多人在教育界工作，有些则不是。许多人同意我们的观点并愿意加入我们正在成长的创新者网络当中，另一些人则不同意我们的观点并想要说服我们。在此对他们的联系表示感谢——成千上万个电话、会议和登门拜访使我有幸与世界各地的人交流，这让我懂得更多。他们是致力于为学生创造更好教育的人，他们的热情赋予了我很多灵感。

我们在克莱顿·克里斯坦森研究所工作，这是一个非营利、无党派的智库组织，致力于通过我们共同参与创建的颠覆性创新理论来改进社会，我们借此机会发布一些研究成果，包括案例研究、白皮书、文章、博客、演讲、工作坊和我们的混合式学习大全库，这是实施混合式学习的学校档案数据库。如果没有捐赠者慷慨解囊，这些研究将无从谈起。在本书中，我们将所见和所学与创新理论整合在一起，帮助你们设计混合式学习环境，它将推动教育体系向以学生为中心迈进。

完成《颠覆课堂》一书后，我经常对如何写第二本书感到困惑。对我来说，能有一位令人称道的、善于思考的合作者就再好不过了。希瑟·斯泰克才华横溢且富有激情，也是我所认识的可能最多产的作者。若不是她娴熟的写作、视野和研究工作，这本书就不可能写就。

过去的 7 年里，在克莱顿·克里斯坦森研究所我们非常幸运地拥有一个优秀的研究团队，他们为本书做出了积极贡献。凯瑟琳·麦基是我们的第一位成员，她撰写了几个颇为本书增色的案例。梅格·埃文斯被那些采用混合式学习的学校所经历的挑战所启发，这使我们的理论建构研究工作更具有实际意义。安娜·古对事实材料进行了深度挖掘并确定资料来源。凯瑟琳·卡里斯精心安排了无数次激发本书写作灵感的研讨会。汤姆·阿内特、夏丽蒂·艾尔、朱莉娅·弗里兰以及迈克·勒梅特的研究都协助本书成稿。我亲爱的朋友同时也是克里斯坦森研究所董事会主席的吉泽尔·哈夫，多年以来一直都是积极的宣传者和引路人，在他的帮助下，本书最终得以出版。安·克里斯坦森和海登·希尔使我们的工作更加有效，米歇尔 R. 魏泽使我们的工作与高等教育正在演变的形势发生关联。此外，我对我的导师克莱顿·克里斯坦森深怀感激并深受其启发，他将继续全面指引我前进。

我非常幸运地拥有一位终身伴侣特蕾西，她和我一样对我所从事的工作充满热情，并真挚地希望我们能共同成功地将全球的学校转变成以学生为中心的、实现每个学生学习需求个性化的学校。当我们的女儿来到这个世界上的时候，我妻子的敦促、激励、鞭策、支持和爱促使我前进。我把本书献给她。

迈克尔·霍恩<br>马萨诸塞州列克星敦

2010 年，我开始研究美国学校里出现的混合式学习。那时我不知道当时的一个小项目——由克莱恩·克里斯坦森研究所与特许学校成长基金的亚历克斯·赫尔南德斯和埃里克·陈合作，会给我的生活带来巨变。经过几个月的研究后，我偶然发现阿克顿学院——由杰夫和劳拉·桑德弗在得克萨斯州的奥斯汀市建立的一所采用混合式学习的学校。这所学校给我留下了深刻印象，我说服了我的先生从夏威夷的火奴鲁鲁（檀香山）搬到得克萨斯州中部来，以便我们的五个孩子能够在这所学校就读。

如今，每次我去参观一所采用混合式学习的学校，我的脑海中都会有一个问题：这是一所我们愿意把自己的孩子送来就读的学校吗？我希望经过下一个 10 年的时间，答案会是越来越多的"是"。

我非常感激迈克尔·霍恩，他的《颠覆课堂》一书激发起一场关于如何让学习回到以学生需要为中心的广泛讨论。他的智慧和文采备受称赞，但是那些在他的团队里工作的人都知道，他同时也是天生的管理者和导师。

一些人为我打开了机会之门，让我能够不负众望地改进学校和教育系统。这些人包括克莱恩·克里斯坦森、皮特·威尔逊、塞勒姆·亚伯拉罕、贝丝·安·布莱恩、萨丽·法科特、弗兰克·亚历山大、罗杰·波特、理查德·华莱士、莉拉妮·威廉姆和 Brain Chase 团队。

许多教师和孩子给予我们团队非常宝贵的支持。特别感谢米兰达·利文斯顿、安德里亚·霍尔、卡莉·克莱顿、莫尼卡·费雪、卡罗琳·鲁道夫、凯莉迪·内特·瑞德、安娜·布拉贝·史密斯、萨曼塔·辛普森、特瑞·德芙、迪安妮·保尔森、黛布拉·维斯曼和贾内尔·布莱克，他们教导、指引并爱护许多奥斯汀的孩子，包括我自己的孩子。

我深受父母鼓舞，他们认为教学是最高尚的职业之一。我的父亲惠特尼·克莱顿放弃了成功的律师业务，转而成为一名牧师和教师。我的母亲凯西·克莱顿做了30年的教师，她在课堂上促进以学生为中心的学习，而那时这一概念还不成熟。在她的一本以诗歌形式写就的书中表达了这个思想，使我获得灵感。

塔特、萨万娜、奥德丽、亨利和格雷森·斯泰克也让我充满热情和紧迫感，帮助我整合案例使其在社会标准下更加有效，而且从孩子的观点来看显得更加愉悦和丰富。照顾我的家庭是我生命中得到的最伟大的机会，阿伦·斯泰克是我永远的伴侣和爱。他不断地激励我，鼓舞我，并提醒我开拓之路没有捷径。我把本书献给他。

希瑟·斯泰克

得克萨斯州奥斯汀市

在过去的几年里，如果没有无数人和组织的帮助，本书恐怕难以付梓。感谢里奇·克兰德尔、斯科特·埃利斯、迪克·佩勒、艾米莉·斯奈德和汤姆·范德·阿克，他们精心阅读并审校了本书原稿；感谢拉斯·阿尔滕伯格、斯科特·本森、斯泰西·奇尔德德斯以及路易斯·德·拉·弗恩特斯对本书提出的建议和支持；感谢约翰·贝利、安迪·卡尔金斯、布莱恩·格林伯格、凯文·霍尔、苏珊·帕特里克、奇普·斯莱文、戴安娜·塔弗纳、约翰·沃森、鲍勃·韦斯以及凯特琳·赖特分享了他们的思想；感谢玛乔里·麦金尼、克里斯蒂·海因、特雷西·盖拉格和 Wiley 公司其他人的指导和娴熟的编辑工作；感谢书刊代理商丹尼·斯特恩和克里斯·卡普的聪明才智；感谢阿什利·格罗文斯基、珍·黑迪、安杰莉卡·塞娜和内德·沃德帮助推广。

你走进一所窗明几净、色彩明丽的学校，学生的艺术作品挂在走廊的墙上，图书馆的书琳琅满目，教师工作认真勤奋，管理人员让学校有序地运转，学校给学生们提供了电脑、运动场所及实习机会。没错，世界上许多学校可能还处于挣扎之中，尤其是在内陆城市；《等待超人》和《一项被否定的权利》这样的纪录片反映了公立学校衰退这一令人心痛的事实。但是，一些学校还是不错的。如果你像大多数父母一样，坚信自己孩子就读的学校，不论是公立还是私立，城市、郊区还是农村，都能培养好孩子们。[1]

本书讲述的是关于在线学习与学校课堂混合实施的内容。对那些想要给学校带来巨大改变的人或已经在考虑使用混合式学习的人来说，本书不仅仅是一个资源，也可以帮助那些对现状满意的人们开阔视野。学校教育正处于永远改变世界学习方式的数字化转变之临界点上。如果在线学习尚未撼动你所在的学校，那么它很快就会来到。《颠覆课堂》的作者（包括迈克尔·霍恩，本书的著者之一）在2008年曾经预言：到2019年，

50%的高中课程将会以某种形式或者方法在线上提供。

几年后，这个预言逐渐变得明朗化，其中一些预言甚至有些保守。[2]人们可能会争辩出现的时间，但是我们相信更有趣的问题是在线学习不容置疑地出现在初等教育、初中教育和高中教育中，这是否是一件好事。我们的教育是要退化至令人失望的非个性化、科幻式的自动化吗？学生在线学习的浪潮是一件充满积极意义的事情吗？对后者我们如何确定呢？

## • 颠覆性创新的模式

问在线学习是否是一件好事，就好像问电子邮件、塔吉特（Target，美国著名的百货公司）、特波税务软件（TurboTax）好不好一样。美国邮政服务可能不喜欢电子邮件，但是除它之外的大多数人都认为电子邮件让通信更加快速、更加便捷，而且比支付邮资更经济实惠。美国梅西百货公司可能不喜欢塔吉特，但是数不清的消费者为塔吉特折扣店的优惠价格能够改善生活质量而买单。美国布洛克税务公司（H&R Block）以及其他税务公司从特波税务软件诞生之日起就对其充满恨意，但是许多个人用户和小型企业则认为特波税务软件是天赐之物。

电子邮件、折扣零售商和特波税务软件，正是哈佛商学院教授克莱恩·克里斯坦森所称的"颠覆性创新"。尽管颠覆性创新乍一听可能不像教育工作者能够接受的称呼，但是它的确让人获益良多。这一术语指的是一些产品和服务开始是处于市场底层的简单应用，为那些没有足够财富或者专业知识去选择别的产品或服务的人们提供。[3]例如，特波税务软件诞生之前，大多数人都只能艰难地用铅笔和计算器来统计他们的报税额，因为他们请不起专业的税务公司帮他们做这些事。但是，特波税务软件正在"颠覆"专业税务公司构成的现有体系，它给数以万计请不起专业税务公司的人们提供了一种简单、经济的方式，使他们在专业指导下精确计算自己的报税。

颠覆性创新因重新定义了性能表现而具有竞争力，这意味着它们对质量的定义与现有体系完全不同。通常它们对质量的新定义以某种益处为中心，如经济性、便利性、可达性或者简洁性。在报税案例中，在特波税务软件的帮助下，那些负担不起布洛克税务公司提供的一对一个人报税服务，或者离公司分支机构太远的人们都能够得到便捷的报税服务。

不仅如此，数以万计的个人和小型企业之前是布洛克税务公司的客户，后来他们都用特波税务软件来取而代之了。这显示了颠覆性创新在力争赢取需求日益增加的客户生意时，无情地撼动了高端市场。为了做到这些，它们必须在性能表现上越来越好，同时保持更经济性、便利性、可达性或者简洁性。在报税案例中，现有的系统展开了基于能力的竞争来应对复杂的税务状况，并且绕过人们需要咨询专家的那段灰色地带。最初，特波税务软件服务于这些客户的能力有限，它只能提供便利性和经济性，但是随着时间的推移，特波税务软件有能力应对越来越复杂的问题，尝试吸引现有系统内更多有需求的客户。它还增加了两项功能，如"即时对话"和"咨询专家"来提供实时帮助。如今，它可以提供复杂帮助和专家建议，这样一来，很多人就放弃了专业的报税公司转而投向特波税务软件。这些转换的客户获得了双重好处——足够的专家知识、便利性和经济性。当然，它永远不可能与面对面的专家相媲美，但是它对无数人来说已经足够好了。

## • 颠覆性创新与在线学习

颠覆性创新模式有助于回答如下问题：混合式学习融入基础教育是有

利还是有弊？其一，颠覆性创新解释了为什么在线学习大多数开始于学校课堂之外，而不是作为一种直接的解决方案应对主流学生的数学和阅读教学（尽管在许多学校已经这样做了，我们随后会就此讨论）。与其他颠覆性创新类似，在线学习开始于简单的应用，服务于那些没有其他可替代的学习选择的学生。我们称这种情形为"非消费"（nonconsumption），因为在这种情形下根本没有可替代的颠覆性技术的选择项。在基础教育系统，在线学习开始于高级课程。例如，它是学校希望学生在家里可以学习的课程；是在那些小型的、农村的或者市内的学校因无法提供相关学科领域高素质教师讲授的课程；是为那些需要补修学分才能毕业的学生提供的重修课程；是为在家自学的学生提供的课程。最初，即便是一门平淡无奇的在线课程都比学生的其他选择强，因为他们根本无从选择。但是，正如其他成功的颠覆性创新为了吸引更多有需求的客户而向高端市场进军，在线学习自出现之日起也取得了令人瞩目的发展。这种颠覆性创新模式可能是平缓的，因为它确保低端颠覆性技术会随着时间推移而改善。与10年前相比，美国国内的网络接入速度越来越快，也越来越稳定。虚拟交流工具，如Skype和谷歌的Hangouts，使同步在线通信变得操作简单且价格低廉，在线内容也越来越吸引人。大多数学生都有一台触手可及的网络设备，不论是笔记本电脑、平板电脑还是智能手机。[4]

此外，越来越多的学生正在进行在线学习，与此同时继续在传统的实体学校学习，这种现象被称为"混合式学习"。混合式学习的出现是在线学习向高端市场进军的一种途径。通过增加实体学习部分，在线学习可以为绝大多数学生提供更多的监管、面对面的指导教师以及亲身体验，这些学生需要在线学习帮助他们获得知识和技能，如同他们需要学校那样。本书聚焦于混合式学习在基础教育的兴起，也着重关注学生、教育者及学校对这种学习方式引人注目的应用，与此同时，混合式学习的势头也越来越猛。

　　我们现在回到最初的问题：在线学习的增长是一件好事吗？我们应该为了保护传统课堂而与之抗衡吗？

　　对一部分人来说，答案是清楚的。对那些学校不能满足其需要的学生来说，在线学习是一件好事，聊胜于无。它也为数以万计的学生提供了重修学分的解决方案，否则他们将没有办法重新修习不及格的课程来按时毕业。它为那些想学习大学预修课程（advanced placement，AP），但是所在高中没有提供这些课程的学生提供了机会，这种情形在目前的高中大约占40%。[5] 每年它为大约235万名在家学习的学生提供了潜在课程体系。[6] 在线学习还为众多学生提供了学习课程（高级和基础的课程）的机会，这些课程是大学入学所需要的，但是学生所在高中缺乏相应资源提供。

　　非消费的发生率出奇的高，特别是在高中阶段。实际上，大约每个高中学生都会与一种他们所期望的学习机会失之交臂，但从在线学习中受益。2007 年，26% 的学生就读的高中没能为他们提供任何高级课程——几何学、代数 II，更不用说微积分了，没有生物学、化学和物理，也根本没有高级英语课。[7]

　　但是，对学生来说，公立学校——无论是学区内的学校或政府特许学校——和私立学校，哪种学校能提供更全面的课程和选择？它们是不是将在线学习的颠覆性视做一种不入流的时尚？为了回答这个问题，我们需要后退一步，回顾这幅图景：为什么即使在最好的学校里，传统的课堂模式都不足以满足学生能在当今世界取得成就的需要，也无法回应为何我们能做得更好这一问题。

## • 工厂模式的学校教育

　　加利福尼亚州洛斯阿尔托斯（Los Altos）学区的桑塔丽塔（Santa

Rita）小学是一所位于富人区的城郊学校，在 2010 年时这所学校看起来与美国其他学校毫无二致。一个名叫杰克的五年级学生，年初时他的数学成绩排名在班上居后，他努力学习但总是认为自己是那种永远"学不好"的孩子。在常规学校里，他可能会被监督并被划分到数学差的群体中。这就意味着他直到高中才能学习代数，这样一来，对他的大学和职业选择就会带来负面的影响。

但是，杰克的故事有一个不大一样的转变，他所在的学校把他的班级改变为一个混合式学习环境，使用可汗学院的在线数学教程和练习作为他每周 3 ～ 4 天数学课的一部分，而不是在数学差的群体中接受监测。70 天后，杰克一跃成为所在班级的前四名，他掌握学习材料的程度高于年级平均水平。

杰克的快速进步听起来像电影或者魔术一样，但是它的确是真实的。它是一个体现在线学习力量的案例，这种力量帮助教师以学生需求为准，进行差异化和定制化的学习。[8]

## 今日学校之起源

一个多世纪以前，学校将教学和测验的方式都标准化，而非差异化和定制化。20 世纪初美国国内星罗棋布的单间乡村校舍为每个学生带来定制化教育，但对大量需要得到教育的学生来说，这并不是一个经济有效的方式。1900 年，美国只有 50% 的 5 ～ 19 岁的少年儿童入学。[9] 为了创造一个通用的教育体系以使大量的学生被容纳其中，教育者参照了美国工业中出现的有效的工厂体系。这导致了按学生年龄划分各个年级，把学生安排在一间教室并配备一名教师，教学和测试都被标准化。[10] 这套理论就是按年级将学生分组并安置在不同的教室，教师"以同样的路径和进度讲授同样的科目"———一个标准化的、庞大而僵化的过程，目的是学校可以招收相当多的学生入学。[11] 这种按年龄分年级、以教室为基本活

动场所的工厂模式（factory-model）运转良好。到了 1930 年，超过 75%
的学生进入高中就读，45% 的学生得以毕业。[12] 工厂模式的学校为那个
时代的经济培养了大量的学生，使数以百万计的人成为中产阶级。[13]1900
年，大多数学生能在工业界找到工作而且不需要更高层次的教育，当时
只有 17% 的工作需要知识型工人。[14] 许多学生从高中辍学，没有进入大
学或者完成大学学业，或者更贴切地说，没有掌握较多的知识，[15] 这些事
实并没有阻碍学生找工作，对美国经济也没有带来严重的影响。如果托
马斯·杰斐逊今天还活着，他可能认为这样一种学校体系——把学生按照
不同程度进行分类，是成功的。在他建议的理想学校体系的设计中，杰
斐逊简述了一个三级制学校体系的图景，把学生按照成绩进行分类。在
杰斐逊的描述中，只有精英学生群体才能接受更高层次的教育，这样他
们可以英明地引领团队。[16] 换句话说，当学校体系按照不同的职业对学生
进行分类时，我们今天抱怨的辍学现象可能被视做成功的标志来庆贺。

## 为什么工厂模式的学校不符合今天的需要

在当今世界，挑战在于超过 60% 的工作需要知识型的工人，我们期
待学校能够教育好所有的孩子，以便他们能够充分挖掘自己的潜能，如
此看来，学校的设计不符合现实需要。[17] 这种不足不仅表现在无法为那些
处于极度劣势的学生开启新的人生，如我们刚才所提到的洛斯阿尔托斯
的杰克。

其表现还有如下方面。正如教育者和父母亲所知，两个孩子处于同
样的年龄，并不意味着他们的学习程度相同，有同样的需要。在不同时
期，每个孩子都有不同的学习需要。尽管在学术界，包括认知学家、神
经学家和教育研究者在内，已经对什么是不同的需要这一问题开始了激
烈的争论。一些人提出了多元智能和学习模式，而另一些人则指出一些

研究已经削弱了这些概念，[18] 没有人对每个学生学习的进度不同产生争议。一些学生学得很快，而另一些学生则学得很慢，每个学生的学习进度在学科或者概念的理解上都不同。简言之，产生这些差异的原因是双重的。首先，每个人的资质不同，或者说是认知学家所指的"工作记忆"才能不同，即从视觉和听觉获取的多种资源中积极吸收并处理给定量的信息的能力不同。其次，我们的背景知识层次不同，或者说是认知学家所指的"长期记忆"不同。这意味着人们将不同的经历或者先前的知识融入每个人的学习体验中，这种行为影响他们对概念的学习。如果教师假定课堂上每个人都熟知历史课上的一个例子，这个例子仅仅是一个特定课程的补充；但是如果教师使用这个例子来描述一个特别要点的话，对这个例子不熟悉或者有误解的学生就会对该课的要点形成误解或者完全不理解。[19]

了解这些可以帮助我们理解为什么我们都有陷入课堂困境的经历：不管教师对一个概念解释多少遍，我们就是掌握不了。课堂教学向前快速进行着，我们却被远远地甩在后面，沮丧的感觉不断累积。许多人也经历过相反的状况，有时候我们比同班同学理解得快。当课堂上不断重复演练那些学生拼命想理解的概念时，我们就会感觉厌烦。令人震惊的是，据一个报告所说，将近一半学生退学的原因不是因为他们觉得理解困难，而是因为他们觉得无聊厌烦。[20]

这意味着，如果我们希望让所有的孩子在学业和生活上获得成功，就需要定制化或者个性化，以适合每个学生的独特学习需要。然而，挑战是存在的，因为我们的教育体系构建在标准化的教学和测试基础上，尽管许多教师煞费苦心地采取差异化教学，为每个孩子调整课程，这些艰苦卓绝的努力在典型的 20～35 名学生和一名教师的课堂上几乎化作乌有。[21] 学生的时间都花在了课堂上，却不能期望每个学生都能掌握课程内容，在这样教育体系的掌控下，大多数学生被迫跟整个班级继续学习下一个概念，而不是当他们已经准备好的时候。这就造成困扰他们日后学业的学习鸿沟。[22] 当喜欢某个科目如数学的学生，发现自己落后于整个班级而且没有机会迎头赶上的时候，他们就会认为数学"不适合自己"，因此会放弃追赶。这样的教育体系在学生真的付出努力之前欺骗了他们，就好像洛斯阿尔托斯郊区学校的学生杰克所经历的那样。这种体系也欺骗了教师，因为它指望教师帮助每一个孩子成功，但是却不能提供一对一教学的时间。

总之，成批的学生坐在课堂，在同一时间接受同样的教学内容，这就是今日之工厂模式的教育，对大多数孩子来说是一种低效的学习方式。一直以来这都不是问题，因为我们的学校体系有不同的目标，但是它现在已经成为一个问题，世界和我们对孩子们的期望已经发生改变，学校却一成不变。

## • 以学生为中心的学习

今天的学生需要一个以学生为中心的教育体系，以学生为中心的学习（student-centered learning）本质上是由两个相关的理念组合而成：个性化学习（有时候也叫做"个别化学习"）和基于能力的学习（也被称为"熟练掌握为基础的学习""掌握式学习""基于熟练的学习"，有时也被称为"基于标准的学习"）。

### 个性化学习

关于个性化学习（personalized learning）概念有很多种理解，[23] 但是当我们提到这一术语时，指的是学习是按照学生个体独特的需要进行量体裁衣式的施行。换句话说，这种学习是定制的或个性化的，其目的是为了帮助个体达成目标。以这种方式来理解个性化学习的力量是直观的。

当学生得到教师一对一的帮助而不是群体指导时，一般来说结果要好得多。这是非常有意义的，只要教师可以做到在教学进展太快或者太慢时调整教学进度，也可以做到对教学内容的解释进行重新措辞或提供一个新的例证，或者使话题贴近学生的生活。同样，教师通常会坚持讲解直到学生们充分理解学习材料。个性化的教学方法也意味着学生在需要一对一的学习体验时可以得到，但是他们也能参加小组项目和活动，如果这些能给他们的学习带来最佳效果。

研究显示，这种个性化学习的力量可以使学生成就最大化。最初开始关注个性化学习的研究之一，是本杰明·布鲁姆（Benjamin Bloom）发表于1984年的经典的"两个标准差问题"研究，这项研究测量了在教师提供适时教学和定制化帮助的情况下学生的学习效果。研究结果非常引人注目，实施三周后，在教师帮助下的学生比控制班级的平均表现要高出两个标准差，这意味着接受辅导的学生的平均分比控制班级98%的学生要高。[24] 最近，库尔特·范莱恩（Kurt VanLehn）的元分析研究重新审视了布鲁姆的研究结论，认为教学指导的有效程度比众所周知的两个标准差要高0.79左右。[25] 然而，即使是这样的修订，影响也是极为重要的。

## 基于能力的学习

以学生为中心的学习的第二个重要组成是基于能力的学习（competency-based learning），[26] 也就是说，学生必须显示出他们在进入下一个教程之前已经掌握了特定的科目，包括知识的掌握、运用或者创造，一项技能或者一种品行。以班级平均程度或者预设的固定时间为参照，没有掌握相关概念的学生不继续向前学习。[27] 基于能力的学习包括对学习有毅力和坚忍不拔的精神，因为学生必须解决难题直到他们如愿以偿继续向前学习，他们不能只是安静地等待单元课程结束。

如果学生没有充分理解之前的概念就继续下一个概念的学习，这会为他们的学习带来漏洞。继而不足为奇的是，在接下来的学习中，基于能力的学习产生的效果要比基于时间的学习好得多。[28] 一个研究者发现，"与传统的教学项目相比，以熟练掌握为基础的学习项目中，所有水平层次的学生都显示出更多的获益"。[29]

另一项研究发现，"掌握式学习在不降低学习快者学习速度的同时，缩减了学习慢者与快者之间的学术差距"。[30] 还有一项研究则发现，"使用掌握式学习的教师对教学和身为教师的感觉更为良好"。[31]

### 作为推动者的混合式教育

将个性化学习和基于能力的学习联结起来实施，构成了以学生为中心的学习体系的基础。以学生为中心的学习的重要组成部分是学生养成了学习自主性、对自身进步的归属感，以及指引学习的后续能力。这种能力使他们成为一个终身学习者，这对于今天快速改变的世界而言是非常必要的，因为知识和技能很快就会落伍。

然而挑战在于如何大范围地实施以学生为中心的学习。为每个学生聘请私人辅导教师当然是极好的，但是这也贵得让人望而却步。全美国的教师都勇于尝试为每个孩子实施差异化教学，向个性化学习迈进一步，但这对今天工厂模式的教育体系来说是非常困难的。同样，在师生比例小且弹性分组的学校里，让所有学生在掌握学习材料后继续学习进程是可能做到的，但是这给教师个人带来负担，他不得不为那些学习能力超过课程范围的学生提供新的学习体验，这也为大多数学校带来资源紧张的压力。

这就是为什么混合式学习如此重要的原因。混合式是运转个性化学习和基于能力的学习的发动机。正如技术能在很多领域实现大规模定制以满足众人多样化需求那样，在线学习让学生可以随时随地以各种途径和进度进行学习。混合式学习最基本的层次是让学生在掌握一个概念以后迅速向前继续学习，如果学生需要消化这些知识以及回顾这些知识进行再学习或放慢学习速度时，也可以让学生暂停学习。它为学生采用不同途径迈向同一目标提供了一个简便的方式。它可以解放教师，使他们成为学习的设计者、顾问、促进者、导师、评价者以及咨询师，以之前从未有过的方式来接触学生。

当然，一所采用在线学习的学校并不能保证学习因此而变得个性化或者以能力为基础，我们写此书的目的是为了帮助世界上的教育者和学生了解这些益处。但是，为了使以学生为中心的学习普及开来，把在线学习与学校混合在一起的做法是最强有力的机会。

## • 为什么说学校处于临界点

据有些人估计，美国成百上千个学区中超过 75% 的学区正在对在线学习的有所觉悟。[32] 不同的需求正在驱动它们到达临界点。2010 年，我们开始在美国全国搜集学校、学区、特许管理组织以及其他群体选择用混合模式取代旧体系的事例。我们访谈和实地调查了 150 多个项目。[33] 当他们被问及为何要改变为混合式学习时，负责人经常会说出以下三个原因之中的一个，这绝非巧合，它反映了以学生为中心的学习的潜力和达成这种学习方式所面临的挑战。

（1）**个性化的期望**。负责人迫切地感到，在帮助先进学生继续进步的同时，要带领后进学生迎头赶上。学生的成长进步——年初与年末学生所掌握的知识之间的差距——还不够大。找到一个更好的方式来按照每个学生的需要进行量体裁衣式的学习，对此负责人感到非常急切。

（2）**扩大学习机会的愿望**。学校正在努力提供学生和社区所需的范围更广的学习机会。家长也开始询问为何在互联网的世界里学生们没有机会获得麻省理工学院开设的在线工程课程的学分，或者有机会接触到基本的高级课程。地理上的阻隔正在消失，它已无法作为今日世界缺乏机会的合法解释。

（3）**控制成本的渴望**。学校总是面对预算短缺的情况，因此负责人需要精打细算。学校的学生需要个性化学习，但是为每个孩子指派一位辅导教师的费用让人望而却步，所以负责人将混合式学习视做一个重要的机会，无须增加成本就可以使每一个孩子得到与单独辅导相似的学习体验。许多学校也正在寻找可以为教师支付更多薪水的方式。

在线学习的这些潜在好处——个性化、增加学习机会和成本控制，正在带领人们远离传统教育、奔向混合式学习提供的新机遇。正如上百万人已经放弃了传统的报税公司，来换取特波税务软件的经济性和便捷性一样，人们已经被在线学习的个性化、增加学习机会和成本控制所吸引。有人预言，到2019年，至少50%的高中课程会以某种形式上线，在线教育的潜在益处是让预言成真的活跃力量。

这些好处是否如希望那样变成现实，取决于具体施行。在某些情况下，打算用在线学习方式实现个性化教学的学校把技术强加于繁忙的教师头上，教师们既没有时间也没有技术能力按照每个学生的个人需要对课堂进行重新定位。另一些项目则寻求拓宽发展在线课程，与最弱的面对面方式相比，这些在线课程有效性的优势并不明显。

最后，许多希望通过在线学习节省经费的学校发现，它们的计划里增加了购进新设备和宽带的费用，而不是减少成本。

另一方面，一些项目正在有所进展。一些案例显示，负责人使用混合式学习作为发动机来转变工厂模式教育的做法是各有不同的。这些负责人利用在线学习为学生带来益处，如个性化、增加学习机会和成本控制，这些益处是以前遥不可及的。

## 个性化

2008 年春季，纽约市教育局人力资本主管乔·罗斯去拜访一位在迈阿密开设了一家职员培训中心的朋友。培训中心的墙上的一块标牌上写着：选择你自己的学习方式。罗斯在这块标牌前驻足。他意识到，如果学生能以一种适合他们个人需要的方式来学习每一个概念，而不是在一个以不变应万变的课堂进行学习，那么学校的运转将会更加良好。

在纽约市教育局前局长乔尔·克莱恩的帮助下，罗斯获得了资金并于 2009 年夏季首次将"一人学校"（School of One）作为下曼哈顿地区的夏季数学项目。这一试点项目中的学生很快发现，他们的数学项目与传统的夏季学校数学课堂没什么区别。每天结束时，学校会对每个学生进行测试以详细诊断其所掌握的知识内容。根据这些信息，学校很快就为每个学生第二天的"学习列表"进行了匹配——基于学生需求及应掌握的内容，包括精准的系列活动和概念。第二天早晨，学校会将为每个学生准备的每日作业显示在墙上的显示屏上，类似于机场的航班显示屏。学生们的学习列表从含有上千门数学课的菜单中拉出，其中一些采用在线软件，另一些则是针对小组、虚拟教师或者面对面工作坊开设的。这一模式的关键理念是完全满足学生的学习需要，让他们以自己的进度进行学习，并且依据他们掌握概念的最佳方式进行。

到夏季结束时，试点项目的学生们掌握数学技能的速度，预计比那些同一年龄段和有同样测试前水平的同级学生快 7 倍。[34]

在这一概念的早期证据的振奋下，"一人学校"将此夏季项目扩大到了主流学校中，而且在过去的数年里，它也在逐渐发展，为学生提供了更多的数学课程。这种极度个性化的教育产生了很强大的效果。罗斯说，它唤起了学生对自身优劣势的认知，激发了他们对每日在线评价和继续学习新技能的征服欲。此外，这一模式还帮助学生勇于承认自己不明白某些知识，因为他们都在以自己的进度进行学习。与此同时，教师对每个学生每天的进展非常清楚，这也使他们能够给那些学习困难的学生予以适当的回应。他们在评判作业上花费更少的时间，而是把更多的精力用在分析学生需求、小组教学或个人辅导上。

2011 年，罗斯继续成立 New Classroom，这是一个非营利组织，它提供一个名为"教会一个人"（Teach to One）的项目，与"一人学校"的模式类似。该模式已经被广泛应用到纽约之外多个区的公立学校中，包括华盛顿特区和芝加哥，而且效果显著。根据哥伦比亚教师学院对 New Classroom 的"教会一个人"混合式教学模式的一项研究，2012 ～ 2013 学年的平均情况是，七所不同学校的 2200 名学生比北美评价学会开展的学业进步测量评价（MAP）的国家数学平均成绩高 20%。[35]

---

视频片段⊖ 1：" 教会一个人" 通过运用学习模块列表的个体转换模式进行个性化学习。

---

## 机会

阿拉巴马州前州长鲍勃·赖利在任期间，对州内许多学生没有学习机会感到非常沮丧。赖利出生于阿拉巴马州的阿什兰，这是克莱县的一个小镇，他的家族六代人在这里经营牧场。意料之中的是，当他在 2002 年当选州长时，他对将近 32% 的阿拉巴马农村公立学校的学生

---

⊖ 为保证本书内容的连贯性和完整性，方便读者充分地理解全书内容，书中包含的 20 个美国学校使用混合式学习的视频案例，全部放在"学堂在线"平台，向读者免费开放，不用于任何商业用途。

非常关心，他希望他们获得成功。但是，阿拉巴马不能为全部小型农村学校的学生提供讲授全部高级课程的合格教师。上任一年后，赖利获知阿拉巴马州在为高中学生提供大学预修课程方面，在 16 个南方州排名第 14。[36]

2004 年，赖利意识到，在线学习提供了一个可能的解决方案。他召集成立了专门工作组，为"连接阿拉巴马全州课堂、教育者及学生"（ACCESS）远程教育项目制订了计划，其使命是在全州范围内做到教育机会均等。

专门工作组通过了一项基本计划，为阿拉巴马州高中学生引进多样化的大学预修课程、外语、双学分、核心课程以及选修课程，并最终形成全州实体学校中学课程。工作组还与阿拉巴马超级计算机管理局一同对全州内的网络设备进行升级和扩展。

ACCESS 项目为外部在线课程提供者颁发了许可证，同时也开发了自己的课程。到 2012 年年底，它成为美国国内第三大州立实体学校，开设了 44 332 门课程——比上一年增加了 31%。因此，阿拉巴马公立学校大学预修课测试参加者的数量增加了，学生的成功率也提高了。2004 ～ 2012 年，大学预修课测试参加者的数量增加了三倍，其中非裔美国人大学预修课测试参加者的数量增加了 10 倍；测试成绩符合大学分数要求的人数也提高了两倍。[37] 在 ACCESS 的帮助下，成千上万的阿拉巴马州中学生得到了高级课程和教育选择机会，在此之前，他们没有这样的选择。

**成本控制**

知识就是力量项目（KIPP）是美国特许网络教育的最大一部分。KIPP 学校以"没有借口"这一理念而知名——这一理念的意思是 KIPP 不会以缺乏健康照料或者糟糕的父母为借口对学生学习失败进行责备。[38] 作为 2013 ～ 2014 学年美国 KIPP 网络中 141 所学校中的一员，KIPP Empower 学院在南洛杉矶成立，为学生提供从幼儿园到四年级的教育。超过 90% 的学生符合联邦政府减免午餐标准，10% 的学生符合特殊教育标准。[39] 所有学生都是黑人、拉美裔美国人或其他种族。[40]

当迈克·科尔（Mike Kerr）成为 KIPP Empower 学院的首任校长时，他想让这所学校的教学方式以小组教学为基础，这一策略在他之前所在的纽约学校取得了良好的效果。他计划从加利福尼亚减小班级规模项目中获取资金支持，来确保五个幼儿园班级能够为首批学生提供每 20 名学生配备一名教师。但是，直到 2010 年新学校开始运营前的几个月，科尔和他的团队得知，因为经济衰退，加利福尼亚州缩减了减小班级规模项目的资金支持。因此，KIPP Empower 学院资金短缺达 10 万美元。[41]

科尔和他的团队急于寻求其他选择。最初，科尔对使用技术来保障小组教学模式的整体性这一建议表示怀疑，但是经过进一步的研究之后，团队决定对在一些教学时间中采用在线学习的方式来保障教师的小组教学策略的实施进行测试，尽管这样做之后，班级规模不得不从 20 人提高到 28 人，课堂数量从 5 个减少为 4 个。

当 KIPP Empower 学院在 2010 年秋季开始招生运行时，112 名幼儿园学生成为学校成功模式的一部分，这也成为其他 KIPP 学校模仿的内容之一。这些幼儿园的学生从一个 90 分钟的阅读模块开始，其中 1/3 的学生跟随领队教师以小组的形式学习，另外 1/3 的学生跟随一名协调教师以小组的形式学习，剩下的 1/3 的学生独立使用计算机学习。每 30 分钟小组就会轮换至下一组活动当中。在一天的时间里，孩子们以同样的轮换设计进行写作、数学和科学课程的学习。尽管每个班级有 28 名学生，成人学生比最多 1 : 14，因为在线教育使教师能够自由地为更小的组群进行教学。[42]

---

▶️ 视频片段 2：在资金削减的情况下，KIPP Empower 学院利用就地转换模式以小组的形式进行授课。

---

今天，KIPP Empower 学院为大约 550 名从幼儿园到四年级的学生服务。每年取得的成果都非常惊人。在 2011 年秋季的 STEP 基准测试中，有 61% 的学生处于"低于基本水平"，而到了 2012 年春季，91% 的学生已经处于"熟练或高级水平"。[43] 在接下来的 2012 ~ 2013 学年里，学生继续创造着与他们所面对的差距一样令人震惊的成绩。加利福尼亚州学业表现指数（API）根据全州测试结果对学校的学业成长进行了排名，[44] 1000 分是最高分，800 分是目标分，KIPP Empower 学院得到了 991 分的成绩。

非营利咨询公司 FSG 在 2012 年发布了一项研究，解释 KIPP Empower 学院在严重缺乏州政府资金支持的情况下怎么取得了这样的成绩。学校仅由两名全职教师发起，远低于预期的教师人数，这节省了成本。因为它采用了混合轮转模式，保持了小组指导的同时，入学率由原先预计的 200 名学生增加到运转第二年的 231 名学生，这也带来了额外的资金。总言之，财务效益相当于生均约 1467 美元。[45] 混合式学习模式的支持资源包括一些额外的硬件、软件以及人力成本，总共大约生均 502 美元，比财务效益少 965 美元。[46] 因为产生了结余，KIPP Empower 学院的团队对本公司在第五年仅靠公共财政支持就可以维持下去感到乐观，它既不需要筹措外部资金，也不会在小组策略上或为学生寻找理想的学习方式上妥协。

## • 打造一个领域的专家

教育者和家长迫不及待地希望有人能够弄清楚，如何利用在线学习的影响来帮助学校得到个性化、增加学习机会和成本控制的益处。很多证据都指向同样的结论，即利用在线学习，社会最终会有一个系统的、可行的方式将这些优势带入基础教育中。对一个处于困境、资源受限和日益过时的系统来说，这是一个好消息。

这并不意味着在线学习和混合式学习对处于困境的学校来说是万能药。但是，具备个性化、增加学习机会和成本控制的特点，使这种学习方式在得到良好实施的情况下，具有规模化的潜力。《颠覆课堂》首次出版七年之后，教育领域已经发生了太多变化。对于那些想为学生和学校把混合式学习的优点变成现实的人来说，本书是一本指南。如果说在《颠覆课堂》中，作者试图描述混合式学习"是什么"，那么本书已经超越于此，它给教育者指出一个方向来明确"怎么做"。最后，每位读者都应该成为混合式学习的专家。反过来，我们能提出什么问题呢？掌握了这种知识和技能，成为所在社区的混合式学习的领先人物，并且为所有的孩子能够受益而行动起来。

## • 你在本书中将会发现

本书的第一部分是关于混合式学习的重要背景知识，大体上来源于2011 ~ 2013年我们在线发布的混合式学习研究报告。[47]第1章是混合式学习概览——什么是混合式学习以及在学校教育中的开展方式。第2章预测了混合式学习在未来可能的发展路径及其对未来学校教育的意义。

接下来，本书要帮助教育者在开始设计自己的解决方案之前踏上混合式学习之路。第 3 章解释了在建立和实施混合式学习解决方案之前，识别一个具体的、需要解决的学习问题或者需要达到的目标的重要性，它为教育者提供了一个有助于制定行动纲领的思考框架。第 4 章对如何组建一个适合的团队来设计方案给出了指导。

本书的第三部分帮助教育者设计他们的混合式学习方案。其中，第 5 章介绍了"待解决任务理论"，帮助教育者设计理想的学生体验来服务于特别的学生。第 6 章重点关注如何为教师设计理想的体验过程。第 7 章我们才会谈到技术：如何选择内容、软件、硬件和设计学习环境。我们有意将本章安排在书的后半部分，因为许多教育者都会在还没有识别出他们想用技术做什么之前，错误地把技术作为开始。第 8 章把以上章节整合在一起，以便教育者能够选择和定制最适合自身需要的混合式学习模式。对那些急于将混合式学习付诸行动的教育者来说，本章把之前的内容整合在一起，以便他们能制定一个符合实际的方案。

在本书的第四和第五部分中，第 9 章有助于教育者思考成功的混合式学习模式所需塑造的文化氛围。最后在第 10 章，我们介绍了一个"发现导向计划"理论，来帮助提高教育者实施创新诸如混合式学习的成功率。本书的序幕已经拉开，是时候卷起袖子开始为未来的学习大干一场了。

## • 注释

1. 美国人给社区内的学校一直给予高分评价。例如，在 2013 年，71% 的父母亲给他们的长子所在学校予以 A 或者 B 的评价。见 2013 年 9 月由菲德尔塔·卡潘主持的"第 45 届盖洛普公众对公立学校态度的民意测验"，V95 N1, p. 21 (http://pdkintl.org/noindex/2013_PDKGallup.pdf)。
2. 《变得更聪明》(*Getting Smart*) 的作者汤姆·范德·阿克 (Tom Vander Ark)，在

胡佛学院的一次会议上声称，《颠覆课堂》中关于 50% 的高中在 10 年后都会采用在线学习或者混合式学习的预言，似乎在 5 年前看起来还是一件不可想象的事情。但是，他相信这一预言会在预定的日期成为现实。参见 Tom Vander Ark, "Blended Learning in K–12 Education," Hoover Institution, Stanford University, January 17, 2014, Policy Panel.

3. Clayton M. Christensen, *The Innovator's Dilemma* (Boston: Harvard Business School Press, 1997).

4. Pew Internet Teens and Privacy Management Survey, July 26–September 30, 2012, http://www.pewinternet.org/datatrend/teens/internet-user-demographics/ (accessed March 25, 2014). 此外，根据 Speak Up 2013 National Research Project, 89% 的高中生报告说他们拥有一部智能手机。参见 http://www.tomorrow.org/speakup/pdfs/SU2013_MobileLearning.pdf.

5. College Board 2013 public schools database and AP Program data.

6. 这一数据来源于让孩子在家接受教育的家庭数量——204 万，以及进入全日虚拟学校学习的学生数量——31 万，这两项数据的组合。严格说来，进入全日虚拟学校学习的学生不是在家接受教育的学生，因为前者的教育由国家资助，但是其中大部分学生仍然在家学习。参见 Brian D. Ray, "2.04 Million Homeschool Students in the United States in 2010," National Home Education Research Institute, January 3, 2011 (http://www.nheri.org/HomeschoolPopulationReport2010.pdf) and John Watson, Amy Murin, Lauren Vashaw, Butch Gemin, and Chris Rapp, *Keeping Pace with K–12 Online & Blended Learning: An Annual Review of Policy and Practice, 2013*, Evergreen Education Group, http://kpk12.com/cms/wp-content/uploads/EEG_KP2013-lr.pdf

7. *Connecting Students to Advanced Courses Online: Innovations in Education*, prepared by WestEd for U.S. Department of Education Office of Innovation and Improvement, 2007, pp. 3-4. 实际上，不太严峻但是也不太有害的是，如今成千上万的加州学生所在的学校，都无法提供完整的加州大学或加州州立大学系统入学所需要的课程。

8. Michael B. Horn and Meg Evans, "Creating a Personalized Learning Experience," AdvancED Source, Spring 2013, p. 2.

9. Clayton M. Christensen, Michael B. Horn, and Curtis W. Johnson, *Disrupting Class: How Disruptive Innovation Will Change the Way the World Learns*, Expanded Edition (New York: McGraw-Hill, 2010), p. 54.

10. 到了 19 世纪中期时，美国马萨诸塞州昆西的教育者开始制定年级水平的概念，这一概念首先在普鲁士出现（参见《颠覆课堂》，第 53 页）。20 世纪初这一教育实践得到迅速发展，这样一来，教师就可以对同样年龄的学生群体予以关注。

11. David Tyack and Larry Cuban, *Tinkering Toward Utopia: A Century of Public School Reform* (Cambridge, Massachusetts: Harvard University Press, 1995), p. 89.

12. James Bryant Conant, *The Revolutionary Transformation of the American High School* (Cambridge, MA: Harvard University Press,1959), p.3.

13. Sal Khan, *The One World Schoolhouse* (New York: Hachette Book Group, 2012), 许多人给工厂模式的教育描绘了一幅无望的甚至是致命的画面。正如之前的尾注提及的那样，我们已经明确知道传统的基础教育产生于 18 世纪的普鲁士。那里的统治阶级希望强制的、税收支持的公立教育可以培养出愿意服从权威，尤其是对国王忠实的市民。约翰·戈特利布·费希特（Johann Gottlieb Fichte），一名普鲁士哲学家，是这套体系发展的关键人物。他坦率地承认，"如果你想影响一个人，你必须做更多事情而不仅仅是跟他交谈；你必须以一种让他只能按照你想要的方式来塑造他"。当然，不是所有人都认同这样的思想观念，即传统的课堂包含与普鲁士祖辈相同的专制主义基因。然而，那些认同此观点的人，却给出了令人费解的解释。根据前纽约州年度教师约翰·泰勒·加托（John Taylor Gatto）所说，"课时"的概念被"学习的自我动机因不经意间的中断而削弱了"。他的观点指，断断续续响起的学校铃声把学习分成了短时、孤立的"科目"，阻碍学生花时间形成深刻的跨学科联系和探索"彼此之间的奇思妙想"，或者投入真正的探究之中。这样一来，经典的学校时间安排就是一个统治阶级强化镇压的工具 (Khan, pp.76-77)。

14. Patrick Butler et al., "A Revolution in Interaction," *McKinsey Quarterly*, 1:8, 1997 as cited in Michael E. Echols, *ROI on Human Capital Investment*, 2nd ed. (Arlington, VA: Tapestry Press, 2005),p.3.

15. Eric A. Hanushek, Paul E. Peterson, and Ludger Woessmann, *Endangering Prosperity: A Global View of the American School*(Washington, DC: Brookings Institution Press, 2013), Ch.1.

16. See Thomas Jefferson's proposed legislation in Virginia, a "Bill for the More General Diffusion of Knowledge" (http://etext.virginia.edu/etcbin/toccer-new2?id=JefPapr. sgm&images=images/modeng&data=/texts/english/modeng/parsed&tag=public&part =5&division=divl(accessed April 10, 2014).

17. Butler et al., as cited in Echols, p.3 (see n.14). 在 20 世纪早期，大多数非农业劳动力都从事着提取原材料和把它们转化成成品的工作，如煤矿开采、运转重型机械或者在产品线上作业。然而，到了 21 世纪，美国只有 15% 的人员做这种类型的工作。大部分人的工作属于知识经济范畴，他们的大部分时间都用于互动，不论是经理、护士、销售、财务顾问、律师、法官还是调解员。这些工作需要人们处理更高水平的知识、技能或者不定性事务，以及做出艰难判断，这些都是大多数工业工作中所不需要的。对这些复杂技能的需求在不断增加。70% 的美国工作产生于 1998 ～ 2005 年，共计 450 万份工作，需要判断力和经验。Bradford C. Johnson, James M. Manyika, and Lareina A. Yee, " The Next Revolution in Interactions, " *McKinsey Quarterly*, November 2005, http://www.mckinsey.com/insights/organization/the_next_revolution_in_(accessed March 7, 2014). 作者指出，大多数发达国家正在经历这种发展趋势。其他的麦肯锡分析师也指出，今天工人们的另一重要技能是在工作中学习的能力。劳动力需要的技能数量快速增加，从 2009 年 9 月的 178 个到 2012 年 6 月的 924 个。See John Mills, David Crean, Danielle Ranshaw, and Kaye Bowman, " Workforce Skills Development and Engagement in Training through Skill Sets, " *DCVER Monograph Series*, November 2012, http://files.eric.ed.gov/fulltext/ED538262.pdf, p. 13. 正如米歇尔·巴伯爵士所说，"学习和工作已经密不可分。实际上，你可以说这就是知识经济或学习型社会的真正含义"。参见 Michael Barber, Katelyn Donnelly, and Saad Rivzi, " An Avalanche Is Coming: Higher Education and the Revolution Ahead, " *IPPR*, March 2013, p. 51, http://www.ippr.org/images/media/files/publication/2013/04/avalancheis-coming_Mar2013_10432.pdf. 这一问题在全世界范围内的结果是 7.5 亿人失业了，但是商业企业却仍然不能找到所谓的知识型工人来填补岗位空缺。参见 " Tackling Youth Unemployment " McKinsey & Company website, http://mckinseyonsociety.com/education-toemployment/ (accessed March 7, 2014).

18. 想对此处的讨论进行更全面的总结，我们建议看下面的文章。Jose Ferreira, " Rebooting ' Learning Styles, ' " http://www.knewton.com/blog/ceo-jose-ferreira/rebootinglearning-styles/, March 25, 2014; Mark Bauerlein, " A Concluded Battle in the Curriculum Wars, " http://www.edexcellence.net/commentary/education-gadflydaily/ common-core-watch/a-concluded-battle-in-the-curriculumwars, March 25, 2014; Michael B. Horn, " Differentiating Learningby ' Learning Style ' Might Not Be So Wise, " http://www.christenseninstitute.org/differentiating-learning-by-learning-style-might-not-be-so-wise/, June 17, 2010.

19. Ruth Colvin Clark and Richard E. Mayer, *e-Learning and the Science of Instruction: Proven Guidelines for Consumers and Designers of Multimedia Learning* (San Francisco: Wiley, 2008), Ch.2. 为什么有意构建学生的知识基础是非常重要的，这

就是原因。但是，假定所有学生有相同的知识基础并以同样的方式对待他们，这种做法是错误的。

20. John M. Bridgeland, John J. Dilulio, Jr., Karen Burke Morison, "The Silent Epidemic: Perspectives of High School Dropouts," A Report by Civic Enterprises in association with Peter D. Hart Research Associates for the Bill & Melinda Gates Foundation, March 2006, p.iii.

21. 对这种现象更全面的讨论，参见《颠覆课堂》第 1 章。此外，作为硅谷学校基金的前任教师和现任首席执行官，布莱恩·格林伯格（Brian Greenberg）说，个性化"就是每个学生在需要的时候得到他们所需"的一个概念。从教育的观点来看，我们称为差异化。但是，我认为"差异化"这个词被发明出来让教师感觉并不良好，因为现实中我们不能人为地做到。所以技术在这里带来期望，它们赋予教师实施个性化的潜力。参见 Brian Greenberg, Rob Schwartz, and Michael Horn, "Blended Learning: Personalizing Education for Students," *Coursera*, Week 2, Video 2: Key Elements of the Student Experience, https://class.coursera.org/blendedlearning-001.

22. 教育者经常把这种缺口视做"瑞士奶酪"（Swiss cheese）问题，因为瑞士奶酪上的孔洞具有相似性。在传统的工厂模式中，教师面临的挑战是很难知道每个学生的学习漏洞何在。

23. 文献中关于个性化学习有很多定义，这样一来，很难评价个性化学习方法有效性的研究。因为在这一领域中，许多人用该术语指代任何事物，从基于兴趣的学习到使用"学习方式"，这意味着教学是基于把人们视做视觉或者听觉的学习者这一理念进行的。举例来说，正如我们所解释的那样，这种意思不是我们使用这一术语的本意，也就是说，在这个注释后有一些基于文献的定义，但是阐明一点非常重要，即我们认为个性化学习意味着学生既要学会基本的能力——知识、技能和品性，这对所有学生来说都是共有的，又要按照学生兴趣所在分流到不同的学习领域中。尽管我们不是专家，但是对所有学生来说，还是有确定的概念和标准值得学习和了解，这些概念和标准的数量很少，能给教师和学生更清晰的感觉，比大多数美国学生之前面对的标准具有更高的严谨性和概念质量。

为了给在线和混合式学习领域创造一系列更通用的工作定义，国际中小学在线学习联合会（iNACOL）将个性化学习定义为，"按每个学生的学习实力、需要和兴趣来调整学习，包括赋予学生对学什么、怎么学、何时学，以及在哪里学以表达和选择的权利，提供弹性和支持来确保高标准的知识掌握成为可能"。Susan Patrick, Kathryn Kennedy, and Allison Powell, "Mean What You Say: Defining and Integrating Personalized, Blended, and Competency Education," iNACOL, October 2013.

美国教育部2010年国家教育技术规划对个别化教学（individualized instruction）、个性化教学（personalized instruction）、差异化教学（differentiated instruction）进行了区分：

> 个别化教学、个性化教学、差异化教学在教育中已经成为流行词汇，但是对它们的具体含义缺乏共识，这些概念对教和学都是通用可互换的。例如，一些教育专家使用"个性化"一词来指学生可以根据自己的兴趣来选择学什么、怎么学，而另一些专家则使用该词汇来暗示对不同的学生而言按照不同的进度进行教学。在整个计划中，我们使用如下定义："个别化"指的是按照不同学习者的学习需要来调整教学的进度。对所有学生而言，学习目标是相同的，但是学生可以根据自身的学习需要按照不同的学习速度来学习知识。例如，学生可能花更长的时间来学习一个特定的主题，略过包含那些他们已经知道的信息的主题，或者重复他们需要帮助的主题。"差异化"指的是按照不同学习者的学习偏好来定制教学。对所有学生而言，学习目标是相同的，但是教学方法或手段是不同的，以每个学生的偏好或者对学生喜好的研究结果为依据。"个性化"指的是按照学习需要安排教学进度，按照学习偏好定制教学，对不同学习者的特别兴趣定制教学。在一个充分个性化教学的环境中，学习的目标和内容、学习方法和学习进度可能完全不同（所以个性化包括差异化和个别化）（"Transforming American Education: Learning Powered by Technology," National Education Technology Plan 2010, U.S. Department of Education Office of Educational Technology, November 2010).

24. Benjamin S. Bloom, "The 2 Sigma Problem: The Search for Methods of Group Instruction as Effective as One-to-One Tutoring," *Educational Researcher*, Vol. 13, No. 6 (Jun.–Jul., 1984), pp. 4-16,http://www.comp.dit.ie/dgordon/Courses/ILT/ILT0004/TheTwoSigmaProblem.pdf.

在他的研究中，第一个小组的学生每个人有一个好导师，第二个小组是控制组，学生以传统的方式进行课堂学习，每个教师对大概30名学生进行教学。研究者随机安排学生去两种不同的学习环境，每组都有相似的初始能力倾向测验得分和学习科目的兴趣。除了"两个标准差问题"的研究成果之外，90%被指导的学生都达到终结性成果，而在传统教学环境中仅有20%的学生达到这一程度。

25. Kurt VanLehn, "The Relative Effectiveness of Human Tutoring, Intelligent Tutoring Systems, and Other Tutoring Systems," *Educational Psychologist*, 46.4 (2011): 197-221 (http://www.tandfonline.com/doi/abs/10.1080/00461520.2011.611369

26. 能力资源库（Competency Works），是国际中小学在线学习联合会作为领导组织发起的一个协作性活动，MetisNet 进行项目管理，共同致力于为高质量的基于能力的学习设置以下规定（Chris Sturgis and Susan Patrick, "It's Not a Matter of Time: Highlights from the 2011 Competency-Based Learning Summit," iNACOL, 2011, http://www.inacol.org/cms/wp-content/ uploads/2012/09/iNACOL_Its_Not_A_Matter_of_Time_full_report.pdf）：

　　（1）学生依靠展示所掌握的知识来取得进步。

　　（2）能力包括显性的、可测量的、可转化的学习目标。

　　（3）评价对学生来说，是有意义的、积极的学习体验。

　　（4）基于他们的个体学习需要，学生得到快速的、差异化的支持。

　　（5）学习成果强调的能力包括应用和创造知识，以及重要技能和品性的培养。

　　基于能力的学习中被植入许多概念，如"最低进度"或"教师进度"，这意味着学生不可能被动地学，一无所获，被困难阻碍。越来越多的关注被放在那些落后的学生身上，这样他们能以最低进度持续取得进步，不至于落后太多。

27. 另一个说明基于能力的学习与工厂模式的教育体系之间的区别的方式是：在工厂模式体系中，时间是固定的，而学习是一个变量。但是，在基于能力的学习体系中，时间是一个变量，而每个学生的学习是固定不变的。

28. 我们非常感谢萨尔曼·可汗（Salman Khan）参与讨论熟练掌握学习的研究基础。Sal Khan, *The One World Schoolhouse: Education Reimagined* (New York: Hachette Book Group, 2012), pp.40-41.

29. Daniel Levine, *Improving Student Achievement Through Mastery Learning Programs* (San Francisco: Jossey-Bass, 1985).

30. Denese Davis and Jackie Sorrell, "Mastery Learning in Public Schools," *Educational Psychology Interactive* (Valdosta, GA:Valdosta State University, December 1995).

31. T. Gusky and S. Gates, "Synthesis of Research on the Effects of Mastery Learning in Elementary and Secondary Classrooms," *Educational Leadership* 43, no. 8 (1986).

32. Watson et al., *Keeping Pace*, p. 17.

33. 这些项目的总结在混合式学习大全库 [Blended Learning Universe (BLU) database] 中，访问 www.blendedlearning.org.

34. Heather Staker, "The Rise of K–12 Blended Learning: Profiles of Emerging Models," Clayton Christensen Institute and Charter School Growth Fund, May 2011(http://www.christenseninstitute.org/publications/the-rise-of-k-12-blended-

learning-profiles-of-emerging-models/), p. 139.

35. Douglas D. Ready, Ellen B. Meier, Dawn Horton, Caron M. Mineo, and Justin Yusaitis Pike, "Student Mathematics Performance in Year One Implementation of Teach to One: Math," New York:Center for Technology and School Change, November 2013.

36. 这部分摘自下列案例研究:Heather Staker and Andrew Trotter, "Providing Access to Alabama: Connecting Rural Classrooms through Distance and Online Learning," Clayton Christensen Institute, February 2011.

37. *The 10th Annual AP Report to the Nation*, Alabama Supplement, College Board, February 2014, http://media.collegeboard.com/digitalServices/pdf/ap/rtn/10th-annual/10th-annual-ap-report-state-supplement-alabama.pdf. "Alabama Still Gaining in Advanced Placement," Alabama Department of Education, February 2010,http://www.media.alabama.gov/AgencyTemplates/education/alsde_pr.aspx?id=2803

38. "How We Do It," KIPP website,http://www.kipp.org/our-approach/five-pillars (accessed September 10, 2013).

39. Brad Bernatek, Jeffrey Cohen, John Hanlon, and Matt Wilka, "Blended Learning in Practice: Case Studies from Leading Schools, Featuring Kipp Empower Academy," Michael & Susan Dell Foundation, 2012, http://5a03f68e230384a218e0–938ec019df6 99e606c950a5614b999bd.r33.cf2.rackcdn.com/Blended_Learning_kipp_083012.pdf.

40. "KIPP Empower Academy: Students & Teachers," Great Schools,http://www.greatschools.org/california/los-angeles/25197-KIPPEmpower-Academy/?tab=demographics (accessed September 10,2013).

41. Bernatek, Cohen, Hanlon, and Wilka, "Blended Learning inPractice."

42. 同上。

43. "KIPP Empower Academy Results," KIPP Empower, http://kipp2.innersync.com/empower/results.cfm (accessed July 21, 2014).

44. "2012–13 Accountability Progress Reporting (APR): School Report—API Growth and Targets Met: KIPP Empower Academy," California Department of Education, http://api.cde.ca.gov/Acnt2013/2013GrowthSch.aspx?cYear=2005–06&allcds=19–647330121699 (accessed September 10, 2013).

45. Bernatek, Cohen, Hanlon, and Wilka, "Blended Learning in Practice." 只有两名教师教学,可以节省大约生均 623 美元;入学持续增长,从最初预计在第二年的运营中有 200 名学生到 231 名学生,带来州和联邦政府资金的额外增加,每个学生 844 美元。

46. 额外的人力成本以教学技术助理的形式出现。

47. 第 1 章和第 2 章大量引用了我们以电子形式发布的四篇论文。这些文章包括："The Rise of K–12 Blended Learning," Clayton Christensen Institute, Charter School Growth Fund, and Public Impact, January 2011, http://www.christenseninstitute.org/wp-content/uploads/2013/04/The-rise-of-K-12-blended-learning.pdf; Staker, "The Rise of K–12 Blended Learning"; "Classifying K–12 Blended Learning," Clayton Christensen Institute, May 2012, http://www.christenseninstitute.org/wp-content/uploads/2013/04/Classifying-K-12-blended-learning.pdf; and "Is K–12 Blended Learning Disruptive?," Clayton Christensen Institute, May 2013, http://www.christenseninstitute.org/wp-content/uploads/2013/05/Is-K-12-Blended-Learning-Disruptive.pdf.

第一部分

理 解

Blended Using Disruptive Innovation to Improve Schools

Blended Using Disruptive Innovation to Improve Schools

Blended Using Disruptive Innovation to Improve Schools

第1章

# 什么是混合式学习

在今天的教育界，谁要是没听说过混合式学习（blended learning）的话，那真是孤陋寡闻了。但凡有关教育变革的热门话题，混合式学习都会名列榜首。这在某种程度上要归功于可汗学院 (Khan Academy) 的创始人萨尔曼·可汗（Sal Khan）。可汗学院每个月都为至少 200 个国家的上千万学生提供大规模教学视频和互动学习资料库，这使得混合式学习这一理念日益普及。[1] 不过在可汗学院出现之前，甚至是在"混合式学习"这一术语出现之前，成千上万的学生已经在他们的学校里混合着在线学习的经历。美国学乐集团（Scholastic）的阅读干预项目"阅读 180"（READ 180），最初通过光盘安装在学校的电脑上，后来转变成为在线学习方式，这一项目从 1998 年开始进入课堂，至今已服务了 4 万多个课堂的约 130 万名学生。[2] 尽管混合式学习在美国基础教育阶段（K-12）所占的准确比例很难估算，但是据常青教育集团（Evergreen Education Group）的专家估计，有超过 75% 的地区为学生提供了某些在线学习或混合式学习的选择。[3]

回顾美国基础教育阶段技术的发展，平心而论，虽然美国几十年来在计算机上投入了 1000 多亿美元，但其所带来的成果却乏善可陈。[4] 那么，为什么还要如此大力宣传混合式学习呢？它与此前学校里一直应用的计算机和技术相比，究竟有何不同？

## • 在线学习的发展进步

混合式学习起源于在线学习。正如所有的颠覆性创新一样——从亚马逊到特波税务软件——在线学习正处于可预见的稳步增长当中，从而为更多的、要求更高的、更受环境限制的用户提供服务。

这种颠覆性创新的模式对于理解在线学习的未来至关重要。在线学习刚出现的时候，就被定位为比传统的面对面课堂低档、次要的学习方式。到 2000 年时，有 4 万名中小学生至少选修过一门在线课程，其中大多数人是为了能够按时毕业、不辍学而利用在线课程来重修学分，或是由于条件所限，不得不在家庭学校或其他远程学习环境中独立地完成学业。[5] 对于主流学生来说，在线学习并无吸引力。

不过，同颠覆性创新的发展模式一样，在线学习逐步普及开来，为更多的学生所采用，甚至在某些方面已经开始替代传统教学。在一些学校，外语在线课程是首先可以替代传统面对面课堂的课程。总部设在加利福尼亚圣迭戈的特许学校网络——高技术高中（High Tech High），开始使用罗赛塔石碑（Rosetta Stone）语言学习软件，因为这个软件标榜能让学生比传统课堂更快地掌握外语。高技术高中的执行董事拉里·罗森斯托克（Larry Rosenstock）说："罗赛塔石碑在研发上已经投入了上百万美元，并且在用户交互方面非常智能。"他相信，与最好的老师进行面对面教学相比，学生通过使用罗赛塔石碑在一年内可以学到更多的东西。[6]

在线学习不断改进的一个重要方面就是，通过更多亲身的、实体学校的学习体验，为在线学习的学生提供支持和帮助。早期的在线学习课程毫不关心学生在哪儿进行学习。不管学生是在家、在机房，还是在图书馆，这种单机独立的课程都可以运行。只要学生有良好的网络连接，并且愿意接受纯虚拟教学服务，学习场所就不会影响在线学习的进行。

然而不久，在线课程的提供者便发现，没有多少学生能够在不受成人直接监督或面对面辅导的情况下完成学业。据《颠覆课堂》一书的分析显示，到2019年，50%的高中课堂将会以某种形式使用在线教学方式，而家庭教育和全日制虚拟教育将不会取代实体学校，原因是这些教育形式的发展速度将趋于平缓，仅能覆盖美国基础教育阶段总人数的10%。[7]这表明，超过90%的学生将继续在实体学校的成人监督下学习。

这项90%的估算数据看上去是很可靠的。在父母工作繁忙时，大多数孩子在离开家门以后，需要一个安全的容身之所。实际上，学校所履行的一项主要的职责便是监护、照料孩子们，保障他们的安全。大多数学生希望有一个场所可以与其他同学一起玩耍取乐，也需要一个场所来接受老师的帮助，这便是实体学校除了教授知识之外的另外两个重要功能。

从事创新的学校领导者和老师在看好这90%的学生利用在线学习优势的同时，也在努力探索将在线学习融入实体学校教学的方法。"混合式学习"一词便由此而生，在新世纪之交被编入了美国基础教育的词典。因为纯虚拟教学不能完全满足大多数学生和家长的需求，所以在线学习和中小学校园的混合成为在线学习融入主流的一项重大突破。[8]

除了教育领域，其他领域也已出现了同样的趋势，纯虚拟技术通过增加一些实体元素，从而为更多的人提供服务。例如，在一些网上零售商中，流行着一种开设实体店的方式，实体店的作用主要是作为样品间，让潜在顾客可以进店体验以前只能在网上看到的商品，在体验之后，再

从网上商店下单。男装品牌 Bonobos 曾经只认定在线销售，然而在 2012
年开设了 6 家实体店。这些实体店的存货有限，而且只雇了几位售货员。
这种零售"库存店"正是颠覆性创新逆流的例证：公司和组织通过颠覆
性路径以某种简单的在线解决方案立足之后，转而寻求延续性创新——如
零售样品间，从而使它们能够满足更多的客户需求。[9]

## • 对混合式学习的正解和误解

混合式学习的概念与更宽泛意义上的为教室装备各种设备和软件的
概念完全不同，两者很容易相混淆。"混合式学习"在教育圈和媒体中的
通常用法受到了"金发带问题"（Goldilocks problem）的困扰。人们或是
将此概念用得过于宽泛，用它代指所有在教室里运用的教育技术；或是
将此概念理解得过于狭隘，只用它来特指他们最喜欢的混合式学习类型。

从 2010 年开始，我们采访了 150 多个混合式学习项目背后的教育工
作者，力图总结出一个"恰如其分"的中立的定义，既能囊括混合式学习
的不同类型，又能厘清与学校中所使用的无边界的教育技术概念的区别。
这种混合式学习的定义分为三个部分。

### 在线学习部分

首先，**混合式学习是正规的教育项目，学生的学习过程至少有一部
分是通过在线进行的，在线学习期间学生可自主控制学习的时间、地点、
路径或进度。**

"正规的教育项目"这一概念非常重要，因为它排除了一些特例，比
如在学校正规的教学课程以外，学生在家玩教育性的 Xbox 游戏机，或是
在网上商店浏览学习应用软件。此定义的关键一点是"在线学习期间学
生可自主控制的元素"。在所有的混合式学习课程中，学生通过互联网开

展一些学习活动，这里指的不是使用诸如在线图形计算器或者谷歌文档的数字化工具，而是指在线学习方面的更大教学转变，从面对面的教师指导到基于网络的教学内容和指导的转变。[10]

学生的自主控制是至关重要的，否则混合式学习就与老师通过电子白板为教室里的学生讲授在线课程毫无区别了。应用于在线学习的技术必须从教学和指导转为由学生自行控制，这样从学生的视角出发才可称为混合式学习，而不是从身处教室的老师的视角出发，仅仅使用数字化工具进行教学。这种自主控制可以只是对学习进度的控制——学生能够自由随意地对在线教学内容进行暂停、回放、快进；还可以包括其他类型的自主控制——有时候学生可以自主选择在线学习的时间、学习某个概念的路径，甚至可以选择完成在线作业的场所——不论是在实体教室，还是其他地方。[11]

总之，只有当一个教育项目包含在线学习，并且期间学生至少可以自主控制学习的时间、地点、路径或进度的时候，才属于混合式学习。

**在受监督的实体场所的学习部分**

定义的第二部分是**学生的学习活动至少有一部分是在家庭以外受监督的实体场所进行的**。换句话说，学生要去实体学校上学，并且有老师或指导者在场。这种情况往往指的是附近的学校，但也有可能是一个学习中心，这个学习中心甚至可能是设在商场中被改造成便民机房的地方。那么，如果学生在星巴克学习呢？这不算是混合式学习，因为星巴克咖啡师的监督不符合条件。如果学生在餐桌上进行全日制在线学习呢？这也不算是混合式学习，因为不满足"学生在家以外的场所"这个条件。混合式学习指的是学生的日程表里至少包含在校园内、家庭之外的学习部分。

**一种整合式的学习体验**

定义的第三部分是**学生学习某门课程或科目时的学习路径模块，要**

**与整合式的学习体验相关**。这指的是如果学生以混合式的方式学习美国历史，那么在线学习和面对面学习这两部分要共同构成一个整合性的课程。这种情况的反例就是，学生在线学习了一些内容，然后回到传统课堂通过听课来复习内容。为了避免这种不协调情况的出现，多数的混合式学习课程都利用电脑数据系统来跟踪每个学生的学习进程，并设法将难度级别和课程内容与其学习模块相匹配——不论是在线模块、一对一模块，还是小组学习模块。但是在有些学校，老师还以传统方式记录学习进程，并且亲自去匹配这些模块。无论是哪种方式，关键的一点是混合式学习涉及一种真正的各种课程类型的"整合"。如今很多混合式课程仍未实现各种模块的完全整合，但是这种概念一直是大多数教育工作者在构想混合式学习时所追寻的目标，因此这对于定义混合式学习非常重要。

## 定义的运用

让我们在几个假想的场景中运用一下这个定义，判断它们是否属于混合式学习。

- **场景 1**：多米尼克的老师将所有的课程计划、作业和测验都发布到毕博教学平台（Blackboard）的教学管理系统上。多米尼克可以借助学校的平板电脑，在实体教室或者在家里上网访问课程主页。
- **场景 2**：马修是一名高山学院（Mountain Heights Academy）的全日制学生，此学院曾叫犹他州开放高中（Open High School of Utah）。他在校园外独立完成自己的功课，并与老师通过网络摄像头和网络视频会议软件进行联系。他同时还利用网络电话与学校的虚拟象棋俱乐部和虚拟学生会保持联系。
- **场景 3**：安杰拉很喜欢用图书馆的电脑玩在线数学游戏。她修了代数课，并有老师对她面对面进行指导，这位老师并不知道她喜欢玩在线游戏，但是很赞赏安杰拉在记忆数学题方面表现出的敏捷。

如果你的结论是以上这些场景都不属于混合式学习，那么你的答案是正确的。在第一个场景中，多米尼克的课程是由互联网来提供信息和学习工具的，但是互联网并没有对课程内容的传播和教学进行管理，而是由老师进行管理的。因此，多米尼克没有自己控制学习的时间、地点、路径或进度。这门课程的所有学生都是在同一时间学习同样的内容，课程进度也保持一致，而没有根据学生的不同情况，利用一个在线学习平台提供难度适宜的内容。多米尼克是在一个"技术配备齐全"的教室里学习，但没有进行混合式学习。

对于混合式学习最常见的误用就是将其与技术型教学相混淆。很多学校都在实施一对一教学课程，每个学生都有自己的电脑设备，但是为学校配备技术设备并不等同于混合式学习。这种混淆不仅限于美国，在欧洲和亚洲也很常见。附录1A会进一步探讨技术型教学，以及其他与混合式学习相关或容易混淆的术语。

在第二个场景中，马修并没有在家以外的受监督的实体场所进行学习。他与同学和老师进行实时联系，而不是在校园里进行面对面的交流。马修算是一名全日制虚拟学校的学生，而不是进行混合式学习的学生。

在第三个场景中，安杰拉所进行的数学学习活动与创建一门整体的、统一的代数课程没有关系。她在图书馆学习数学，但是没有人统计她的学习数据，也没有人用这些数据去更新她在传统数学课堂中的学习计划。安杰拉在图书馆进行在线学习，但这不属于混合式学习课程的一部分。

## • 混合式学习模式

如果以上这些例子都不属于混合式学习，那么混合式学习到底是怎样的呢？由于混合式学习仍处在发展过程中较为混乱的初期阶段，学校也以各种方式构想混合式学习，同时也在不断进行实验，探索最适合的模式。这导致很多教育家乍一看这些学校的改革项目是无法归类的——它们彼此之间完全不同。

不过在我们的研究中，我们发现大多数的混合式课程符合四种主要模式的一般参数：转换模式（Rotation）、弹性模式（Flex）、菜单模式（A La Carte）以及增强型虚拟模式（Enriched Virtual）。图 1-1 描述了这些术语之间的关系。

在许多情况下，学校使用多种模式并将它们以不同方式进行组合，从而创造出一种定制化课程。这些术语便是用来描述各种组合的基本构件的。以下几个小节对这几种模式逐个进行了描述，并佐以图画展现这些模式。每种模式的主要定义和图例请见附录 1B。

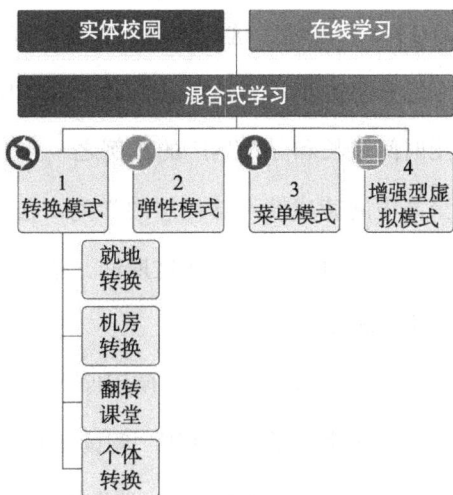

图 1-1　混合式学习模式

## 转换模式

首先特别受课程老师青睐的是转换模式。此类模式指学生按照固定的时间表或听从老师的安排在任何课程或科目中进行转换，而在这些学习模块当中，至少有一个模块是在线学习。通常情况下，学生会在在线学习、小组学习以及课堂书面作业这几项中进行转换。或者，他们也可以在在线学习和某种全班讨论或项目之间进行转换。关键是要定时或者由老师宣布到了转换的时间，然后每个学生将会转向去做该课程的下一项任务活动。

就地转换的概念在教育界并不新奇。实际上，几十年来都有老师带领一批批的学生在不同的中心之间转换，这主要发生在小学的层面。现在，在这个循环中又新增了在线学习的元素。

**就地转换**

有些情况下的转换在一间或多间教室里进行，这样的转换称为就地转换（station rotation）。一个经典实例就是学乐集团的"阅读180"课程，自1998年开始，这项课程一直在促进课堂教学向就地转换模式转变，如今已有超过4万的课堂在使用"阅读180"课程，它是就地转换模式中使用时间最长和分布最广的实例之一。[12]"阅读180"课程的受众群为小学至高中阅读成绩不够理想的学生，它会指导老师以全班参与的讨论来开启和结束每一堂课。在这期间，学生会被分成几个小组，在三种工位之间进行转换。

（1）**小组面授**：老师使用课本对一部分学生进行近距离教学。

（2）**个人学习**：使用"阅读180"软件练习阅读技巧。

（3）**跟读和自主阅读**：学生使用"阅读180"的纸质书或有声书阅读。

有效教育策略资料中心（What Works Clearinghouse, WWC）是由美国政府运营的数据库，它针对如何提升学生成绩的教育策略进行研究，据该中心资料，青少年学生通过使用"阅读180"课程，在阅读成绩方面平均提高12个百分点，在阅读理解方面平均提高4个百分点。基于这些结果，有效教育策略资料中心认定此项课程的潜在积极效果为"中等至明显"，尽管对"阅读180"的研究并非完全符合该中心评估方案中的标准。[13]除了这项课程的教学效果以外，其庞大的规模也使其成为就地转换模式的典型实例。

关于就地转换模式及其他混合式模式的更多实例，可以参见由克里斯坦森研究所建立的"混合式学习大全库"（www.blendedlearning.org），该数据库囊括了全球的混合式学习课程，可以根据模式和其他特点进行搜索。"混合式学习大全库"罗列了几个就地转换的实例，包括在前言中介绍过的 KIPP Empower 学院、[14] 在加利福尼亚州的奥克兰联合学区的学校，参与了宾夕法尼亚混合式学习联盟的几个宾夕法尼亚地区，大学预备公立高中联盟网中的特许学校、阿斯拜尔公立学校网中的学校、旧金山的多罗雷修道院学院——一所独立的天主教中小学校，位于纽约的高端私立学校——世界学校（World School），以及位于印度孟买的伊利亚·萨瓦特高中（Elia Sarwat Hight School）和萨亚学习中心（Zaya Learning Center）。

---

视频片段 3：大学预备公立高中联盟（Alliance College-Ready Public Schools）利用就地转换模式，以三种方式提供同样的资料。

---

视频片段 4：阿斯拜尔 ERES 学院（Aspire ERES Academy）利用就地转换模式来实现差异教学。

---

视频片段 5：多罗雷修道院学院——一所旧金山的天主教学校利用就地转换模式，以可持续的财政方式来满足不同学生的需求。

---

视频片段 6：世界学校为学生提供笔记本电脑，并提供开放式学习环境支持就地转换。

---

**机房转换**

机房转换类似于就地转换，只是学生要移至机房进行课程的在线学习。使用机房并且让另外的老师进行在线教学，可以节省老师的时间和教室空间。学校配备使用机房已有几十年的历史了，现在主要的区别是为了创造无缝课程，老师把机房和教室的学习时间结合在了一起。

加利福尼亚州圣何塞的飞船教育项目（Rocketship Education）因其机房转换而出名，受到了人们的推崇。在2006年，约翰·丹纳 (John Danner) 和普勒斯顿·史密斯 (Preston Smith) 发起了特许学校联盟，以评估族群和社会经济群体之间的学习成绩差异，从而在不依赖政府发放的小学生补助金的情况下，帮助100万的城市低收入家庭的小学生提高学习成绩。[15]

为了实现这个目标，丹纳和史密斯建立了机房转换模式，如此一来，学生25%的在校时间都是在机房中度过的，通过在线学习练习核心能力。在机房学习的期间内，由显示器代替老师对学生进行监督。剩余的75%的时间，学生会在实体教室，在老师的指导下学习一个模块的理科和两个模块的文科。这样的模式使得飞船教育项目只需雇用传统学校75%的师资，教学设备所占空间也是传统学校的75%。同时，老师也有更多时间去关注对学生的概念延伸和辩证思维技能的培养，而不是关注基本技能的教授与复述。

---

▶️ 视频片段7：飞船教育项目依靠强有力的文化与创新团队来实施其机房转换。

---

飞船教育项目的第一所学校在成立的第三年，与其他至少70%是低收入家庭学生的同类学校相比，位列圣克拉拉县第一，加利福尼亚州第五，第二所学校也取得了同样的好成绩。直到2011～2012学年，按照加利福尼亚州的数学评分标准，飞船教育项目的学生与高收入地区的学生相比，评分为"精通"或"高级"的比例只低了5个百分点，在缩小

成绩差异方面取得了显著的成绩。[16] 机房转换模式帮助每所学校在传统开支上每年平均节省近 50 万美元，但飞船教育项目却没有"节省"这笔开销，反而将多余的资金用来提高老师的薪水（相比周边地区薪酬高出 10% ～ 30%），延长学生在校时间，提供领导力培训，雇用三四位学校领导为老师定制职业发展规划。

在"混合式学习大全库"中，其他机房转换的例子包括：新奥尔良的前线学校联盟、加利福尼亚州苗必达（Milpitas）联合公立学区的一些小学、肯塔基州丹维尔（Danville）独立学区的初高中学校，以及南非约翰内斯堡的星火（Spark）私立学校。

### 翻转课堂

翻转课堂是转换模式的第三种类型，也是最受媒体关注的类型。如此命名的原因是这种类型彻底颠覆了教室的传统功能，在翻转后的课堂中，无论是在家还是在学校写作业期间，学生都可以独立学习在线课程或听课内容。原来在教室里留给老师进行讲解的时间，现在留给了学生去完成作业，由老师提供必要的协助。[17]

这种模式是如何改善学生学习的呢？这只不过是把听课和完成作业的时间对调而已，学生仍然是通过听课学习知识，而且很多在线课程都是课堂实录。

尽管这样的分类有据可依，但却漏掉了翻转课堂的关键点。如果一些学生没有理解实时课堂所讲授的内容，那么他们就无法获得可用的资源。老师可根据学生的需要来调整课程的进度，但仍然难以全面顾及。而将基本教学转为在线形式后，学生可以根据自己对课程的掌握情况进行回看或快进。学生自主决定观看的内容和时间，这至少在理论上让学生对学习有了更大的掌控权。

在线观看课程看似与传统的阅读作业没有差别，但关键的区别是课堂时间不再用来被动地学习陌生的课程内容，取而代之的是，学生在学校做练习题、讨论问题或研究课题。学生在课堂上进行的是主动学习，而根据众多与学习相关的调查研究表明，主动学习相比被动学习效率更高。[18]哈佛大学博克教育和学习中心的特里·阿拉德杰姆（Terry Aladjem）说："从认知科学的角度来说，学习是一个将知识由短期记忆转化为长期记忆的过程。评估研究已经证明，主动学习的效果是最好的。"[19]

科罗拉多州的伍德兰公园高中（Woodland Rark High School）的理科老师乔恩·伯格曼（Jon Bergmann）和阿伦·西姆斯（Aaron Simms）在2007年开始进行翻转课堂，他们被认为是高中翻转课堂的先锋。伯格曼说："关键问题是如何最有效地利用面对面的课上时间，我认为不应该是我站在学生面前滔滔不绝，而应该让学生从事动手活动、开展探究式和项目式学习，还有其他一些经研究认为是有效的、有意义的和重要的学习方法。"[20]

---

▶ 视频片段 8：阿伦·西姆斯讨论他如何在伍德兰公园高中进行翻转课堂以及其原因。

---

2013年，乔·艾伯森和凯瑟琳·艾伯森基金（J.A. and Kathryn Albertson Foundation）向爱达荷州的学校捐款 150 万美元，主要通过某种翻转课堂模式来试行可汗学院。48 所学校和 1.2 万名学生参与了这项试点项目。库纳中学的一位数学老师谢尔比·哈里斯（Shelby Harris）表示，参加这个项目以后，她不再在教室里讲课，而是和学生进行一对一教学或者小组教学。她说："从某种程度上来说，感觉自己不太像老师了，你得重新定义自己的老师身份。"她现在把自己当作一名场外教练或者拉拉队队员。[21]

"混合式学习大全库"里其他运用了翻转课堂的学校包括：明尼苏达州斯蒂尔沃特地区公立学区、纽约州和康涅狄格州成绩一流的特许学校、马萨诸塞州的犹太学校百纳中学（Binah School）、天主教凤凰城教区，以及韩国釜山的东平中学（Dongpyeong）。[22]

▶️ 视频片段9：东平中学的老师通过翻转课堂与学生互动、促进学习。

**个体转换**

个体转换是第四种转换模式。要是给这个模式贴张标签的话，那标签上应该写上"选择你自己的学习方式"，正是这句话启发本书引言中提到的乔尔·罗斯（Joel Rose）开展"教会一个人"的学习项目。[23]在个体转换模式中，学生依照为个人定制的时间表转换不同的学习模式。每个学生的时间表是由算法得出或由老师定制的。个体转换区别于其他的转换模式，因为学生不必转换工位或学习模块，他们的日常时间表都是根据个性化学习列表来定制的。

参与"教会一个人"项目的学生，每天在课程结束后进行一个简短的测评。根据算法分析结果为学生匹配相应的课程和资料，以满足第二天的学习需求。每日的时间表对于每个学生和老师都是唯一的，通过数据的收集，"教会一个人"系统对学生更加了解，甚至可以逐渐做到预测对每个学生最有效的学习列表。

始创于亚利桑那州尤马的卡帕蒂姆学校(Carpe Diem Schools)，如今在几个州都成立了分校，也运用了个体转换模式。学校的创始人里克·奥斯通（Rick Ogston）在2003年开始构想一个全校混合模式，他可能算是最早的混合式学习的构想者。[24]卡帕蒂姆是尤马的第一所混合式学校，有一间布局类似客服中心、满是电脑的教室（教室的设计在其他分校又有了进一步改善）。学生每35分钟进行一次就地转换，从大型学习中心的自主在线学习到外围休息室的面对面学习。每个学生都在个性化学习列表的指导下进行转换，教辅人员利用软件手把手地帮助学生。在休息室内，有位老师面对面地讲授在线学习材料的扩展内容，帮助学生学会如何应用。

---

▶ 视频片段10：亚利桑那州尤马卡帕蒂姆学校，个体转换模式依靠特定的设备和师资设计来实现。

---

亚利桑那州的特许学校比当地学校的每个学生每年少收约1700美元的学费。但由于卡帕蒂姆的教学模式所需的持有教师资格证的教师数量更少，因此尤马学校向每个学生收取6300美元学费，却只需支出5300美元，其余的收入大多数用来偿还260万美元的设备债务。[25]设备本身就节省了一大笔开支，只建有5间休息室，比起学生数量相当的传统学校来说，教室数量节省了一半以上。一所在尤马学校附近的传统学校，仅比该校多容纳了200名学生，就花费掉约1200万美元，学生人均花费超过尤马2.5倍。

在转型个体转换模式的4年后，在亚利桑那州全州标准化测试中，卡普蒂姆的尤马学校几乎所有年级的学生，在各门科目所取得的成绩在全县均排名第一。在《彭博商业周刊》2009年全美最佳高中排行榜中，将尤马学校选为"最佳进步"学校。第二年，尤马学校的学生在数学成绩方面位列全县第一，在亚利桑那州的特许学校中排名前10%。在《美国新闻与世界报道》2010年最佳高中排行榜中，尤马学校被评为铜奖学校。

在"混合式学习大全库"中使用个体转换的其他学校还包括：底特

律的霍尔姆斯中小学（A.L. Holmes Elementary-Middle School）、加利福尼亚州圣何塞的明矾岩市大学预科（Downtown College Prep Alum Rock）、宾夕法尼亚州万科特的教育与学院（Education Plus Academy），以及新罕布什尔州的米兰乡村学校（Milan Village School）。

## 弹性模式

在世界各地的教育家翻转课堂或是在课堂上增添在线学习之前，另外一群人正在开拓一种主流教室以外的新混合式学习模式，主要是在重修学分的机房和备用学习中心中进行。在堪萨斯州的中南部，威奇托公立学校（Wichita Public Schools）在 2007 ～ 2008 学年，与阿佩克斯学习有限公司（Apex Learning）签约，为需要重修学分或已经辍学的学生提供在线课程。当地商场商铺前的空地被改造成大型开放式的学习中心，学生全天可以随时到学习中心，在中心老师的监督下完成阿佩克斯课程。在一年内，威奇托的学习项目帮助 449 名学生完成了 931 门课程，这对于整个地区来说并非小数。[26]

学校系统开始依靠在线学习的方式，为其他少数学生提供课程的主要内容，这些学生包括那些想要学习高级课程的学生，想要体验"无教室"学习的高中辍学生，以及夏令营学校里有学习需求的学生。这些课程需要学生到某所学校，主要以在线的方式学习课程内容和接受指导。同转换模式较为固定的时间表相比，这些备选课程能让学生在不同的学习模块之间，根据个性化的、流动性的时间表进行学习。也就是说，他们可以在在线学习和面对面学习之间自由转换，比如在必要时可以根据情况接受辅导或进行小组讨论。

这种类型的学校教育模式统称为弹性模式，指的是以在线学习作为学生学习主体的课程或科目，尽管有时也会要求学生进行线下活动。教师在场监督学习过程，学生除了完成作业外，大多时候都会在实体校园内学习。学生会根据自己的需要，学习弹性课程的各部分内容。老师会在场给予帮助，在很多课程里，老师会组织课题和讨论，以帮助学生扩充和深化学习，当然也有一些课程，老师参与的部分较少。

《变得聪明》一书的作者汤姆·范德·阿克说："转换模式学校为了区别于传统学校而增添了一些在线学习；弹性模式学校是以在线学习为出发点，并在可用之处增添了其他物质支持。"[27] 这说明了转换模式和弹性模式的关键差异（这个说法的一个例外就是个体转换，从这个角度来看更像是弹性模式）。

尽管大多数弹性课程都是以服务辍学学生，以及主流教育领域中的非消费者为出发点开创的，但这个模式也已经开始出现在了学校的核心学术课程中。教育成就局（EAA）管理着密歇根的学校改进区，负责改善州内5%的教学成果一直不理想的学校。为了实现这一重任，该局要颠覆传统公立学校教育模式，为21世纪的教学提供有效可行的模式，很多学校选择了弹性模式。[28]

在底特律的诺兰中小学校，教育成就局撤走了教室内成排的课桌，取而代之的是圆桌、坐垫和工位。学校的家具都是组装式的，为自由分组提供了条件，因为诺兰学校不是根据年级对学生进行分组，而是根据学生的意愿。这种模式的核心是 Agilix 公司的巴兹平台（Buzz platform），通过这项技术基础设施配有能力本位系统，学生可以选择和管理自己的学习计划，在测验中展现自己运用知识的能力，在展现个人品德和学业进步时赢得徽章。巴兹还协助老师监督学生，从而进行策略性干预。[29] 2013年是诺兰学校转型的第一年，直至年底，有71%和61%的学生分别在阅读和数学方面实现了连续一至多年的成绩提升。在阅读成绩提升方面，诺兰学校在底特律的124所学校中排名第三。[30]

"混合式学习大全库"里运用弹性模式的其他学校还包括：盐湖城的创新高中（Innovations High School）、得克萨斯州的拉夫金高中（Lufkin High School）、弗雷克斯公立学区（Flex Public Schools）、由联合教育管理的奈克瑟斯学院（Nexus Academy）、纳什维尔的博伟小学 (Buena Vista Elementary School)、爱迪生学习的辍学辅导中心（Edison Learning's Dropout Solutions Centers）、前程学区网（network of AdvancePath schools）、西埃技术学区网（network of SIATech Schools）、威斯康星州的阿尔哥玛高中（Algoma High School），以及马里兰州罗克韦尔市的查尔斯·史密斯犹太走读学校 (Charles E. Smith Jewish Day School)。

---

▶ 视频片段 11：在旧金山的弗雷克斯学院，学生进行在线学习，并根据自己的需要向学术辅导员或老师寻求帮助。

---

## 菜单模式

高中阶段最常见的混合式学习模式就是菜单模式，[31] 这种模式包括任何学生要在实体学校中通过完全在线方式修完的课程。如果社区高中没有开设汉语课或物理课，那么学生便可以在学习学校常规课程之外，在自修课或放学后在线学习这些课程。这种学习方式属于混合式学习，因为学生既要进行在线学习，也要接受实体学校的教育，尽管这些在线课程中没有包含面对面的教学内容。与弹性课程相似，菜单课程可以有线下活动部分。这两种模式的区别之处在于，菜单模式的登记教师是在线教师，而弹性模式的登记教师是面对面的教师。

随着越来越多的州要求学生在毕业前选修一门在线课程，菜单模式为更多学校所采用。截至 2014 年 4 月，已有 6 个州阿拉巴马州、佛罗里达州、爱达荷州、密歇根州以及弗吉尼亚州对学生做了这样的要求。其他州则通过资助学生选课来推广菜单式课程，这样可以保证学生每年选修一定数量的在线课程。从 2012 年开始，犹他州的学生在接受实体教学的同时，每年选修多达两门的在线课程，这一数字将在 2016 年增至6 门。

得克萨斯州加拿大镇的亚伯拉罕一家，揭示了菜单模式逐渐普及的原因。加拿大镇位于德克萨斯大草原区的北角，全镇人口为 2649 人。这个小镇地处偏远地区，也正因如此，汤姆·汉克斯的电影《荒岛余生》的一些片段在这里取景。亚伯拉罕家有八个孩子，父母决定只要孩子们想要进入一流大学深造，他们便会全力支持。但是，方圆几里唯一的一所高中——加拿大高中，在校人数只有 206。亚伯拉罕家的孩子要想考入一流大学，需要完成大学预科课程、外语课程和其他选修课程，但是学校却缺乏资金提供这样的课程。

孩子的父亲塞勒姆·亚伯拉罕担任当地学校董事会成员已有 12 年之久，为了让小镇和全州的学生尤其是在乡村地区的学生能够学习菜单式课程，他做出了很多努力。他的努力没有白费，至少在他的孩子们身上颇具成效，老大被哈佛大学录取，老二被圣母大学录取，老三被斯坦福大学录取。取得这样的好成绩，部分原因是他们通过在线学习完成了学校没有开设的西班牙语 4 级和其他高级课程。

## 增强型虚拟模式

第四种混合式学习模式是增强型虚拟模式，这种模式的课程会提供必修的面对面学习部分，但学生可以在自己喜欢的任何场所在线完成课程的其余部分。例如，有些课程要求学生在周二和周四要接受实体教学，在周一、周三和周五独立进行在线学习，地点可以在学校，也可以在其他场所。其他一些课程则是根据学生的表现情况来定制实体教学，如果学生的成绩有落后的迹象，那他们就需要接受更多的实体教学。

这种模式不同于翻转课堂，因为在增强型虚拟式的课堂，学生几乎不会每个工作日都与老师见面。这种模式又与全日制在线课程不同，因为实体校园体验是必修的课程部分，而不是可随意选择的教师答疑时间或社交活动。

很多增强型虚拟课程最初是作为全日制在线学校项目创建的，在意识到学生需要更多帮助之后，便发展成了混合式课程，提供面对面的强化培养以及安全、平静的学习环境。例如，联邦联合学院（Commonwealth Connections Academy）是一所由联合教育集团运营的虚拟特许学校，为宾夕法尼亚州超过 9000 名学生提供课程。联邦联合学院在 2003 年建成，最初是一所全日制虚拟学校，但是随着学生人数的增加，有些学生在在线学习上遇到了一些困难。尽管学院提供了上网补助，但仍有些学生家里的网络连接不稳定；还有些学生感觉太孤独，也有很多学生需要更多的实体社团和互动。于是，联邦联合学院决定为学生和老师建立实体学习中心。[32]

2012 年，联邦联合学院在费城市里开设了第一个教学中心，想要进行混合式学习的学生都可以到中心学习，学院还鼓励那些学习上有困难的学生好好利用这样的学习机会。截至 2013 ～ 2014 学年，约有 150 名学生在费城中心学习。学生每周到教学中心 2 ～ 4 天，根据自己的喜好学习上午课程（8:00 ～ 11:30）或下午课程（12:15 ～ 15:30）。中心的每位员工负责在一间教室里监督 15 ～ 17 名学生学习，并担任他们的导师。教学中心的开放时间为周一至周五，但是周五的关门时间会比平时早一些，因为导师们还有一项重要的工作要做：为学生安排下周的课程表。在周五下午的会议上，员工们会对学生的学习情况作一下回顾，讨论哪些学生的课程需要调整，之后再与导师交流讨论的结果，导师会以邮件或电话的形式建议学生调整下周的课程表，决定他们哪天需要在校学习，要见哪些老师。

联邦联合学院为所有的学生都配备了在线学习教师，作为每个科目的登记教师。而在教学中心上学的学生，还会得到额外的帮助。在数学和语文方面，会有老师对七八名学生进行面对面的指导，帮他们复习功课、布置作业并测试他们对课程的掌握情况。周五上午老师会在办公室坐班，为学生提供一对一的帮助。学生在咖啡馆学习科学、社会学、外语和选修课等课程，经验丰富的导师会在场为他们进行一对一辅助和组织小组学习。这些导师都是学科专家，有着丰富的工作经验和高等学历，但没有传统的教师资格证。师资队伍构成是协作式的，在线教师作为登记教师，而现场教师则提供必要的辅助。

费城教学中心为学生提供公交卡，便于他们乘坐公共交通工具往返于中心。有些学生为了参与实体社团，从附近的县城来到教学中心。在很大程度上来讲，联邦联合学院的中心促成了增强型虚拟模式的形成，这样的模式为那些想主要通过在线方式学习的学生提供了支持和实体的"家园"，以灵活的方式为他们提供了在线学习所需的社交场所。

"混合式学习大全库"中增强型虚拟项目还包括：乔治亚州亨利县学区的影响力学院（Impact Academy）、亚利桑那虚拟学院（Arizona Virtual Academy）、芝加哥虚拟特许学校（Chicago Virtual Charter School）、科罗拉多泉市的猎鹰虚拟学院（Falcon Virtual Academy）、加利福尼亚州阿纳海姆市的费尔蒙预备学院（Fairmont Preparatory Academy）、夏威夷技术学院（Hawaii Technology Academy），新墨西哥虚拟学院（New Mexico Virtual Academy）、新墨西哥州的里奥兰乔网络学院（Rio Rancho Cyber Academy），以及加利福尼亚州的河滨虚拟学校（Riverside Virtual School）。

---

▶️ 视频片段 12：为了帮助在影响力学院学习在线课程的学生进行拓展，乔治亚州的亨利县学区提供学习场所和现场老师。

---

## • 混合式模式的搭配

我们多次修正了对各个混合式学习模式的说明，以使这些说明更加全面，尽量概括到所有现有的混合式学习环境。但这些模式绝不是不相容的，很多课程混合搭配了这些模式，结果产生了某种综合方式。

有些学校搭配了翻转课堂和机房转换，学生在家进行在线学习，然后根据在校时间表转换到机房学习；还有些学校搭配了弹性模式和增强型虚拟模式。在第 8 章结尾处，我们会详细介绍这些混合课程。一般来说，如果一项混合式学习课程不能完全符合转换模式、弹性模式、菜单模式或增强型虚拟模式的定义，那它很可能是搭配了这些模式。此外，有些学校同时运用了几种模式的组合，以满足不同学科学生的需要。

## ••• 小结 •••

- 超过 90% 的美国学生需要在白天离家后受到看护和监督，在线学习在发展过程中逐渐融入了实体学校，以满足这些学生的需求。

- 混合式学习指的是一种正规的教育课程，学生至少进行部分在线学习，期间可自主控制学习的时间、地点、路径或进度，另外至少部分时间在家庭以外受监督的实体场所进行学习。将学生在学习一门课程或科目时的各种模块结合起来，形成一种整合式的学习体验。

- 混合式学习不同于技术型教学。前者是学生至少可以在某种程度上自主控制学习的时间、地点、路径或进度，而后者的学习活动是全班统一的。

- 最常见的基础教育阶段的四种混合式学习模式是：转换模式（包括就地转换、机房转换、翻转课堂和个体转换）、弹性模式、菜单模式和增强型虚拟模式。

- "混合式学习大全库"由克里斯坦森研究所维护，该数据库囊括了全球的混合式学习课程，可以根据模式和其他特点进行搜索。"混合式学习大全库"可以通过以下网站访问 www.blendedlearning.org。

- 很多学校对以上模式进行了混合搭配运用。

# 关键术语讨论

**在线学习**（online learning）：通过网络进行教学和内容传播的教育。有些在线学习涉及一位在线老师，这位老师指的是真人，可以和学生互动、批改作业，完全通过网络给予学生指导。在线学习可能是同步的，学生和老师是实时互动，例如通过在线视频会议交流；也有可能是异步的，学生和老师的交流是异步的，例如通过邮件或在线论坛交流。[33]

**传统教学**（traditional instruction）：代表了一种工厂生产制，是工业时代的残余。该系统根据年龄对学生进行分组，学生分批升高年级，所有的学生通用统一的课程安排。教学形式主要是面对面，由教师讲授课程内容（这种形式被称为"直接教学"）。教学资料主要是课本、讲稿和书面作业。课程和科目尤其是在小学，通常是单一和相对独立的，而不是综合和跨学科的。传统课堂的一个主要功能就是让学生在规定的学习时间内，在自己的座位上学习（这段时间按照公共教育术语也称为"上课时间"）。

**技术型教学**（technology-rich instruction）：与传统教学有着

共同之处，但是增加了数字化设备，如电子白板、大量的联网设备、实物投影仪、电子教科书、网络工具、谷歌文档以及在线课程计划。尽管配备了很多数字化工具，但是在线学习并没有大范围地替代面对面传授内容的教学方式。

**混合式学习**（blended learning）：指的是学生至少部分时间在家以外的受监督的实体场所学习，至少进行部分在线学习的任何正规的教育课程，期间学生可自主控制学习的时间、地点、路径或进度。学生在学习课程或科目时的各种模块结合起来，为学生提供一种整体的学习体验。混合式学习促使以学生为中心的学习实现全球化普及。在线学习因其固有的模块结构，适用于以可负担的成本、提供个性化的、能力本位的学习，所以这些术语通常会一起出现。[34]

**项目式学习**（project-based learning）：以充满活力的、互动和积极的方式帮助学生探究现实问题和挑战的教学方式，目的是激励学生对所学科目有更深层次的理解。[35]很多混合式学习课程将在线学习和项目式学习组合在一起，从而帮助学生学以致用，增进他们的跨学科知识理解。项目式学习能以线上和线下两种方式开展。

# 基础教育阶段混合式学习的分类

以下分类并不完善，且处于不断发展的过程中，这里只是简单总结了一些目前在美国和其他国家的基础教育中较为常见的混合式学习类型。

## 1. 转换模式

在一门课程或科目当中，学生按照固定的时间表或者听从老师的安排，在不同的学习模块之间进行转换，而在这些学习模块中至少有一种是在线学习。其他学习模块还可能包括诸如小组或全班教学、小组项目、单人辅导、书面作业等活动。除了家庭作业以外，学生的学习活动主要在实体校园中进行。

（1）**就地转换**。在学习一门课程或科目时，学生在一间独立教室或多间教室内进行转换，这样的转换称为就地转换。就地转换模式与个体转换模式的不同之处在于，学生要在所有的工位之间进行转换，而不仅仅是在为个体定制的时间表所指示的工位之间转换（见图 1B-1）。

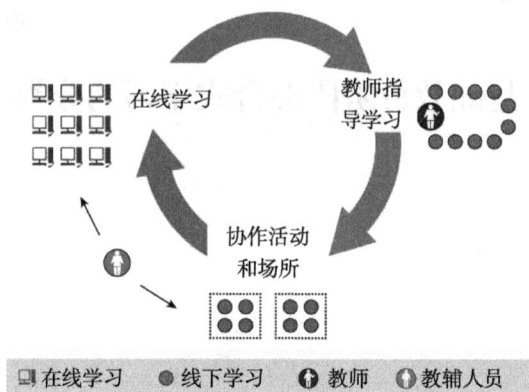

图 1B-1　就地转换

（2）**机房转换**。在学习一门课程或科目过程中，学生转换至计算机机房进行在线学习（见图 1B-2）。

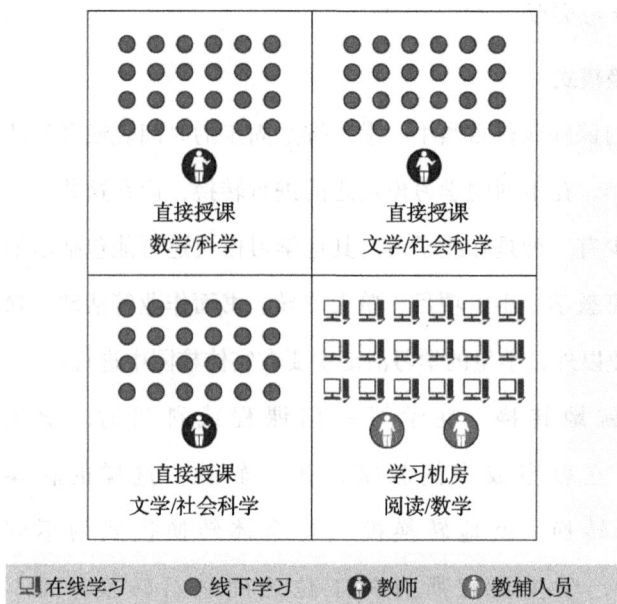

图 1B-2　机房转换

（3）**翻转课堂**。在学习一门课程或科目时，学生在校外参与在线学习而不是完成传统的家庭作业，然后在实体学校里参加有老师面对面指导的练习或项目。教师讲授的内容和教学主要是在线进行的，这也是翻转课堂与那种学生只在晚上完成在线作业的形式之间的不同之处（见图 1B-3）。

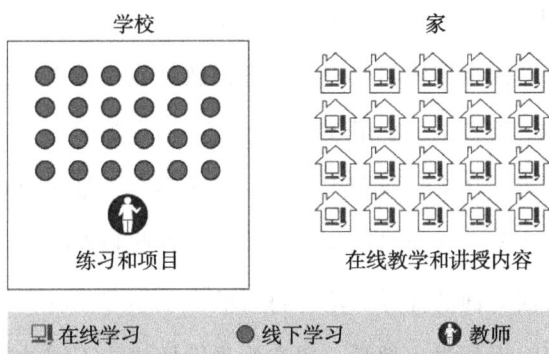

图 1B-3　翻转课堂

（4）**个体转换**。在学习一门课程或科目时，每个学生都有一个个性化的任务清单，而且不必在每个工位或学习模块之间进行转换。学生的任务清单是通过算法或由老师来制定的（见图 1B-4）。

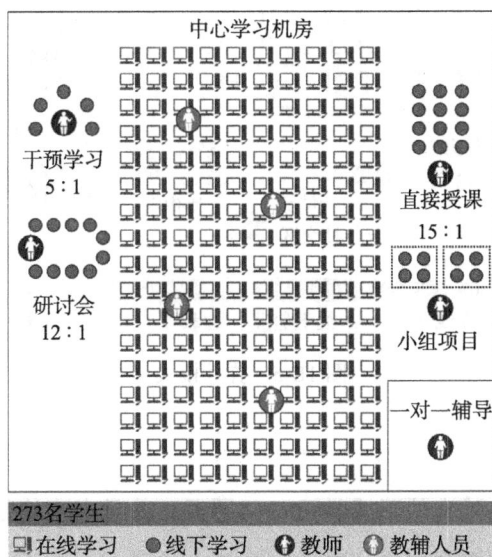

图 1B-4　个体转换

### 2. 弹性模式

在学习一门课程或科目时，在线学习是主要的学习形式，教师偶尔也会指导学生进行线下活动。学生根据个性化的、灵活的时间表在各种学习模块之间转换。有老师在现场指导，学生除了完成家庭作业以外，大多数学习活动都在实体学校进行。登记教师或其他成人会根据学生需要，通过诸如小组教学、小组项目或一对一辅导等形式，灵活地对学生进行面对面辅导。在实际应用中，有些模式会有大量的面对面指导，而有些模式只有非常少的面对面指导。例如，有些弹性模式可能会由有资质的教师进行面对面的辅导，增补每天的在线学习内容，而其他教师可能就不提供面对面的强化教学；还有些弹性模式将不同的教学人员组合在一起。这些不同的变体形式都是有用的调节器，可以用来描述各种独特的弹性模式（见图 1B-5）。

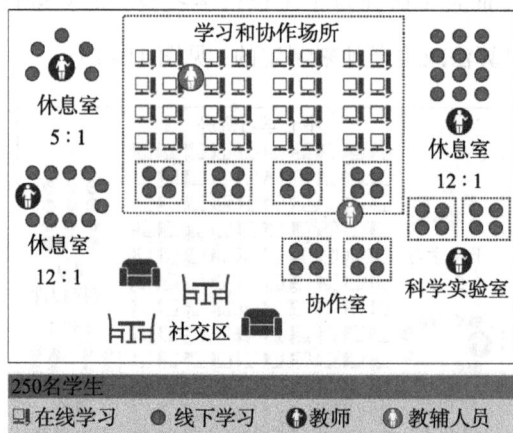

图 1B-5　弹性模式

### 3. 菜单模式

学生完全通过在线形式学习一门课程，并且在实体学校或学习中心进行其他活动。菜单课程的登记教师是在线教师，学生可以在实体学校

或校外完成菜单课程的学习。该模式不同于全日制在线学习，因为菜单

式课程并不是全部在学校
活动。学生通过在线学习
完成某些菜单课程，还要
在实体学校学习其他的面
对面课程（见图 1B-6）。

### 4. 增强型虚拟模式

在学习一门课程或科

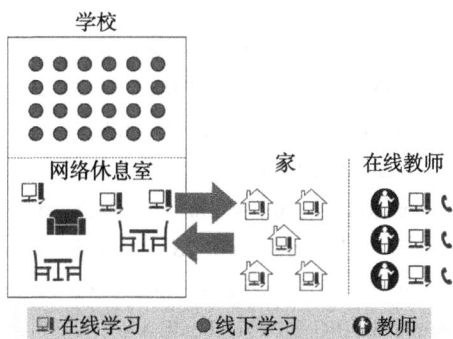

图 1B-6　菜单模式

目时，学生必须在教师的监督下完成面对面的课程，然后可以在远离教
师的条件下自主完成其余的课程。如果学生住在偏远地区，那么学习的
主要方式为在线学习。同一位教师通常要同时担任在线教师和面对面教
师。很多增强型虚拟项目最初是作为全日制在线学校创建的，之后发展
成了混合式课程，为学生提供实体学校活动。增强型虚拟模式与翻转课
堂不同，因为学生在学习增强型虚拟课程时，不是每个工作日都要与教
师见面。它也区别于全日制在线课程，因为在增强型虚拟模式中，面对
面的学习讨论不是可随意选择的教师答疑时间或社交活动，而是必修的
课程部分（见图 1B-7）。

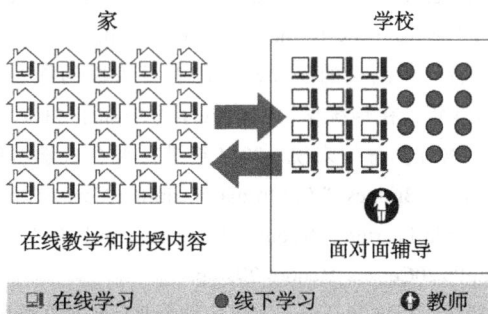

图 1B-7　增强型虚拟模式

# • 注释

1. "Fact Pack, "Khan Academy, April 1, 2014, https:/ /dl.dropboxusercontent.com/ u/33330500/KAPressFactPack.

2. Interview with Francie Alexander, Chief Learning Officer, Scholastic, Inc., September 6, 2013.

3. John Watson, Amy Murin, Lauren Vashaw, Butch Gemin, and Chris Rapp, *Keeping Pace with K -12 Online & Blended Learning: An Annual Review of Policy and Practice,2013,*Evergreen Education Group, http://kpk12.com/cms/wp-content/ uploads/EEG_KP2013-lr.pdf, p. 17.

4. 据《颠覆课堂》的估计，在该书 2008 年出版前的几十年里，学校花费了超过 600 亿美元用于给教室装备计算机。See Clayton M. Christensen, Michael B. Horn, and Curtis W. Johnson, *Disrupting Class* (New York: McGraw Hill, 2011), p.81. 我们从列克星敦研究所的肖恩·肯尼迪（Sean Kennedy）那里得到的这一最新数据是总共花费了 1000 亿美元。See Sean Kennedy, " School Tech Plan Unlikely to Help Blended Learning, " Lexington Institute, May 9, 2013, http://www.lexingtoninstitute. org/school-tech-olan-unlikelv-tohelp-blended-learning?a=1&c=1136 (accessed April 10, 2014).

5. Christensen, Horn, and Johnson, *Disrupting Class*, p.98.

6. Heather Staker, *The Rise of K-12 Blended Learning: Profiles of Emerging Models*, Clayton Christensen Institute and Charter School Growth Fund, May 2011, http:// www.christenseninstitute.org/wp-content/uploads/2013/04/The-rise-of-K-12-blended-learning.emergjng-models.pdf, p.93.

7. Michael B. Horn and Heather Staker, "The Rise of K–12 Blended Learning," Clayton Christensen Institute, January 2011, http://www.christenseninstitute.org/wp-content/ uploads/2013/04/The-rise-of-K-12-blended-learning.pdf, p.2.

8. 根据一项加利福尼亚调查的反馈，基础教育阶段的混合式学习在快速发展。2012 ～ 2014 年，在传统学区混合式学习增加了 43%，而特许学校则出现 287% 的巨幅增加。总的来说，2014 年进行混合式学习的学生比 2012 年增加了 74%。Brian Bridges, " California eLearning Census: Increasing Depth and Breadth, " California Learning Resource Network, April 2014, http://www.clrn.org/ census/eLearning!%20Census_Renort_2014.pd.

9. 曾经只在网上经营，后来又开设了实体店的企业还包括在线眼镜零售商沃比帕克（Warby Parker）、女装零售商派普莱姆（Piperlime）和在线美妆公司伯奇盒（Birchbox）。Hilary Stout, " Birchbox, Seller of Beauty Products, Steps Out From

Web With a Store," *The New York Times,* March 23, 2014, http://www.nytimes.com/2014/03/24/business/birchbox-seller-ofbeauty-products-steps-out-from-web-with-a-store.html?_r=1 (accessed April 10, 2014).

10. 我们认同汤姆·范德·阿克对于混合式学习的分类："高配置的学习环境只是为学生提供了设备，为了促进学习和生产力，混合式学习包括向部分在线教学的有意转换。"Digital Learning Now!, Blended Learning Implementation Guide 2.0, September 2013, http://learningaccelerator.org/media/5965a4f8/DLNSS.BL2PDF.9.24.13.pdf, p.3.

11. 佛罗里达虚拟学校发起并注册了这句标语"随时随地以任意路径和进度学习"（Any Time, Any Place, Any Path, Any Pace），从而反映了学校的教学理念，学习是一种进行中的活动，不应该仅限于课堂和课程表。这句标语也体现了一些在线学习在教育方面的固有优势。See Katherine Mackey and Michael B. Horn, "Florida Virtual School: Building the First Statewide, Internet-based Public High School," Clayton Christensen Institute, October 2009, http://www.christensen institutte.org/wp-content/uploads/2013/04/Florida-Virtual-School.pdf, p.3.

12. "阅读 180"项目在 2010 年前还不算是标准的混合式学习，因为那时学生们是通过光盘或本地服务器来体验这款软件，而不是通过在线学习的形式。但是，学生们确实是从 1998 年开始，就体验了在学习软件和面对面的工位之间的转换，因此这种学习体验与混合式学习类似。

13. "READ 180," What Works Clearinghouse, Institute of Education Sciences, October 2009, http://ies.ed.gov/ncee/wwc/pdf/intervention_reports/wwc_read180_102009. pdf.

14. Ian Quillen, "Los Angeles Empower Academy First School in KIPP Network to Embrace Blended Learning," *Huffington Post,* November 20, 2012, http://www.huffingtonpost.com/2012/11/20/la-school-first-inkipp_n_2166918.html (accessed September 10, 2012).

15. 关于飞船教育项目的这一段话是基于 Eric Chan of the Charter School Growth Fund 的描述，见 Heather Staker 的报告, *The Rise of K-12 Blended Learning* (see n.6), pp.131-133.

16. Sharon Kebschull and Joe Ableidinger, "Rocketship Education: Pioneering Charter Network Innovates Again, Bringing Tech Closer to Teachers," Opportunity Culture, Spring 2013, http://opportunityculture.org/wp-content/uploads/2013/07/Rocketship_Education_An_Opportunity_Public_Impact.pdf?utm_content=mhorn%40inno siehtinstitute.org&utm_source=VerticalResponse&utm_medium=Email&utm_term=Rocketship%20Education3A%20Pioneering%20Charter%20Network%20Innovates%20Again%2C%20Brignging%20Tech%20Closer%20to%20

Teachers%utm_campaign=Rocketship%20Education%3A%20Bringing%20 closer%20to%20teacherscontent(accessed July 31, 2013).

17. 关于翻转课堂的这段话节选自 Michael B. Horn's article entitled "The Transformational Potential of Flipped Classrooms," *Education Next*, Summer 2013, Vol.13, No.3, http://educationnext.org/the-transformational-potential-of-flipped-classrooms/ (accessed September 10, 2013).

18. Craig Lambert "Twilight of the Lecture," *Harvard Magazine*, March-April 2012, http://harvardmagazine.com/2012/03/twilightof-the-lecture (accessed September 10, 2012).

19. 出处同上。这篇文章还着重提到了哈佛大学的物理教授埃里克·马祖尔（Eric Mazur），从 1990 年开始一直倡导在高中教育阶段实行翻转教室。他认为教育分为两个阶段：信息传递；理解吸收信息。他说："从传统观点来看，课堂上的时间是首位的，其次才留给学生在课堂外的时间。如果你认为这是合理的，那你要转变看法，把课堂外的时间放在首位，而课堂内的时间位于其次。"此外，认知科学研究显示，"主动处理"是学习中的关键要素。它的重要性在于："在人们进行恰当的认知处理时，才会发生学习活动，例如，专注于相关材料，将材料组织成相干结构，并把它与现有知识融合起来。"See also Ruth Colvin Clark and Richard E. Mayer, *e-Learning and the Science of Instruction: Poven Guidelines for Consumers and Designers of Multimedia Learning* (San Francisco: Wiley, 2008), p. 36. We also recommend Susan A. Ambrose, Michael W. Bridges, Michele DiPietro, Marsha C. Lovett and Marie K. Norman, *How Learning Works: Seven Research-Based Principles for Smart Teaching* (San Francisco: Wiley, 2010), p.132.The section describes the research on the importance of using active reading strategies.

20. Stephen Noonoo, "Flipped Learning Founders Set the Record Straight," *THE Journal*, Jun. 20, 2012, http://theiournal.com/Articles/2012/o6/20/Flipped-learning-founders-q-and-a.aspx?Page=1(accessed September 10, 2013). For more information about how to flip the classroom, see Jonathan Bergmann and Aaron Sams, *Flip Your Classroom: Reach Every Student in Every CIass Every Day* (Washington, DC: International Society for Technology in Education, 2012).

21. Adam Cotterell, "48 ldaho Schools 'Flip the Classroom' and Pilot Khan Academy Online Learning," September 3, 2013, http://boisestateoublicradio.org/post/48-idaho-schools-flip-classroom-and-pilot-khan-academy-online-learning (accessed September 10, 2013).

22. For more about Flipped Classrooms in South Korea, see Michael B. Horn, "Busan Schools Flip Korea's Society, Classrooms," *Forbes*, March 25, 2014, http://

www.forbes.com/sites/michaelhom/2014/03/25/busan-schools-flip-koreas-society-classrooms/ (accessed April 10, 2014).

23. The story of Joel Rose riffing off this motto for School of One (Later renamed Teach to One) is available in Staker, *The Rise of K-12 Blended Learning* (see n. 6), p. 140.

24. "Carpe Diem: Seize the Digital Revolution," Education Nation, http://www.educationnation.com/casestudies/carnedieml/ (accessed September 10, 2013).

25. Nick Pandolfo, "In Arizona Desert, A Charter School Computes," NBC News.com, Sep. 22,2012, http://www.nbcnews.com/id/48912833/ns/us_newseducation_nation/t/arizona-desert-charter-school- computes/# .Ui _XjcakqYw (accessed September 10, 2013).

26. Katherine Mackey, "Wichita Public Schools' Learning Centers: Creating a New Educational Model to Serve Dropouts and At-Risk Students," Clayton Christenson Institute, March 2010, http://:www.christenseninstitute.org/wpcontent/uploads/2013/04/Wichita-Public-Schools-Learning-Centers.pdf.

27. Tom Vander Ark, "Flex Schools Personalize, Enhance and Accelerate Learning", Huffington Post, February 9, 2012, http://www.huffingtonpost.com/tom-vander-ark/flex-schools-personalize_b_1264829.html (accessed September 11, 2013).

28. Next Generation Learning Challenges, "Grantee: Education Achievement Authority of Michigan," http://nextgenlearning.org/grantee/education-achievement/authority-michigan (accessed April 10, 2014).

29. Agilix, "Educational Achievement Authority (EAA) of Michigan: Disrupting Education in Persistently Low Achieving Schools," case study, http://agilix.com/case-study-buzz-eaa/ (accessed April 10, 2014).

30. Next Generation Learning Challenges (see n. 28).

31. 这是基于加利福尼亚的数据，假设混合式模式在加利福尼亚的分布也代表了其他州的情况。据加利福尼亚 2014 年的一项调查结果显示，59% 的学区和特许学校在高中阶段采用了菜单模式，53% 采用了增强型虚拟模式，32% 采用了弹性模式，29% 采用了转换模式。Brian Bridges, "California eLearning Census: Increasing Depth and Breadth," California Learning Resource Network, April 2014, http://www.clrn.org/census/eLearning!%20Census _Report_2014.pdf 根据我们从在线学习的发展和颠覆性创新理论出发得出的结论，这些数据多少可以反映美国大多数州的情况。

32. The story about CCA is from an interview with Dawna Thornton, director of Commonwealth Connections Academy Philadelphia Center Connections Learning, May 30, 2014.

33. International Association for K-12 Online Learning, " The Online Learning Definitions Project, " October 2011, http://www.inacol.org/cms/wp-content/ uploads/2013/04/iNANACOL_DefinitionsPrjoejct.pdf,p.7; Watson et al., *Keeping Pace with K-12 Online & Blended Learning*(see n. 3), p.8.

34. 值得注意的是，混合式学习的定义是从学生个体角度而不是学校角度出发的，这一定义紧跟以学生为中心的学习设计理念的发展方向。那么混合式学习学校的又如何界定呢？《与时俱进》（*Keeping Pace*）年度报告给出了一个定义：具备一个学校代码的独立学校（以区别于一所学校内的项目），大多数课程以混合方式开设，要求学生在实体地点上学，而不仅仅是参加全州测评。See Watson et al., *Keeping Pace with K-12 Online & Blended Learning* (See n.3), p.9.

35. " What Is Project-Based Learning?, " Edutopia, http://ww.edutopia.org/project-based-learning/.

## 第2章

# 所有的课堂都要进行混合吗

混合式学习也许看上去像是一种有趣的选择，然而这种方式适合每一个人吗？我们与纽约各个学校的校长和负责人进行过一次关于教育的探讨，在讨论结束时，一位来自市郊富人区的教育主管向我们透露，混合式学习只是对于那些资源匮乏的学校的学生才有重要意义。既然传统教育模式在他的重点高中已经非常奏效，那么他何必要赌上自己的名誉和专门的资金投入去推行一种全新的教学和学习模式呢？

纵观历史，有这样感受的管理者在其他领域中也比比皆是。在 1807 年，第一艘在商业上大获成功的汽船行驶在哈德逊河上，这种汽船几乎在各项性能上都无法与跨洋帆船相媲美。它的每英里行驶成本要更高，行驶速度更慢，出故障的频率更高。出海后疲惫的水手们在登陆时听说了蒸汽技术，毫无疑问，他们绝对不会认为汽船有一天会超越经典可靠的帆船。汽船似乎只适合在逆风或无风的条件下，在狭长的湖泊上和河流上行驶。如果是跨越大西洋的航行，那肯定还是要靠帆船。

在 20 世纪 80 年代看到第一台个人电脑时，数字设备公司

（DEC）的管理者一定也有同感。他们认为这些简单廉价的个人电脑给孩子们和业余爱好者玩玩还可以，但绝不可能为高端公司和顶尖大学提供服务，只有更为精密的微型电脑和大型电脑才能做到。实际上，第一台个人电脑在各种性能上都无法与数字设备公司的微型电脑相媲美。它的处理速度明显慢很多，存储能力很有限，无法执行多任务，因此根本无法满足数字设备公司客户的需求。

回顾来看，很显然，蒸汽机和个人电脑都属于颠覆性创新。正如所有的颠覆性创新一样，蒸汽机和个人电脑要历经时间不断改进，直到其性能改进到足以替代现有设备，才能为大众所认可。

如果他们能预见未来，帆船制造商和数字设备公司的管理者就能预知行业内即将发生的颠覆性变化，也许就能在行业内做到顶尖。

事实证明，理解创新理论就像是戴上了一副眼镜，这副眼镜能帮助人们预见未来，预知创新趋势。戴上这副眼镜，就能预见有些创新相比于现有系统更加持久，这些创新能够帮客户和用户更好地完成任务，满足客户对高品质的要求。电力更持久的电池，飞行距离更远的巨型喷气式飞机，分辨率更高的电视，这些都是延续性创新的例子。还有些创新是对现有系统的颠覆，它们最开始被要求不高或别无他择的客户所接纳，然后，随着时间的流逝，它们逐渐打开了市场。一项重要的发现是，颠覆性创新注定要在某天取代大众的现有系统。

让我们戴上这副眼镜来预见混合式学习的未来。混合式学习是延续性创新吗？是否能够对传统课堂有所提高和改善？又或者，混合式学习是颠覆性创新，能够在未来彻底改变传统课堂？

这些问题的答案将会影响到未来教学的方方面面。首先，将会影响混合式学习的实施：成功企业配置延续性创新的方式，与配置颠覆性创新的方式是不同的。其次，会影响到设计：延续性创新是对已有的设计进行改进，而颠覆性创新则会彻底改变人们对老师、设备以及学生体验的原有观念。再次，会影响到效果：延续性创新会改善传统课堂，而颠覆性创新有可能会把传统教育转变为一种个性化的、能力本位的、易用的和廉价的系统。最后，会影响到战略：顾名思义，颠覆性创新的发展趋势是取代现有的系统。如果混合式学习的发展趋势正是如此，能预先知晓岂不是更好？

## • 混合理论

　　几百年前，造船工程师面对着相似的问题。那个时候，人们乘坐帆船，乘风破浪穿越海洋。蒸汽机在发明之初，也只是一项原始的技术。比起帆船，蒸汽机成本更高，可靠度却更低。由于船上无法携带足够的燃料，所以蒸汽机无法供应一艘船穿越大洋，在当时是相对低效的动力设备。但蒸汽机却吸引了船夫的注意，他们常行驶在狭长的河流和湖泊上，正需要蒸汽机这种在无风的情况下还能提供动力的能力。结果，蒸汽动力在内陆航道市场找到了它的立足之处。不久，汽船已在美国的河流和湖泊上随处可见。[1]

　　同时，专注于风力跨洋航行的传统帆船公司也意识到了蒸汽机的潜力，并没有完全忽略这项新技术。他们能想到的也只有在主流市场上运用蒸汽动力，建造更高效的以蒸汽为动力的跨洋航船。既然有了建造更大、利润更高的跨洋航船的想法，他们也无暇再关注内陆航道的顾客了。不过，为了同时兼顾蒸汽动力，帆船公司找到了一个折中的方法。最终他们开创性地找到了一种混合的解决方案，将蒸汽和帆结合在了一起。在 1819 年，混合动力船"萨凡纳号"（Savannah）进行了首次跨越大西洋的航行，而实际上，在历时 633 小时的航程中，只有 80 个小时是由蒸汽来提供动力。[2] 在风力渐弱或风向不正的时候，蒸汽动力便显示出它的优势，但由于对于这样的长距离航行来说，蒸汽无法成为主要动力，所以同时有船帆存在是至关重要的。

依赖风力驱动的船商从没有真正尝试过进入颠覆性创新的汽船市场，结果他们也为此付出了代价。到了 20 世纪初期，起于内陆航道且不被风力船商看好的蒸汽船，技术已成熟到可以支持跨洋航行了。消费者从帆船转而选择蒸汽船，帆船公司一个个倒闭了。

这个故事阐明了混合理论，这个理论与颠覆性创新理论相呼应。根据混合理论，当一项颠覆性技术出现时，相应领域的顶尖企业通常都会想要利用这项技术。但是技术还不够成熟时，无法满足客户的需求，因此他们就研发出一种混合的技术。这种混合的方案是将传统技术和新技术结合在一起，创造出一种两全其美的组合，如此一来，他们就可以以高价提供给客户。

然而，最终的混合方案并没有颠覆行业，反而让顶尖企业能够更好地为现有客户提供服务，并获得更多的收益，有助于企业的延续性发展。因此，一项混合式创新是一种延续性创新。而真正的颠覆性创新最初定位于低端市场，或只为非消费者所接受，然后不断地探索如何在更复杂的环境下为要求更高的用户提供服务，在这种探索中进行改进，最终替代了混合方案，并在逐渐成熟的过程中保留了其颠覆性价值——廉价、便捷、易用和简洁。

关于混合理论需要注意的一点是，尽管混合技术有一些颠覆性技术的特点，但却不属于颠覆性技术。

## 混合理论与汽车

混合理论让我们可以预见很多产业的未来，如汽车行业。对于汽油动力引擎，电动引擎是一项颠覆性创新。与汽油动力引擎相比，电动引擎车单位成本的行驶距离更短，加速更慢。尽管价格昂贵的纯电动汽车在高端市场上做足了广告，[3]但根据颠覆性创新理论，要想改变市场现状，那么非消费市场[4]便是投放电动汽车的最佳选择，这样它们自身的缺陷反而会被接受——例如，在老年人较多的社区，或作为一项面向青少年的产品，因为他们的父母不希望他们开得太快太远。实际上，电动汽车最早就是出现在这些地方。[5]

不过，电动引擎以混合式的形态，已经对汽车产业有了更为重大的影响。丰田汽车公司畅销的一款汽车——普锐斯（Prius），结合了汽油动力引擎和电动引擎，是市场上的第一批混合动力车。这款车受到了大众司机的欢迎，因为它大大降低了油耗。尽管有人预测，纯电动汽车将会颠覆整个汽车市场，但混合动力车在未来一段时间可能会支撑汽油车公司和汽油车。

### 延迟的颠覆

混合理论有助于我们理解很多行业的发展，从摄影行业到零售业。[6]然而，个人银行的发展历程为其他行业提供了一个重要警示。个人银行的颠覆性创新在于，让用户通过手机钱包和网上银行管理自己的金融交易。[7]银行设立的分行提供了一项混合方案，将网上银行和传统实体银行结合在一起，实体银行可以提供兑换纸币、存款和兑现支票等服务。现在有了自动取款机、网上银行和手机钱包，那为什么银行分行制仍然存在呢？原因是银行分行执行着一些与纸币和硬币相关的重要职能，是已有商业体系中非常重要的一部分。而自动取款机和手机钱包还不具备这些功能。根据颠覆性创新理论，从长远角度来看，当数字货币代替了有形货币的时候，大多数的银行分行，或者至少是银行的柜员，将会被淘汰。正如我们所见，在有这些颠覆性技术出现的情况下，银行分行还得以留存，以此可以类推基础教育的课堂处境。

## • 混合式学习具有颠覆性吗

关于混合式学习是颠覆性的还是延续性的，我们结合混合理论，并参考美国现有的几百个混合式学习课程来看一下。目前为止，能得出的结论是混合式学习兼具颠覆性和延续性。有些混合式学习的模式，有着混合延续性创新的各种特征。它们并没有颠覆传统课堂，反而为其提供了有价值的改善。同时，其他一些模式具备了颠覆性的特征，但只是相对于学校之内的传统课堂而言是颠覆性的，并不会真的颠覆了学校，在本章的后面部分，我们将对这一点进行讨论。

图 2-1 将混合式学习模式划分为混合区和颠覆区。混合区支撑着传统课堂，而颠覆区将以完全不同的形态代替传统课堂。

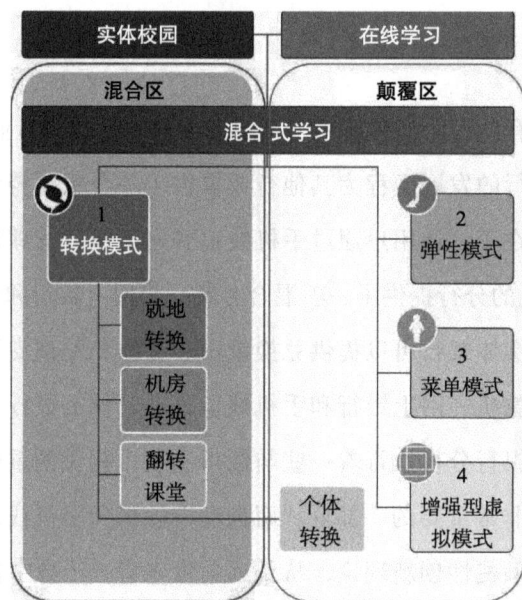

图 2-1　混合式学习的混合区和颠覆区

要对混合式学习的未来进行预测的话，那么理解以上的区别是关键。

## · 混合式学习的混合模式

在某种程度上，管理传统课堂的教育者与帆船制造商、丰田汽车以及银行分行的管理者有着相似之处。当在线学习这种新形式出现时，在是否完全采用这种学习模式的问题上，传统教育者踌躇了，因为这种学习模式还不能满足主流学生和传统课堂的需求。因此，他们找到了一种两全其美的混合方案，结合了传统课堂和在线学习的优势。教育界如同其他行业一样，某种技术被采用的模式比起技术本身来要更有影响力。

教育者根据其他行业的混合模式，逐渐配置了三种混合式学习模式——就地转换、机房转换和翻转课堂。这种混合模式有四个主要特点。

（1）**混合式创新包括了传统技术和新技术**，而纯粹的颠覆性创新不会保留传统技术。

混合动力汽船"萨凡纳号"既有船帆，也有蒸汽引擎。丰田汽车的普锐斯是汽油和电力混合动力车。混合银行业让客户可以通过实体银行和网上银行进行交易。

同样地，混合式学习的变体——就地转换、机房转换和翻转课堂，也是传统模式和新模式的结合。它们保留了传统课堂的大体形式——设备、人员配置和基本流程，同时也引进了在线学习，实现了两全其美的混合。

例如，KIPP Empower 学院的就地转换包括了传统课堂和在线学习。这种混合是传统的，因为教室的实体还存在，而且没有取消面对面的老师教学，也没有在很大程度上改变学生的时间表。同时，这种形式又是新颖的，因为在线学习成了核心教学的一部分。[8]

就地转换、机房转换和翻转课堂都属于这种混合。它们在传统课堂中添加了在线学习，却保留了两种方式的优点。然而，纯粹的颠覆性创新则完全摆脱了传统方式，本章的后面会再做解释。

（2）**混合式创新的目标群是现有用户**，而不是非消费者。

帆船制造商为了他们的现有客户和跨洋货主设计了"萨凡纳号"，而不是为了在内陆航道运输货物。丰田汽车的普锐斯的受众是大众高速公路司机，而具有颠覆性的纯电动汽车起初在老年人中大受欢迎。一般来说，设计混合产品是为了满足现有用户的需求，而不是满足那些别无他选的人们的需求。这一点也很好地证明了，混合式创新是一种延续性创新。

混合式学习的混合模式也是如此。它们的目标群是现有的在主流课堂上学习核心课程的学生。[9] 实际上，正如我们已经提到过的，几十年来，转换模式都是主流课堂设计的一项经典特色，尤其是在小学阶段。而混合式学习只是在转换中增加了在线部分。此外，大多数这样的课程是在诸如数学、阅读这样的核心学科中采用转换模式，而不是帮学生获取学校没有的学科资源。

（3）**混合方式遵循旧有的游戏规则为消费者提供超越现有体系的服务**，而颠覆性模式的优势在于，以不同的游戏规则为用户提供一种替代性服务。

混合汽船"萨凡纳号"的设计者利用蒸汽动力，为的是在越洋航行上取得更大的成功。与此相比，第一批纯蒸汽动力船制造商所关注的不再是越洋航行，他们所关注的是在风力不顺的内陆航道上，蒸汽动力能够驱动航船航行。成功的颠覆性创新不是在挑战现有的系统，而是探索出另外一种市场，能够发挥出它们本身的优势和价值。

在这一点上，混合式学习的混合模式与其他行业的混合模式有着相似之处。它们保留了传统课堂的功能，包括在规定的时间内让学生在自己的工位上学习。它们为传统课堂带来了延续性的改善，让传统课堂在本身优势的基础上能够更好地运转。

在典型的翻转课堂中，例如，学生在放学后——通常是在家——利用连接装置，观看异步的教学视频，完成理解练习。在学校的时间，他们在老师面对面的指导下，练习并应用所学的知识。这种模式并没有颠覆传统，也没有标榜简洁或便利。相反地，它将在线学习作为一项延续性创新，帮助传统课堂更好地发挥其传统功能。

相反地，真正的颠覆性创新并不关注如何让学生在规定的时间内在自己的工位上学习，[10] 情况恰恰相反，混合式学习的颠覆性模式的特点在于，让学生按照自己的进度学习课程，让原本的上课时间变得灵活。理想状态下，这些模式与传统课堂是在完全不同的方面各有所长。然而，考虑到一些重视上课时间的传统政策，有些时候颠覆性模式要适当地做出调整或增添复杂的特性，从而与传统的监管结构相协调。[11] 颠覆性模式自身的优势是，它们在最大程度上实现了个性化，便于应用，并节省了成本。

（4）**混合式创新往往操作起来更复杂**，相比于颠覆性创新。

混合汽船"萨凡纳号"的例子，很好地解释了判断混合式创新的第四条规律。关于帆船和蒸汽船哪个操作起来更复杂，仍存在争议。但是"萨凡纳号"是这三种中最复杂的，因为它需要这两种船的专业知识。

同样地，对于老师来说，混合式学习的混合模式比起现有的教学模式，并没有更加简便。相反地，在很多情况下，混合模式需要传统模式和新模式的双方面专业知识，在由老师指导的转换中，需要老师掌握管理数字设备和整合所有在线数据的技术。

另一方面，颠覆性创新以简洁性胜出，而混合式学习的颠覆性模式也正是如此。只要学生有连接装置，不管他们身在何处，都能获取教程和课程内容。当然，成人面对面的教导对于孩子取得成就也是很重要的，这些模式让学生参与管理自己的学习，激发了他们的独立性。

## • 混合式学习的颠覆性模式

在传统教育者运用混合模式的时候，还有些学校的管理者运用混合式学习的颠覆性模式走在了转变学习环境的前沿。个体转换、弹性模式、菜单模式，以及增强型虚拟模式都具有颠覆性的潜力。

在辨认混合式学习的颠覆性模式时，有一条简单的经验法则：如果学生在混合式的环境里学习，如果你无法辨别哪边是教室的前面，那么这很可能是一种颠覆性模式。这条法则虽然不是万能的，但一般来说都是可行的。在线学习对管理和监督学生的学习极其重要，以至于传统课堂的一些特有部分，如教室前的黑板或书写板，已经不再重要了。理想状态下，老师的角色从"讲坛上的圣人"转变为一位学习过程中的积极成员，甚至是设计师，通常是以导师、讨论的引导者、项目组长或顾问的身份参与其中。颠覆性模式的组织结构、教室设备以及运作模式都与传统意义上的教学方式完全不同。弹性模式和个体转换模式通常是在开放的学习环境中进行，与其说是教室，倒不如说是学习工作室。还有很多弹性模式甚至把学习地点设在了商店前的空地。老师不用再费时间为学生制订每天的课程计划。菜单模式完全不再需要实体的教室，因为老师是对学生进行远程指导。增强型虚拟式模式，实体设备是用以辅助虚拟学习的，正如 Bonobos 男装增设了实体店，店里却没有库存。结果就是，增强型虚拟式模式中的实体空间与弹性模式和个体转换模式中的学习工作室非常相似。一般来说，混合式学习的颠覆性模式大概可总结为：增添了不同于传统课堂的实体部分，用以改善在线学习，而在与之相反的延续性混合模式中，是在传统课堂中添加了在线学习的部分。

与其他的颠覆相似，最早期的颠覆性混合式学习大部分是为了向非消费者提供服务。最初的很多弹性课程主要关注的是辍学学生、重修学分以及夏令营的学生。大多数菜单课程最初是为了给学生提供学校没有的课程，如大学预科课程和外语课程。种类繁多的增强型虚拟式课程在刚出现的时候，目标群是全日制虚拟学校的学生，以及所在州禁止却希望接受全日制教学的学生，目的是为他们提供更多的帮助。个体转换模式的课程虽然目前并不常见，但它们很可能会在学区的主流课堂以外获取认可并赢得市场。

颠覆性模式与传统课堂在不同的领域各有所长，效果也有所不同。它们的特点在于，让学生按照自己的进度学习课程，让原本的上课时间变得灵活。它们广为接受的原因是，在最大程度上实现了个性化，便于使用，并节省了成本。不再需要老师在现实中管理在线学习和传统教学，颠覆性模式将这些任务委托给了网络，节省出来的时间，老师可以用于其他的重要工作，从而更好地帮助、拓展和指导学生。

## • 对基础教育变革的前瞻

对于混合理论的讨论结论是，混合式学习的一些类型是传统和新型学习方式的混合，它们属于延续性创新。也就是说，它们是对工厂式的课堂进行延续性的改进，而不是对其进行彻底的重建。

常见的一种误解是，延续性创新是无益的，而颠覆性创新是有益的。这种看法是错误的。延续性创新对于医疗保健行业非常重要，因为各个机构都力求为用户提供更好的产品和服务。推动经营良好的机构进入高消费者市场的驱动力总是有效的，也是成功机构不可或缺的。教学成绩平平或不断下降和预算紧张的学校，可以利用一些高效的模式来解决问题，如就地转换、机房转换和翻转课堂。

但是混合式学习的颠覆性模式的发展趋势，与混合区的模式大为不同。有越来越多的学生和教育者意识到，新模式可以实现个性化、增加学习机会和节约成本，颠覆性模式可以促进在线学习结合他们的需求逆流发展。随着颠覆性模式的发展，它们将逐渐在传统系统中成为主导。长期来看，任何混合式学习的混合变体将会最终被淘汰，而真正的颠覆性模式会逐渐成熟，正如蒸汽机最终在跨洋航行上代替了船帆，在各种社交媒体上分享照片逐渐取代了照片打印。

对于这个预言，有两个警示。

第一点警示是，在某种程度上，比起小学课堂，颠覆性模式有可能会对高中和初中课堂更有影响力。在高中和很多初中学校，在大学预科课程、外语课和重修学分课等方面还有大范围的非消费者，而在小学，这样小范围的用户需求并不普遍。此外，初高中的教学设计非常符合课程标准化的架构，便于将标准化的在线课程更好地代入系统。

相反地，未来的小学很有可能会大部分成为延续性创新课堂。[12] 在小学，有可能会在延长的课堂时间和课后辅导中运用到混合式学习的颠覆性模式。例如，芝加哥公立学区施行了弹性课后辅导课程——辅助学习机会，为一至八年级的一些学生提供笔记本电脑，由辅导员进行辅助，延长在校的学习时间。[13] 如果小学要继续面临预算消减，需要缩减学生在校的时间，那么这便为颠覆性创新提供了很好的非消费者和用武之地。但实际情况却并非如此，所以目前来看，颠覆性创新在小学阶段的未来还是难以预测的。不论是对于语言障碍的矫正，还是对英语或外语学习等各种内容的辅导，都属于其他非消费领域，可以推动小学课堂的颠覆。[14]

第二点警示是，所谓的"长远来看"是一段很长的时间。因为在现有的统一管理的实体学校中，很多时候颠覆性模式仅仅是缺乏其创建的实体场所，除非学校的管理者真的拆除实体教室的墙（已经有学校在这样做了），或者提供一些空地勉强作为新模式的学习场所。正如银行分行一样，鉴于学校教育所属的受限系统，对课堂的颠覆要比预期历经更久的时间。

尽管有这些警示，在初高中阶段的颠覆课堂仍然将成为对传统认知的一种挑战。每当一种颠覆性创新出现时，已有的系统通常都不会看好这些新兴颠覆性市场的新进者。在中小学教育领域便是如此。弹性模式、菜单模式和其他混合式学习的颠覆性模式，也被认为只是教育未来发展趋势中一些小的发展可能性。但是从颠覆性创新的发展模式中，可以一窥混合式学习的发展规模，预示着初高中未来的学习环境会与现今的传统课堂大为不同，在某种程度上，小学也将会如此。

## • 学校会有怎样的变化

互联网几乎已经触及到了每一个经济领域（除了采矿业和按摩业），在很多方面，教育算是最晚涉及的领域。互联网迅速地走进了美国每所学校的每个年级。学校通常是用电脑来创建技术配备齐全的教室，或施行混合式学习的混合模式。2012 年的秋天，宾夕法尼亚州五个学区的 15所学校开始施行宾夕法尼亚混合式学习项目，主要测试的是混合式学习的转换式模式。在华盛顿公立学区，洛杉矶联合学区和美国其他的地区，以及在私立和特许学校网中，也开始试行这些模式。[15]

这些为传统课堂配备电脑的举动，其造成的影响也是不同的。一方面，《颠覆课堂》指出，电脑已存在了几十年了，学校也对其进行了充分的利用，但是课堂的基本设计仍然与个人电脑革命之前的没什么不同，教学模式也与电脑出现之前相比没有太大的变化，结果学生的学习成绩也只有少许的提高。如果学校只是在传统课堂中添加了电脑设备，那么它们也只能稍微改善一下学校原有的教学和运营模式。[16]

另一方面，一些传统课堂在施行了延续性混合式学习课程以后，取得了突破性的改进。兰德公司（RAND corporation）和美国教育部联合进行了一个为期两年的大规模随机对照试验，用以研究学生在在线代数教学——使用卡耐基学习研发的代数认知辅导课程——和传统实体课堂教学之间转换的效果。为了这项研究，兰德公司按照多样性原则，从七个州的 147 所学校中挑选了 1.8 万名学生。一半的学生进行了在线教学的转换，而另一半的学生没有进行在线学习。试验的设计初衷是用以支持传统课堂。兰德公司设计这项研究的目的是，"使对传统学校运作的颠覆达到最小化，例如学生的作业、课程设置和课堂模式"。[17]

兰德公司的报告结论是，到了第二年，混合式学习的转换模式让高中学生的平均成绩提高了 8 个百分点，相当于一年内让数学成绩翻了一倍。[18]在许多学校竭尽全力缩小成绩差距或提高总体学习成绩的时候，能取得这样的成果是非常重要的。所有热心于完善教育的人，应该接受在线学习，并有效地利用它的优势，为传统课堂带去持续性的改善。而实际上，几年来已经有很多人在做这样的努力了。关于如何发挥混合式学习的所有潜力，在本书接下来的几个章节中会给出推荐，不仅涉及了颠覆性的混合式学习，也会涉及可以改进传统教学的延续性模式。

同时，在主流教育的边缘正发生着小规模却稳定的变革，发展趋势是在初高中和一些小学中完全取代传统课堂。但在线学习和一些混合式学习的颠覆性模式的出现，绝不是要让美国的公立学校走向灭亡。显然，颠覆是指对课堂的颠覆，而不是针对学校。因此，克里斯坦森、霍恩和约翰逊才把书命名为《颠覆课堂》，而不是《颠覆学校》。[19]

那么，学校在未来的作用是什么呢？实体学校是有机会转移注意力来应对颠覆的，而不是注定走向衰落或消失。我们猜想，学校将不再是课程和教学的主要来源，反而可以把重点放在其他的核心功能上。我们又回到了第 1 章乔恩·伯格曼提出的问题："鉴于课程和教学逐渐在向网络转移，那么课堂上面对面的时间该如何利用呢？"[20]

由于课程和教学转变成了在线的形式，学校可以转移注意力，去做那些过去一直想做却缺乏时间、空间和资源的活动——运用所学的知识和技能以深化学习，提供有助于孩子成长的非学术服务等。

**深度学习**

长久以来，美国的学校和老师都尽力地引导学生不仅要学习知识，还要学以致用，积极探索，自主创新，同时也引导学生在不同领域里进行辩证思考，掌握合作和社交技巧。一方面要确保学生掌握涉及重要活动的核心知识，一方面又要让学生参与这些活动来填充知识空缺，这两方面在历史上一贯是很难权衡。随着课程和教学向网络的转移，一些学校开始探索能帮助学校在实体环境中应用知识技能的系统方法。成立于得克萨斯州奥斯丁的私立学校阿克顿学院，采用了混合式学习的一种弹性模式，同时结合了在线问答式自主学习和项目式学习。问答法讨论培养学生听说技巧，以及与大家讨论时敢于质疑的能力。这些项目要求学生参与面对面的团队协作，并运用他们在自主学习和问答式讨论中学到的概念。它们还培养学生的求知欲以推动在线学习，并以共享文档的方式为学生提供展现成果的途径。有些混合式学校还利用实体学习体验，如小组讨论、实验室和实践项目，以帮助学生深化学习和运用技能，或参与深度学习。[21] 因为在线学习的作用是帮助学生学习，学校应该更多地关注如何帮助学生进行运用和实践。

---

🔲 视频片段 13：在阿克顿学院，在小学工作室中的弹性模式包括在线

学习、小组项目和问答式讨论。

---

**安全照料**

社会，包括家庭和民众，要求学校行使一些职责，其中之一就是为学生传授知识。另外一项重要职责就是监护，在父母工作或不在身边的时候，照顾孩子并保障他们的安全。很多学校当然有条件在这一方面进行改进。2011～2012 学年，芝加哥 681 所学校的 35% 至少有一次失职于食品检测，例如，浴室里没有热水，在不安全的温度下保存食物，以及在备餐区发现了超过 200 粒的老鼠粪便。[22] 在对孩子的基本照顾上，如此的疏漏和缺陷，让家长们感到震惊和恐惧，然而由于教育者不得不将传授知识的职责放在首位，这些缺陷通常就会被忽略。随着学校把课程和教学的管理更多地交由了互联网，它们就有机会重新关注对学生的看护和照料，并投入更多的时间和资源，达到世界级标准。

**环绕式服务**

除了监护的职责，学校还为很多学生提供了重要的社会服务，包括咨询辅导服务、医疗卫生服务、免费餐等。在未来，学校还可能会为一些学生提供更多类似的服务。有人预测，新技术让学校有机会重新重视长久以来提供的咨询服务，并重新思考学校该如何履行各种职责，从学术监督到培养学生的自我引导，从升学意识和大学申请到成绩管理和课程选择，从而帮助学生为大学、职业和人生做好准备。[23]

纽约的哈莱姆儿童区（Harlem Children's Zone）第 97 街区的创始人杰弗里·卡纳达（Geoffrey Canada），引领了一些开创性的工作，引导那些想要帮助低收入家庭学生的学校整合实践，用以帮助学生和他们的社

区，甚至在子女教育问题上对他们的父母进行辅助，尽管这通常不被认为是学校该涉及的领域。[24] 在戴维·惠特曼（David Whitman）的《计较小事》（*Sweating the Small Stuff*）一书中，他号召学校针对低收入家庭和少数民族的学生，采取"新式家长作风"。[25] 他引用的例子是，为了满足学生的家长和其他人忽略的基本需求，六个"没有借口"的中学整合了服务。这些学校最重要的特点就是，它们是温暖而充满关怀的地方，老师和校长与学生建立起亲子般的关系。

采用了社区学校模式的辛辛那提公立学区所秉持的概念也是相似的，整个系统有 55 所学校，现在按照这种概念施行的学校有 35 所。社区学校与社区服务供应商网络合作，为学生和整个社区提供了一系列的帮助。它们提供晚餐和交通补贴，帮助家庭申请医疗补助，服务的种类还在不断增加。前校长克雷格·霍肯伯里（Craig Hockenberry）问报道这个项目的《纽约时报》记者："我们还有别的选择吗？我们难道应该不管不问地任由这些家庭走向衰落吗？"[26] 虽然做这些努力不一定可以提高学生的成绩，但如果不做这些，大部分的学生就毫无希望了。很显然，如果学生处于饥饿的状态，那么他将无心学习。越来越多的学校领导意识到，他们的学生需要更多的社会服务来满足学习最基本的先决条件，而在线学习的出现，恰恰缓解了一些学校的负担，也节省出很多资源，可以用于这些教育的重要方面。

### 与朋友玩耍和课外活动

站在孩子的角度，有一个地方可以和朋友一起玩耍和进行课外活动，是实体学校的又一项重要功能。在我们的研究中，有一所学校已经成功开发了几个采用混合式学习模式的校区。在线教学和实体教学相结合，运用了创新设备以后，在全州标准测试中，学生的数学和阅读成绩有显著的提高。但是也有参观过这些学校的人认为，学习环境中成排的电脑和隔板让人感觉有些荒凉。这些学校已经掌握了如何通过在线学习提高成绩，现在应该有能力和资源以世界级的标准来履行另一项职责了。它们可以提供最好的舞蹈课程，建立工作间（社区导向的工作间，大家可以在一起进行创造；详见第 5 章），[27] 成立学生乐团，或在校园里开展其他活动。

在很多方面，在线学习的出现对不堪重负的学校来说是好消息，这些学校长久以来资源太少却被寄予太多期望。当在线学习足够成熟的时候，学校就能依靠这种形式为每个学生提供相应的高质量学习。这样就可以让学校有精力去履行其他职责了，包括保持校内环境的整洁，消除欺凌现象，提供营养餐，提供优质的面对面辅导、讨论和拓展，培养学生的素养，促进学生的健康，提供体育、音乐和艺术课程。另外，学生通过在线学习知识，学校应该有更多的余力来帮助学生培养创新技能，这些对于他们以后的发展是关键的。[28]

这种理想模式最大的风险是，随着在线学习规模的扩大，学校可能无法做到从容应对。学生学习将主要在网上进行，但是学校可能不会再引导老师和实体资源来辅助在线学习。在一些正在进行的混合式学习课程中，在场的老师消极地坐在一旁，让在线课程工具来完成所有的教学工作。他们觉得自己已经被替代，也不会为学生们进行学习上的拓展或监督。这些学校既没有启发性也没有任何效果。本书的其他章节主要是为了帮助教育领导者和有影响力的人设计高质量的课程设置，优化实体环境和老师的职责，避免这些可预见的损失出现。

••• 小结 •••

- 混合式学习中的就地转换、机房转换和翻转课堂模式主要符合混合模式的特点，将传统与新的教学模式结合在一起，以达到两全其美的效果。这些混合模式属于一种延续性创新，目的是为传统课堂中的主流学生提供更好的服务。

- 混合式学习中的个体转换、弹性模式、菜单模式和增强型虚拟模式符合完全颠覆的模式。因此，它们旨在颠覆大部分高中的传统课程、许多初中的传统课程和一小部分小学的传统课程。

- 对混合式学习延续性创新的有效应用，可以为传统课堂带来重要的改进。让延续性创新模式发挥最大的潜能，是整个系统中最重要和最有价值的事情。

- 由于在线学习和混合式学习的颠覆性创新开始逐渐反超传统课堂，学校应当把资源转而用在其他重要的职责上，如提供优质的面对面辅导、角色扮演、讨论和拓展学习服务，保持校内环境整洁，消除校园暴力现象，提供营养配餐，培养学生的公民素养，促进学生的健康，提供一系列体育、音乐和艺术课程，以及培养学生的创新技能。

## • 注释

1. The story about steamships is largely adapted from Clayton M.Christensen, *The Innovator's Dilemma: When New Technologies Cause Great Firms to Fail* (Boston: Harvard Business School Press, 1997), pp.75-76.

2. "萨凡纳号"在1821年沉没于长岛。在"萨凡纳号"历史性的航行之后的近30年，没有其他美国制造的蒸汽船再成功穿越过大西洋。John H. Morrison, *History of American Steam Navigation* (New York: W. F. Sametz & Co., 1903).

3. 尽管特斯拉因其昂贵的纯电动汽车和配电系统引起了广泛的关注，根据颠覆性创新理论，通过各种延续性创新，对于旧规格的延续性改进要胜过对其进行纯颠覆性的改进。如果特斯拉能在电池技术方面有突破性的进展，那么就有可能制造出行驶距离更远、速度更快、价格更有竞争力的汽车，根据颠覆性创新理论，现在的汽车公司会争相采用这些创新，以保持它们在市场的份额，所以我们不能低估这种趋势。这不是说，特斯拉本身不能成功，例如，它可以通过规范和提供汽车部件，来帮助那些低端的、颠覆性的电动汽车公司打开非消费领域市场，并实现市场的逆行。相似地，特斯拉有潜力通过利用高额的补贴实现成功，这些补贴来自创始人和政府的资助，但是这种方案还存在很多风险，可能会引起对其长期的可行性的质疑。我们还会在第 4 章讨论特斯拉。

4. 如果一个组织想要在主流市场中实行完全颠覆创新，只有在它能得到不断的补贴的情况下才能存活。风险投资公司凯鹏华盈（KPCB）便是一个很好的例子。在 2008 年，该公司在进行了大肆宣传后成立了绿色发展基金，作为投资和支持后期绿色科技企业的 10 亿美元启动资金。很多被投资的公司在现有市场内开展了颠覆性创新，结果看似是盈利的，但最终还是依靠补贴来填补亏损的。随着补贴逐渐减少，凯鹏华盈投资的公司也逐渐减少了。值得注意的是，如果市场里没有非消费者，对于表现不及传统技术的新技术而言，混合方案是唯一可行的选择。也就是说，在充斥着主流消费者的市场内，相比完全颠覆创新，混合创新往往占主导地位。See Clayton M. Christensen, Michael B. Horn, and Heather Staker, "Is K-12 Blended Learning Disruptive? An Introduction to the Theory of Hybrids", Clayton Christensen Institute, May 2013.

5. 关于电动汽车会在青少年市场找到颠覆性创新的立足之处的预言，现在已经被证实了。在距亚特兰大市南部 40 分钟车程的桃树市，有许可证的青少年在无人监护的情况下驾驶高尔夫球车是合法的。因此，在城里几千辆电动高尔夫球车随处可见。开着米色高尔夫球车的 16 岁的埃米莉·邦克说，她的车速最高是每小时 19 英里⊖。她说："不用再坐公交车的感觉很好。"她的同学南希·马伦说父母愿意让孩子们开高尔夫球车，因为它们像碰碰车一样，算是为以后开车做练习。Allison Entrekin, "Life in the Slow Lane: In the Atlanta Suburb of Peachtree City, the Hottest Set of Wheels Goes 19 mph", *Hemispheres Magazine,* February 2014, p. 20, http://www.hemisnheresmagazine.com/2014/02/01/disnatches-18/ (accessed February 18, 2014).

6. 数码摄影在胶卷技术方面是一项颠覆性创新。胶卷时代的顶尖公司没有完全转型为数字摄影公司，但也没有忽略这项技术。相反地，它们研发出一项混合方案，通过数码相机拍摄照片，然后用昂贵的柯达、惠普或佳能的相纸打印照片。与此相反，诸如脸谱网和 Instagram 这样的新兴公司，在逐渐推广完全颠

---

⊖ 1 英里 =1.609 3 公里

覆性的摄影，通过数码相机拍摄照片，然后进行完全数字化的分享。值得注意的是，单反相机也将数码技术融入了一种延续性混合模式，这些相机的快门还是由机械系统操作，而不是手机相机那种电子快门。鉴于相对较少的人在使用单反相机，因为这种相机定位的目标群是摄影爱好者和职业摄影师，单反市场可能在未来一段时间内是混合方案的可行之所。

在线购物相对于传统的实体零售来说是一项颠覆性的创新。传统的实体商店，诸如诺德斯特龙公司、塔吉特百货和好市多连锁店，当然还没有完全转型为在线商店。相反地，它们找到了一种混合方案，为顾客提供实体商店和在线购物两种选择。有些人把这种方式称为"砖块加鼠标"，这是一种典型的混合方案，为实体商店的运营提供了支持和改善。真正颠覆性的在线商店也逐渐普及，并不断改善在线购物体验，因此越来越多的顾客倾向于没有实体商店的在线商店，如亚马逊。在第 1 章中也提到过，有些在线商店得到普及和改善的原因是，它们开设了实体商店，主要作为在线商品的陈列室，因此库存是有限的。第 1 章中的例子是 Bonobos 男装，起初只进行在线销售，但是之后在 2012 年开了 6 家实体店。这些商店的库存有限，只雇用了少数的店员。这种纯颠覆和传统技术的融合现象，是颠覆上行的实例，在非消费者和低要求的人群中找到立足之处后，颠覆性公司开始追寻延续性创新，如零售陈列室，从而可以在市场中实现上行，为更多高要求的客户提供服务。

7. 在发展中国家的数百万穷人还在使用旧式手机，无法通过手机进行银行交易。颠覆性的手机钱包供应商能够满足这个需求，如 Tagattitude 软件公司和土耳其电信。对银行颠覆的进一步讨论，我们推荐 Fiona Maharg-Bravo，"The Online Challenge for Banking"，*New York Times*, February 21, 2014, (http://mobile.nytimes.comlblogs/dealbook/2014)02/21/theonline-challenge-for-banking/?nl=business&emc=edit_dlbkam _2014.02.24).

8. Brad Bernatek, Jeffrey Cohen, John Hanlon, and Matthew Wilka, "Blended Learning in Practice: Case Studies from Leading Schools featuring KIPP Empower Academy", Michael & Susan Dell Foundation, September 2012, http://5a03f68e230384a218e0-938ec019df699e606c95oa5614b999bd.r33.cf2.rackcdn.com/Blended_Learning _Kipp_083012.pdf

9. 颠覆性创新是一种相对的现象。当混合式学习的颠覆性模式被用于传统课堂的核心科目时，它们实际上应该算是延续性创新。当混合式学习的混合模式应用于非消费领域时，它们可能是颠覆性的。

10. 个人转换模式是个例外，学生根据固定的时间表进行转换，比起弹性式、菜单式和增强型虚拟式模式更接近于一个有固定上课时间的系统。

11. 例如，为了适应不同州的上课时间或出勤要求，全日制的虚拟学校有不同的考勤记录工具。但是有些学校没有利用这些工具，而只是通过统计在线登录的头像数来记录考勤。同时也通过老师对作业完成度的确认来进行统计，以分钟、小时或天为单位。相似地，能力本位的混合式学习课程通常要通过绘制能力本位报告卡来满足不同大学的录取要求。

12. 在一份加利福尼亚 2013 年的调查报告中，尽管在参与调查的学校中，有 46% 的学校的学生进行了在线或混合式学习，只有 19% 的小学学区和特许学校提供了在线学习，而 73% 的统一高中学区和特许学校提供了在线学习。此外，在这些提供了在线学习的学区和特许学校中，有 78% 的学区和学校表示为学生提供了在线学习，49% 的为中学生提供了在线学习，以及 28% 的为小学生提供了在线学习。不仅如此，小学和初中混合在线学习的方式也有所不同。根据人口调查，在所有学区和特许学校中排名前三的混合模式是转换式（47%）、菜单式（40%）和增强型虚拟式（33%）。如果根据年级区分的话，这些数据就又有不同了。在提供在线学习的小学中，混合式学习的转换式模式是主导的模式，占了 80% 的比例；只有 15% 的小学学区 / 特许学校采用了多种混合式学习模式。在提供在线学习的统一高中学区 / 特许学校中，主导模式是菜单式（48%），38% 的采用了多种混合式学习模式。See Brian Bridges, "California eLearning Census: Between the Tipping Point and Critical Mass", California Learning Resource Network, May 2013, http://www.clrn.org/census/eLearning_ Census _Report_2013.pdf

13. "Chicago Public Schools", Blended Learning Universe, Clayton Christensen Institute, http://www.christenseninstitute.org/chicalgopublic-schools/ (accessed August 14, 2013). 额外学习项目启动于 2010 年，面向 15 所学校的一至八年级的学生，这些学校在放学后延长了 90 分钟在校时间。尽管在 2012 年该项目没有了资金支持，但它有助于芝加哥公立学区向全天学校和全天幼儿园发展，并且有助于延长在校时间。Budget Summary, Chicago Public Schools, 2013, http://www.cns.edu /FY13Budget/Documents/Departments.pdf.

14. 在没有大量的非消费时，对于有着颠覆性特点的新技术有两种选择：可以依靠混合方案，也可以依靠不断的补贴以纯颠覆创新进入市场，并逐渐改进以满足主流要求。混合型学习的混合模式比起颠覆性模式，更有可能成为小学阶段的主导模式，因为小学阶段缺乏非消费。除了在核心领域为主流小学生提供服务以外，颠覆性模式很难进入系统。结果，大多数小学课堂模式采用了混合模式，满足了现有小学系统的要求。

15. Sean Kennedy and Don Soifer, "Why Blended Learning Can't Stand Still: A Commitment to Constant Innovation Is Needed to Realize the Potential of Individualized Learning", Lexington Institute, p.11, http://www.lexingoninstitute.org/library/resources/documents/Education/WhyBlended LearningCantStandStill.pdf

16. *Disrupting Class*, p. 72.

17. John F. Pane, Beth Ann Griffin, Daniel F. McCaffrey, and Rita Karam, "Effectiveness of Cognitive Tutor Algebra I at Scale", RAND Corporation, March 2013, http://www.rand.org/content/dam/rand/pubs/working_papers/WR 900/WR984/RAND_WR984.pdf, p.7.

18. 出处同上。

19. 尽管传统和混合课堂已经做好了颠覆的准备，但是我们却没有看到实体学校要被淘汰的迹象。这是因为在课堂这个层次还有很多的非消费领域，尤其是在初中阶段，而在美国的学校层次却没有非消费。几乎每个学生都能以某种形式接触到政府资助的学校，正如我们在第 1 章讨论过的，大多数的学生和家庭都需要获取教学资源。我们预测，混入了新型课堂模式的混合学校在未来将成为美国的主要教育模式。但是对于初中学校而言，长期来看，混合型学校的颠覆性模式将会逐渐代替传统课堂。

20. Comment from Jon Bergmann during "Blended Learning, Flipped Classrooms and Other Innovative Teaching Techniques", *U.S. News & World Report* STEM Conference, panel discussion, Austin, TX, June 18, 2013.

21. 威廉与弗洛拉·休利特基金在深度学习的研究领域做出了大量的投资，力图在全世界范围内对其进行推广。See http://www.hewlett.org/programs/education/deeener-Iearning (accessed on April 14, 2014).

22. Pam Zekman, "2 Investigators: Chicago Schools Flunk Food Inspections", CBS 2 Chicago, October 29, 2012, http://chicago.cbslocal.com/2012/10/29/2-investie:ators-chicagoSchools-flunk-food-inspections/ (accessed August 14, 2013).

23. Mary Ryerse, Carri Schneider, and Tom Vander Ark, "Core & More: Guiding and Personalizing College & Career Readiness", Digital Learning Now Smart Series, May 27, 2014.

24. Paul Tough, *Whatever It Takes: Geoffrey Canada's Quest to Change Harlem and America* (New York: Houghton Mifflin, 2008).

25. David Whitman, *Sweating the Small Stuff: Inner-City Schools and the New Paternalism* (Washington D.C.: The Thomas B. Fordham Institute, 2008).

26. Javier C. Hernandez, "Mayoral Candidates See Cincinnati as a Model for New York Schools", *New York Times,* August 11, 2013, http://www.nytimes.com/2013/08/12/nyregion/candidates-seecincinnati-as-model-for-new-vork-schools.html?pagewanted=all&_r=0 (accessed August 14, 2013).

27. See Makerspace, http://makerspace.com/ (accessed May 27, 2014).

28. For more on this idea, we recommend Tony Wagner, *Creating Innovators: The Making of Young People Who Will Change the World* (New York: Scribner, 2012).

第二部分

# 动 员

Blended Using Disruptive Innovation to Improve Schools

Blended Using Disruptive Innovation to Improve Schools

第3章

# 从行动纲领开始

　　学生怀揣着可以随时随地使用的电子设备，老师听说新产品面世，不知道是否有什么东西可以帮班上的上进学生或闲散学生。而学校管理者面临着要以小笔预算达到一流效果的压力，他们知道，在过去 60 年里，数字化解决方案使得总体经济的平均劳动生产率每年提高了两个百分点。[1]很多人不知道技术本身是否在吹牛皮，学校却不加考虑地采用了新技术。

　　然而投资一项技术所鼓吹的前景却令人生畏。谁能保证这项投入计划一定能取得成功并带来更好的效果？除了筹集资金之外，设计和实施新技术推行计划则更令人堪忧，很多人觉得无从着手。人们最普遍的误区就是，由于受到令人目眩的技术的诱惑而提出新技术推行方案，而不是出于新技术对于从战略上解决困难问题可以带来什么帮助。令人遗憾的是，这种做法只是在学生和老师们本已喧闹的生活中塞入了更多的电子设备、显示器、配件和软件。

　　在夏威夷火奴鲁鲁的一家小学，我们发现家长协会募集资金为每间教室配备了电子白板，却没有达到本来的目标。大家想让学生通过每间教室的白板体验巨大的触摸屏，毫无疑问，这项投资是希望使学生更专注、老师教学更有效率。为了募集资金，学生们出售礼品包，家长们收集商品包装盒上的教育优惠券，⊖甚至幼儿园孩子也把攒的硬币捐出来。最终，学校有了足够的资金来完成这项计划。但是，在投入使用后的几个月里，很多老师除了用白板来点名（每天早上学生到校后触摸白板上自己的名字，系统自动将信息推送给管理办公室）和播放视频之外，白板几乎没有其他用处。有些白板出现故障也没修理，一位老师甚至用她教室的电子白板贴海报。

这项技术虽然诱人，但是没有给火奴鲁鲁学校带来任何改观。"高大上"的电子白板使本来就拥挤的市区教室更挤了。老师们浪费了宝贵的教学时间和经费去集成新技术，而几乎没有教育回报。[2]

这个问题非常严重。个人电脑已经发展 40 多年了，在学校中也非常普及。图 3-1 标出了全美国范围内，提供一对一计算机课程的基础教育学校，图中每一个标记出来的点都代表着对应学校进行了投资以确保每个学生都能使用计算机。在 1981 年，这些学校中平均每 125 个学生有一台计算机；在 1991 年，每 18 个学生有一台计算机；到了 2009 年，每 5 个学生就有一台计算机。[3]

当然，有些一对一计算机课程取得了积极的教育效果。例如，一对一研究所（One-to-One Institute）致力于使用计算机为学生提供个性化学习（personalized-learning）机会以提高成绩。但事实是，尽管投资巨大，除了增加成本并且占用了其他无法获得该项目支持的学校的资源之外，计算机对老师教学和学生学习几乎没有任何效果。[4] 在拉里·库班（Larry

---

⊖ Box Tops for Education 是美国 Campbell 慈善基金组织发起的为学校捐款活动，很多商品包装上印有该优惠券，消费者将其剪下可以为自己指定的学校换取积分，学校通过积分得到相应的捐款。——译者注

Cuban）的《大量售出几乎不用：教室中的计算机》一书中，通过他调查的大量学校样本，计算机几乎没有或者干脆没有对学生学习方式产生任何影响。老师依然讲授，学生用计算机进行文档处理、上网查找论文、玩游戏。库班得出结论："最后，项目支持者和批评者（包括研究人员）都承认，这些高级的软件和硬件被极其有限地使用，并没有改变常规的教学活动。"[5]

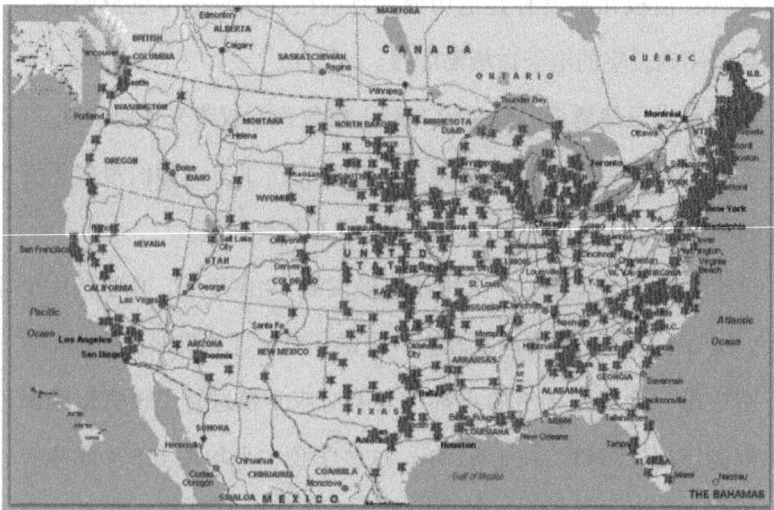

图 3-1  美国开设一对一计算机课程的基础教育学校分布图

资料来源：摘自一对一研究所主页，已获授权（引用日期：2013 年 10 月 1 日）。

事实上，没有正确的战略，一些设想很好的一对一课程最终会导致严重问题。在 2013 年，洛杉矶联合校区计划投入 10 亿美元为每个学生提供一台价值 678 美元的苹果平板电脑（iPad）。但是，第一波实施就陷入了混乱，300 多名学生黑了安全过滤软件去访问非许可内容。"这简直成了专用的看色情音像的设备。"一位家长评论道。在发放的头几周很多学生就丢失或者损坏了苹果平板电脑，家长们很担心需要他们来赔偿。[6]

## • 取代设备"填鸭"

洛杉矶发放电子设备的噩梦具有新闻价值,但是学校不断往教室里堆砌计算机,这个项目停止那个项目上马,这种情况却司空见惯。只要学校委员会不采取必要的措施有计划地改变这种惯例,那么设备"填鸭"的现象还会默默地上演。成功的混合式学习项目是非常慎重的,并且都有一个共同的起点:首先明确需要解决的问题或者要达到的目标,开始要有一个明确的行动纲领。

以问题或者目标为导向的思路仿佛显而易见,但是统观近些年主要的教育采购都是以技术为导向才更具有说服力。谴责苹果公司部分因为它开创了桌面和手持设备为必备品的新潮流,使得每个人都使用它的界面来申请学校奖学金。联想、戴尔和大多数计算机制造商雇用了专业的市场营销团队专门向教育领域出售成套技术产品。谷歌公司的Chromebook 笔记本电脑,零售价低于 300 美元,同样引起了类似的闹剧。这些公司和设备本身不错,但是这些易用的界面和新鲜的产品诱使人们关注产品而不是问题的解决方案。这种诱惑导致学校还没有明确这些设备能达到什么样的效果,就将大量经费投资在一对一项目上。

整个美国最好的混合式项目彼此都各有不同。有的项目是在新奥尔良为六年级学生提供数学课;有的是在内华达州为高中生开设科学课;还有的是在加利福尼亚州为英语学习者提供的。但毫无例外,这些成功的项目都避开了"为技术而追求技术"的陷阱,从一开始就阐明了与技术无关的问题或目标。换句话说,声称缺少设备或者"21 世纪的工具"是我们要解决的问题,这种说法使得人们为技术而追求技术,并形成了一个怪圈。然而,问题或目标必须是植根于改进教育效果当中,即提高学生成绩或增加学习机会,以较少投入获得较高产出,或者提升教师的工作能力。

## • 界定问题或阐述目标

最成功的混合式学习项目通常都是为了达到以下诉求：①通过个性化学习提高学生成绩和生活质量；②提供学生平常接触不到的课程和学习机会；③促进学校整体财务健康；④以上三种诉求的结合。有时学校会发现与上述领域相关的一些即时需求或者问题，这促使学校采用混合式学习；有时学校意识到这是一个机会从而决定实施。

### 从一个明确的问题开始

位于费城以北 45 英里的夸克敦社区学区（Quakertown Community School District）就是为了解决一个明确的问题而采用教育技术的例子。宾夕法尼亚州的一个特点是全州有 12 个特许网校。这些全日制学校的学生完全进行在线学习，不需要踏足校园。当一个学生从宾夕法尼亚的学区转入特许网校，学区必须支付该学生的入学注册费用。尽管立法机构几乎每年都会讨论特许网校的财政资助方案，但是宾夕法尼亚的学区平均为每个加入特许网校的非特殊教育（non-special-education）学生支付大约 9200 美元，而为特殊教育（special-education）学生支付大约 19 200 美元。[7]

---

📽️ 观看短片 14：夸克敦社区学区制作了菜单式课程，为学生学习提供了弹性。

---

即便学区不能吸引那些学生不去特许网校，但仍然需要很高的维护成本，而且年复一年难以减少，因此全宾夕法尼亚州的学区都面临由于学生流失而导致按学生人数下拨的财政拨款减少所带来的危机。夸克敦社区学区就是其中的一个学区。2007 年，该学区管理者聚集在一起制定如何应对由此导致的财政问题。他们的解决方案是建立一所无限网络学

院（Infinity Cyber Academy），该区自己的在线学习项目，可以替代特许网校让学生在家学习。借助相应的技术开发，该社区让本学区常规面对面授课的老师们设计并发布了超过 80 种在线课程。还修缮了高中，建设了提供咖啡、舒适家具和充电设施的开放学习空间。该区在学生注册无限网络学院前对学生进行评估，以确定学生最后成功完成学习的概率。所有注册无限网络学院的学生无论非全日制的还是全日制的，同样可以参加运动会、运动队和舞会。[8]

结果是夸克敦社区学区使它所有 6 ～ 12 年级的学生无须离开本学区就有机会体验菜单式混合式学习（与全日制虚拟网校一样）。夸克敦社区学区的前任督察丽莎·安德鲁（Lisa Andrejko）估计：无限网络学院运行的前四年，通过吸引学生不转学至特许网校，或从特许网校转回，使该学区保住了 250 万美元的财政拨款。

**从理想的目标开始**

对很多学校和社区来说，决定采取混合式学习几乎没有什么异议，从表面上看没有什么大问题。很多领导者都希望为学生实现一些教育目标，而在线学习已经被证明是解决问题的方法。

前线学校联盟（FirstLine Schools）是新奥尔良致力于学校改革的法定管理组织。它采用反馈 – 介入法（Response-to-Intervention, RTI）为学习困难的孩子提供早期系统性帮助，而学生学习困难是学校改革中的普遍问题。当前线学校联盟在 2007 年开设亚瑟·阿什特许学校（Arthur Ashe Charter School）时，它启动了一个计划以期将学生的考试成绩从 25 分（百分制）提高到 50 分或 60 分，在新奥尔良对于一个需要特殊帮助的学生占绝大比例的学校来说，这不是一件容易的事，[9]但是计划实施后好像成绩并没有提高多少。此外，前线学校联盟以前依赖于一个庞大的教学辅助人员和干预人员组成的团队来进行小组教学，但是当前线学校联盟试图将这种方法推广到更多学校时，该方法被证明成本太高而难以大量推广。[10]

前线学校联盟看到混合式学习是一个能实现两方面理想的机会，领导人设定了两个目标：首先，提高学校绩效得分，这是国家通过标准化考试结果来评估学校的指标；其次，在财政上要以可持续、可扩展的方式实现上述目标。

2011 年 8 月，前线学校联盟的团队在亚瑟·阿什特许学校启动了机房转换模式。该设计采用配置了在线软件的机房来快速定位学生对应的年级，而不用浪费时间把学生已经掌握的技能再讲授一次，目前已经在整个学校确定了实施规范。学生在机房完成在线学习周期，并以小组方式接受教师的面对面辅导。教师以小组为单位，根据行为数据来布置数学课和医学课作业，从而基于支撑数据做出正确的干预决策。

在项目实施一年（2011～2012 学年）后，亚瑟·阿什特许学校将每个学生的财政赤字降低了 72%——从每个学生 2148 美元降低至 610 美元。接下来的一年中，亚瑟·阿什特许学校学生的数学成绩增长率为前线学校联盟其他未采取混合式学习学校的 4 倍，此外亚瑟·阿什特许学校在学校绩效得分中取得了 12 分，这使得该校成为新奥尔良增长最快的三所学校之一。

对那些新开办的学校，其理想目标往往不同于前线学校联盟这种运转现有体系的组织。新学校往往希望在社区开创一种新愿景、理念或者模式。如本书第 2 章介绍的杰夫和劳拉·桑德弗夫妇创建的阿克顿学院就属于后者。他们的大女儿在得克萨斯州的奥斯汀上高中，而儿子们就读于一个蒙台梭利学校，这种学校给学生极大的自由去决定自己的学习。一天，桑德弗夫妇咨询大女儿所在高中的老师：是否需要把儿子们从蒙台梭利学校转回常规学校。该老师建议他们在男孩子们习惯了"蒙式"教学所允许的自由之前尽可能快地转学。

桑德弗夫妇的决定和该老师的建议正好相反。他们不仅没有把儿子们转回常规学校，还制定了目标：开设成千上万的微型学校（microschools），从而在全世界范围内推广学习者导向的教育（learner-driven education）。

另外，学校领导人可将目标设定为提高学生专注力、增加和导师接触机会、提升教师技能、缩小成绩差距、降低由于缺席造成的学习资源浪费、提供更多职业训练、帮助学生准备大学课程等。[11]关键是要在启动混合式学习之前，尤其是投入预算之前明确提出目标。

### 用 SMART 原则描述

并不是所有的问题和目标的重要性都是相同的。负责人应该把想法进一步细化，用 SMART（具体的、可衡量的、可分解的、可实现的、有时效的）原则来确定目标。根据 SMART 目标的创始人之一乔治·杜兰（George Duran）的建议，组织在设计目标时应该考虑以下原则：

- **具体的**（specific）：它能够改进某一具体领域吗？
- **可衡量的**（measurable）：它能够量化或者至少有指标能够反映进度吗？
- **可分解的**（assignable）：谁应该为这些任务负责？
- **可实现的**（realistic）：如果资源具备的话，效果是确实可以达到的吗？
- **有时限的**（time-related）：这些效果何时能够实现？[12]

当前线学校联盟声明要以财政可持续、可扩展的方式来实施混合式学习，以提高亚瑟·阿什特许学校的学校绩效得分时，它已经接近于设定了一个 SMART 目标。它可以把这些目标用以下方式更好地描述出来：

> 我们的目标是使用混合式学习把亚瑟·阿什特许学校的绩效得分提高 10 个点，同时还要把对教学辅助人员和干预人员的需求降低 20%。我们的个性化学习技术指导总监克里斯·梁－维加拉（Chris Liang-Vergara）将领导这个团队。我们将在下个学年结束时达到上述目标。

尽管将项目任务分配给合适的负责人需要等到下一步组建团队（将在本书第 4 章加以介绍），但是明确一个 SMART 行动纲领能够帮助学校将混合式学习的理想落地为清晰的解决方案。在实施中，当学校把个性化学习目标反映在以学生为中心的环境中，可能会发现他们的学生也能从 SMART 框架中受益。

## • 领导应关注延续性行动纲领，还是颠覆性行动纲领

我们在之前的章节中指出：一些混合式学习模式往往是延续性创新，用以改进常规课堂。延续性创新在核心班级的主流学生中进行，和现有体系所做的相同，只不过效果好一点。另一些混合式学习模式正开始彻底取代现有的工厂模式，特别是在高中，同时在初中也达到了一定程度。颠覆性创新给非消费者（nonconsumer）带来了新的机会——这些人根本没有任何其他选择，随着不断地改进，颠覆式创新也能服务于主流学生。

那么哪种改革最好？学校领导应该在非消费领域确定问题和目标，选择易受人诟病的颠覆性模式，还是应该在核心领域开展延续性创新？

我们认为两者都很重要。[13] 大多数基础教育阶段学生都通过工厂模式来学习绝大多数的核心课程，而且在未来几年也将持续如此，尤其是在小学阶段。越来越多的证据表明，混合式学习成功解决了诸如数学、阅读等核心课程中的难题，这表明学校领导应该更关注它给所有常规课程所带来的好处。为什么要忽视这个能改进现有课堂的机会呢？

同样地，颠覆性模式在基础教育阶段也适用。在线学习打破了常规美国课堂，尤其是在初中和高中阶段。学校领导要么无视这一颠覆性创新，要么利用它来改变现状，把其优点带给学生而同时保证学生不被其缺陷所影响。随着对以学生为中心的学校教育的需求不断增长，那些现在就启动并开展实践的学校领导将占据上风。此外，对那些没有别的学习方式可供选择的学生，如无法选修高级课程的学生、只能待在家里的学生、需要重修学分的学生，没有理由不马上为他们提供混合式学习模式。在某些情况下，如桑德弗夫妇的例子，颠覆性创新甚至对主流学生也有足够好的效果。

为了战略性地、有意义地分析上述两种改革机会，关键是把目标分成两类，分别考虑延续性目标和颠覆性目标。分成两类是因为延续性创新和颠覆性创新的目的不同、所采用的方式也不同。把二者混在一起并相互比较只能歪曲改革本身所带来的机会。

基于上述原因，我们建议学校领导设计 SMART 目标时分为两步：首先明确能通过延续性创新解决的问题和实现的目标；然后确定采用颠覆性策略才能解决的非消费者问题和目标。

## • 如何识别核心机会

在核心课程和科目中，一些问题和目标是与主流学生和教师的需求相关的。在本书引言中介绍的 KIPP Empower 学院网站，在它发布前的一个月遇到了重要问题：管理者得知加利福尼亚州削减了缩小教室规模项目的经费，这导致学校经费比预期少了 10 万美元。资金的短缺使团队不得不考虑采用就地转换模式来降低成本，以保证为主流学生进行写作课、数学课和科学课分组教学时，师生比足够低。

奥克兰联合学区（Oakland Unified School District）是旧金山东部的一个大型市内学区，也使用了混合式学习来寻求核心机会。罗杰斯家族基金会（Rogers Family Foundation）和奥克兰联合学区共同成立了一个领导小组来负责如何使技术投入带来的收益最大化——学生更专注、缺勤减少，最终得到更高的学业成绩。罗杰斯家族基金会从 40 个学校中选择了 4 个学校加入该试点项目。这 4 个学校都选择了就地转换或者机房转换模式。这些转换模式能使教师每次关注人数更少的学生群体，而与此同时其他同学也能获取到个性化的、适合的内容，这些内容来自于在线学习系统，不需要教师来提供，而且在线学习还提供每个学生的学习行为数据。这就使得已经被识别的问题逐渐得到解决。[14]

上述仅仅是两个例子。其他核心机会还包括：

- 明确刚进入学区的幼儿园儿童和转校生的需求，他们的阅读能力相差悬殊。
- 给高中教师提供更多时间来针对写作课作业提供单独指导。
- 尽管预算不足，还是要为高中学生提供更多科学实验室。
- 帮助缺少家长指导的初中学生完成家庭作业。

对于上述问题，大多数的美国学校已经开展了相应的改革项目，而课堂教学也能从改革中受益，从而更好地服务学生。这些条件给教育工作者提供了众多的机会来采用混合式学习实现延续性创新。已经有上百万学生受益于就地转换、机房转换、翻转课堂，并且还有其他混合式方法来解决这些核心问题。在某些情况下，教育工作者甚至发现颠覆性模式成为解决核心问题的最好方式。学校领导在确立希望通过混合式学习来解决的问题和达到的目标时，应当仔细考察核心问题。

## • 如何识别非消费机会

在规划混合式学习项目的目标时，非消费机会需要单独重点考虑。非消费是指学校无法随时提供某些学习体验，学校别无选择只好采取混合式学习项目。迈阿密戴德郡公立学校联盟（Miami-Dade County Public Schools）位于佛罗里达州的南部，是美国第四大学区，就曾在 2010 年夏天面临过这种情形。学区发现缺少教师，而学区必须有一定数量的教师才能保证 8000 名高中生都学习到某些课程以便按时毕业。由于学区自己不能雇用这么多老师，短短的几个月内，迈阿密戴德郡公立学校联盟请佛罗里达虚拟学校（FLVS）在几十所学校搭建了虚拟学习实验室（被人们戏称"超级机房"）。每个虚拟学习实验室在校园内任何一个开放教室（如图书馆和机房等）都能容纳至少 50 名学生学习。通过这些机房，学生可以访问佛罗里达虚拟学校的 120 多门课程，从而满足毕业要求。

---

▶ 观看短片 15：佛罗里达虚拟学校在线课程，是迈阿密戴德郡公立学校联盟通过虚拟学习实验室发布的系列课程之一。

---

到 2013 年在迈阿密戴德郡公立学校联盟的 392 所学校中，超过 56 所学校通过校内机房为一万多名学生提供了佛罗里达虚拟学校的在线课程。[15] 其他佛罗里达学区也跟进开展。棕榈滩郡学区（Palm Beach County School District）的阳光海岸社区高中（Suncoast Community High

School)，让佛罗里达虚拟学校提供了学校一直缺少的大学预修课程（Advanced Placement course）。霍尔姆斯郡学区（Holmes County School District）的庞塞·德莱昂高中（Ponce de Leon High School），使用佛罗里达虚拟学校的外语课程来增加其外语课种类。这些学区发现菜单式课程缩小了学区间的差距。[16]

学校已经确定的其他一些非消费问题包括：

- 为辍学学生提供服务；
- 帮助学生重修课程和学分以保证毕业；
- 开设选修课；
- 开展表达或行为矫正治疗；
- 提供 SAT/ACT<sup>⊖</sup>备考服务；
- 减少学生由于课外活动所导致的缺课。

如果学校领导考虑到这些学生遇到非消费问题，他们往往对这些问题数量之多感到惊讶。不过，这些问题可能也会带来好事，因为它们给学校提供了进行颠覆性创新的机会。几乎没有人反对建设一个弹性时间的机房，以便学生重修学分课程，或是为想学习斯瓦希里语的学生开设斯瓦希里语课程菜单，或者给 11 年级的学生提供备考 SAT 测试的增强型虚拟课程。这些都是以学生为中心的教育改革的切入点，它们一般不会受到现有体系的抵制。解决这些问题不仅可以为这些学生提供学习机会，而且给学校提供了一个便捷的机会去实验如何突破工厂模式向前发展。

---

⊖ SAT，学术水平测验考试（scholastic assessment test），美国高中生进入美国大学的标准入学考试，同时也被加拿大所有大学认可接受。ACT，美国大学入学考试，是美国大学入学的条件之一。——译者注

当确定行动纲领时，必须对非消费问题加以特别关注。学校领导开展混合式学习改革时，应该同时考虑两种策略，以便解决核心问题和非消费问题[17]。

## • 威胁与机会

据我们所知，尽管很多学校领导认为颠覆性创新是教育从工厂模式向以学生为中心的体制转变的关键，但他们还是不愿采用上节描述的两路并行策略。大多数学校领导只将注意力放在核心领域机会，即延续性创新机会上。他们要确保核心指标达到一定的年度增长率，觉得核心领域的机会应该优先考虑，对非消费领域的关注就不如对消费领域的关注那样急切。当学校所有的资源、日程安排和优先权都集中在延续性创新和改善常规课堂时，如何才能使学校关注颠覆性创新并向学生为中心的模式转变呢？

克拉克·吉尔伯特（Clark Gilbert）在他富有洞察力的研究中，[18] 为学校领导指出了一种说服相应组织为颠覆性创新投资的办法。[19] 他说，当一种现象描述成是对个体或团队的外部威胁，那么它就能激起强烈的、积极的反应；同样的现象描述成机会则不会激起同样强烈的反应。[20] 这意味着学校领导想要改革工厂模式的课堂，应该把非消费问题描述成外部威胁。最好的例子是夸克敦社区学区的督察丽莎·安德鲁，她直言不讳地指出，由于特许网校，学区每年要损失成千上万美元。她很清楚如果学区不采取行动，连教师的工作都保不住。

吉尔伯特建议的第二部分指出：在描述完威胁后，学校领导应该再把问题描述成机会。这很重要，因为如果一个组织总是把问题视为威胁，就会产生"威胁僵化"，即反应不再灵活，而是把所有资源牢牢集中在加强和巩固旧的模式上以应对威胁。一些投身于一对一项目的教育工作者一直采用这种模式却收获寥寥，他们看到了在线学习如何对现有教育体系构成了挑战，因此抓紧把电子设备硬塞给主流学生。这种做法使他们错过了颠覆性创新的机会，结果还是在传统教室里堆砌计算机。

更好的策略是帮助应对威胁的团队重新将威胁定义为具有无限可能的机会。夸克敦社区学区的团队设计了一个机构内部的网络学院，它使得本学区的老师如果愿意都有机会教授在线课程，给学生提供了超过 80 门新的在线课程，并且增加了财政收入。通过把威胁重新定义成机会，执行团队创造性地扩展了课程目录，为其他学区的学生提供了服务，使得无限网络学院取得了令人骄傲的成就。

如果学校领导想让他们的学校完成颠覆性创新，挖掘以学生为中心的学习模式的潜力，应当对非消费机会多加关注。要获得社区的支持和充足的资源，需要将这些机会描述成潜在的威胁。当获得支持后，学校领导应该把项目交给一个自治型团队。该团队要把这些威胁重构成机会，构造一个灵活的、充满机会的实施计划。

### ••• 小结 •••

- 学校最常犯的一个错误是单纯地迷恋技术本身，导致在现有模式上堆砌技术，增加了成本却没有成效。
- 要使混合式学习效果最大化，首先要确定要解决的问题或要达到的目标。这是组织的行动纲领，可以用 SMART 方法来描述，即具体的、可衡量的、可分解的、可实现的和有时限的行动纲领。
- 寻找实现混合式学习的延续性创新机会，在核心科目中为主流学生改进传统体系。为什么要忽视改进现有体系的机会呢？

- 与此同时，要大胆考虑填补非消费领域差异的机会。解决非消费问题不仅能给学生提供前所未有的学习机会，而且给学校提供了一个便捷的机会去尝试如何突破工厂模式向前发展。
- 学校领导要为颠覆性创新寻求支持和必要的资源，首先要将非消费问题描述成威胁，然后帮助执行团队将这些问题重新描述成光明的机会。

## • 注释

1. Susan Fleck, John Glaser, and Shawn Sprague, " The Compensation-Productivity Gap: A Visual Essay, " *Monthly Labor Review* 69(1)(2011): 57-69, http://www.bls.gov/opub/mlr/2011/01/art3full.pdf.
2. 根据投资机构 GSV Advisors 的定义，投入必须达到以下一项或者全部效果，才认为具有教育回报：①降低了学习者或者院校的成本；②增加了学生或者教师的机会；③提高了学习效果；④提升了教育机构和教师的“能力”。Deborah H. Quazzo, Michael Cohn, Jason Horne, and Michael Moe, " Fall of the Wall: Capital Flows to Education Innovation, " July 2012, p. 25, http://gsvadvisors.com/wordpress/wpcontent/themes/gsvadvisors/GSV%20Advisors_Fall%20of%20the%20Wall_06-28.pdf. 分析教育回报对教育行业的财政健康十分重要，而教育行业是股市中大量资金的投资热点。例如，在 2014 年，迈阿密戴德郡公立学校联盟和普罗米修斯公司（Promethean）签订了协议：该公司成为 1 万多间教室中交互式白板的唯一提供商。它是美国第四大学区，此外还计划采购 10 万台惠普和联想的 Windows 8 计算机。这些总计 6300 万美元的庞大的采购计划是在 2013 年 6 月被批准的。Morningstar, " Promethean Selected to Provide Interactive Board Technology & Teacher Training to Over 10000 Miami-Dade Classrooms, " http://news.morningstar.com/all/marketwired/MWR11G012603001/promethean-selected-to-provideinteractive-board-technology-teacher-training-to-over-10000-miami-dade-classrooms.aspx (accessed April 11, 2014).
3. Institute of Education Sciences, " Fast Facts: Educational Technology, " http://nces.ed.gov/ fastfacts/display.asp?id=46 (accessed April 11, 2014).

4. 《颠覆课堂》的第 3 章 "Crammed Classroom Computers"，深入剖析了这个问题。

5. Larry Cuban, *Oversold and Underused: Computers in the Classroom* (Cambridge, MA: Harvard University Press, 2001), pp. 133–134.

6. Howard Blume and Stephen Ceasar, "L.A. Unified's iPad Rollout Marred by Chaos," *Los Angeles Times*, October 1, 2013, http://www.latimes.com/local/la-me-1002-lausd-ipads-2013 1002,0,6398146.story (October 18, 2013).

7. "Charter and Cyber Charter School Reform Update and Comprehensive Reform Legislation," March 2013, http://www.pahouse.com/PR/Charter_and_Cyber_Charter_School_Report.

8. The profile about Quakertown is adapted from the Clayton Christensen Institute, "Quakertown Community School District," Blended Learning Universe, http://www.christenseninstitute.org/ quakertown-communityschool-district-2/ (accessed April 11, 2014).

9. 数据由前线学校联盟发展和交流总监丽贝卡·凯恩（Rebekah Cain）提供，FirstLine Schools, April 14, 2014.

10. The profile about FirstLine Schools is adapted from the Clayton Christensen Institute, "Arthur Ashe Charter School," Blended Learning Universe, http://www.christenseninstitute.org/ arthurashe-charter-school/ (accessed April 11, 2014).

11. 托马斯 B. 福德姆研究所（Thomas B. Fordham Institute）在 2013 年的研究中给出了多个值得学校去追求的目标。该项研究调查了学生家长评价学校时关注的指标，发现尽管大多数家长通过核心课程，尤其是科学、技术、工程和数学课程来选择学校，但是家长们的评价方式却不尽相同。学校应该制定这样的目标：以在线学习的方式提供各种学习机会，以满足需求的多样性，这正是不同社区的家长们评价方式不同所体现出来的。例如，一些家长是实用主义者，他们倾向于提供职业课程和就业相关项目的学校；另一些家长是"杰斐逊主义者"，倾向于教育重点在品德、民族和领导力的学校。所谓的"多元文化者"更关心学生学习如何和不同背景的人一起工作；而"表现主义者"则希望学校加强艺术和音乐教育；"奋斗者"则关注他们的孩子能否被顶级大学所录取。Dara Zeehandelaar and Amber M. Northern, "What Parents Want: Education Preferences and Trade-offs," Thomas B. Fordham Institute, August 26, 2013, http://www.edexcellence.net/ sites/default/files/publication/pdfs/20130827_What_Parents_Want_Education_Preferences_and_Trade_Offs_FINAL.pdf

12. George Doran, "There's a S.M.A.R.T. Way to Write Management's Goals and Objectives," *Management Review*, 1981, 70(11), pp. 35–36.

13. 从某种程度上讲，本观点也和下面这本书中的观点相呼应：Ted Kolderie, *The*

*Split Screen Strategy: Improvement + Innovation* (Edina, MN: Beaver's Pond Press, 2014).

14. Rogers Family Foundation, "Oakland Unified School District Blended Learning Pilot," http://www.rogersfoundation.org/system/resources/0000/0022/BlendedLearning_final.pdf; Sean Kennedy and Don Soifer, "Why Blended Learning Can't Stand Still: A Commitment to Constant Innovation Is Needed to Realize the Potential of Individualized Learning," April 2013, pp. 7-12, http://www.lexingtoninstitute.org/wpcontent/uploads/2013/11/WhyBlendedLearningCantStandStill.pdf

15. DadeSchools.net, http://www.dadeschools.net/ (accessed July 22, 2014).

16. "Models for Virtual Learning Labs across Florida," Florida Virtual School, http://www.flvs.net/educators/VLL/VLL%20Models.pdf

17. 在教育领域已经进行了很多重复性的成功改革后，学校领导们如果想让自己的学校成为第一，必须建立"颠覆性增长引擎"——时刻寻找机会来开创非消费和前沿模式，实现以学生为中心的学校教育改革。建立这样的引擎可以分四步实施：①在你需要前就开始；②设置一个高级管理岗位，负责人要有足够权限；③建立一个专家团队，可以改进和明确计划；④训练整个组织时刻关注打破常规的机会。领导们应该以固定的节奏循环执行改革，从而建设一个不断发展和改进的环境。上述观点摘自图书：*Innovator's Solution*, Clayton M. Christensen and Michael E. Raynor (Boston: Harvard Business School Publishing Corporation, 2003), pp. 267-284.

18. 参见 Clark Gilbert and Joseph L. Bower, "Disruptive Change: When Trying Harder Is Part of the Problem," *Harvard Business Review*, May 2002, 94-101; Clark Gilbert, "Can Competing Frames Co-exist? The Paradox of Threatened Response," working paper 02-056, Harvard Business School, 202.

19. 本段摘自：Clayton M. Christensen and Michael E. Raynor (2003), *The Innovator's Solution: Creating and Sustaining Successful Growth* (Boston, MA: Harvard Business School Press), pp. 112-116.

20. Daniel Kahneman and Amos Tversky, "Choice, Values, and Frames," *American Psychologist*, 39 (1984), pp. 341-350.

第4章

# 组建创新团队

第 3 章帮助领导者通过界定延续性和颠覆性问题、确立作为组织行动纲领的目标，朝着混合式学习迈出了第一步。本章将详述第二步：组织合适的团队将行动纲领转化成具体的、高效的计划。

对我们而言，开始重视组织合适团队的重要性源自于我们与某学区技术负责人的一次电话，该地区是美国最大城市之一的郊区。美国教育部 2010 年曾向该学区奖励几百万美元作为投资创新比赛（Investing in Innovation）的奖金。该区承诺将这笔资金用于个性化学习，这是一个引人注目的开始。为达到这个目的，学区开发了代表目前最先进水平的信息系统，该系统融合了以标准为基础的学习计划、内容推荐及管理工具，还提供学生、课堂及家长可使用的用户界面。但几年以后，他们深陷与系统执行的泥潭之中，地区负责人也开始对项目持不确定态度。一位参与者告诉我们，尽管投入充分的教师培训和地区支持以辅助新系统，却鲜有教师在课堂里试图使用这些工具达到负责人所希望看到的大变革。她不禁问道："我们还能做些什么？"

该学区是在开发混合式学习战略的第二步上有所失误，这是明确行动纲领后的下一阶段。这是由于创建以学生为中心的教育体系所需的变化不都局限在单一课堂中。如我们在第 2 章中所提，许多能够带来充分个性化及提升竞争力的混合式学习模式完全脱离课堂，[1] 任何教师个人能够做到的都是有局限的。给予教师充分自主来解决课堂中发生的问题对于解决某些问题而言非常重要，但这个方法的局限性在于，教师无法改变学校结构及学区制度。阻碍该学区发展的原因，是没有合理的战略让合适的团队成员来推动改革。同样，对于那些想要采取以学生为中心的学习方式的学校和教师来说，教师个人可以采取很多具体的、直接的措施来改进课堂学习。关键是要诊断出需要何种程度的变化，然后决定需要何种类型的团队，并最终决定哪些人员介入。

## • 团队设计的框架

面对一系列重要的问题、怀揣以混合式学习解决这些问题的初衷，需要组织哪些人员来提供解决方案？是否让教师自己着手实施混合式学习？校长甚至是地区教育主管（superintendent）该介入到何种程度？社区的其他成员呢？为了推动混合式学习，我们需要的是一种较为简易的操作，还是需要像海豹特种部队一样的团队？下面这个框架可以帮助找到这些问题的答案。我们先从讨论从事改革的人员所面临的四种问题和任务类型开始。针对每种问题类型，领导者需要组织不同类型的团队来加以解决。图 4-1 将四种类型问题放在垂直连续体中，从底层组件级别的问题到结构及内容级别的问题。[2]

### 职能型团队

最简单的一类问题是职能性问题（functional problem）。这些问题仅涉及改善产品的某一部分或者流程的某一步骤。因为这项任务是独立的，可以在单个部门内部加以解决，而不会影响组织的其他部门。

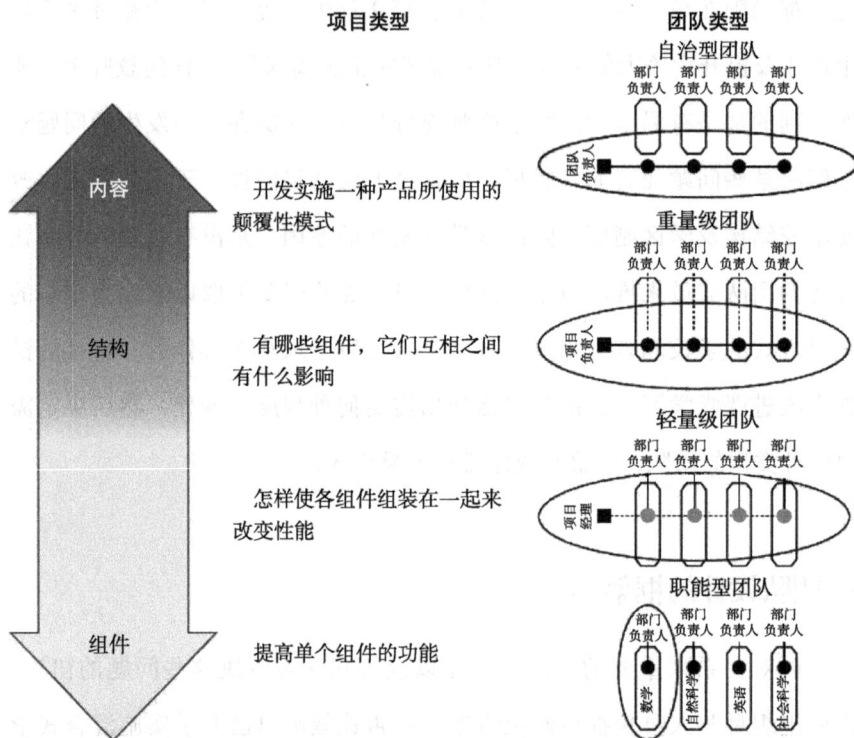

○＝人员；—＝直接报告关系；---＝间接报告关系；椭圆形＝团队

图 4-1　项目类型与团队类型的关系

　　为了更直观地理解何为职能性问题，可以想象一下丰田公司是如何将标准 2014 雷克萨斯 GS 350 RWD 轿车的标准方向盘换成加热方向盘，变成豪华雷克萨斯 GS 450h 车型的，后一种车型售价大约高出 1.2 万美元。这两款车都是 110 英寸长，72 英寸宽，57 英寸高。从本质上来说，它们是一样的。唯一的区别在于 GS 450h 在组件上的升级，包括加热方向盘。为开发这个豪华方向盘，丰田公司的方向盘设计团队只与其筒仓（stilo）内的其他成员合作。为解决这个独立的问题，这个团队不需要与其他团队合作，也不需要了解其他团队的情况，如专攻车前座或大灯的团队等。丰田公司可以为 GS 450h 替换更好的组件，而不需要改变汽车的其他部分。这是因为工程师已明确规定每个组件的性能标准，它可以与任何 GS 模式即插兼容。他们也规定了为每个组件满足性能需求的生产要求，及每个组件必须与其他组件相联系并匹配。这些具体要求使得每次升级时，工程师和生产者之间需进行的协调成本已降至最低。每个人都知道如何生产正确规格和形状的 GS 组件，不管是标准型、豪华型或介于两者之间。这也使得丰田公司可以用很少的沟通成本，无须改变类属模式的结构，就能够改进升级成加热方向盘。

职能型团队（functional team）最适用于组件级别任务。我们将这种类型的团队表示在图 4-1 的左下方。丰田公司使用财务、市场、生产及工程等职能型团队来处理它的业务问题。细节规定明确了每个职能型团队应如何工作，以及每个团队的工作必须与其他团队匹配。丰田公司只要能事先明确要求，团队互相之间没有互动关系，这些队伍就能够独立、高效地工作，额外的沟通成本很小。尽管当工作依赖于其他部门的工作时，很多人会抱怨筒仓式工作，但是当他们没有这种互动关系时，职能型团队是最好的答案，这也是大多数组织通常的情况，它能够避免束缚发展的官僚主义膨胀。

## 轻量级团队

改革者可能面对的第二类任务是一个团队所要从事的改革需要另一个团队的协助。当团队间的互动程度是既定的时候，项目管理者应该组织轻量级团队（lightweight teams）来开展项目。2013 年 10 月，丰田公司发现一些 2012、2013 年凯美瑞、威飒及亚洲龙车型的驾驶员一侧安全气囊在无预警下非故意打开，造成严重安全隐患，当时丰田公司不得不组织一个轻量级团队。职能型团队已无法处理这项迫切的任务，因为丰田公司需要几个部门合作来提出解决方案。

于是几个部门的代表坐在一张讨论桌前，他们的角色是既定的，但他们的决策是相互依赖的。工程师调查发现，引起气囊意外开启的罪魁祸首竟是蜘蛛！蜘蛛和蜘蛛网堵塞了空调的排水管，导致水漏到了气囊的控制部件上。作为临时团队中的一员，内部顾问决定尽管只有 3 起气囊事故报告和 35 起警告灯亮起，但还是"小心不出大错"，批准召回 80.3 万辆汽车。这个决定相应地需要公共关系部门的介入，公关人员随即通过媒体推出面向车主的宣传计划，控制危害的发生。公关部在媒体上反复播放丰田公司召回车辆的新闻，告诉民众丰田公司将使用密封剂防止蜘蛛进入，并安装罩子避免漏水，这是工程团队设计的简易的解决方案。[3]

在整个过程中，丰田公司需要一个协调员或者轻量级管理者来监督项目并安排不同部门快速反应解决问题。轻量级管理者在不同的工作团队之间穿梭，保证他们的工作正确配合。我们把轻量级管理者的作用在图 4-1 中表现为联系管理者及轻量级团队间的虚线，但职能部门是该任务的主要负责部门，在表格中用竖实线表示。在跨部门合作时，团队成员倾向于代表其所在部门的责任和利益。

## 重量级团队

到目前为止，我们已经讨论了产品组件的具体改进或修理的问题。但组织有时会希望开展有显著突破的改造项目，这就需要重新考虑产品自身的架构问题，比如组合、减少或增加新组件，或是改变部件在产品形态方面的作用。换言之，相关的组件及人员需要以一种新的之前无法确定的方式进行互动。建立这些互动关系经常需要牺牲一个部门的利益来换取另一个部门的利益，达到整个系统性能的最佳状态。

为应对这些挑战，组织必须创建重量级团队（heavyweight teams）。[4]这第三种团队可使成员们穿越原本所属的部门组织的边界，以新的方式进行互动。为了效率，重量级团队的成员必须经常同地办公，同时需要一名有强大影响力的管理者带领这个团队。成员们为重量级团队带来他们自身的部门专业，但在团队协商中，他们倾向于不再代表原部门的利益。他们自身必须负有共同的责任，为达到项目整体的目标，找到一种更好的方式进行协作。

当丰田公司开发混合动力车型普锐斯时，无法使用职能型团队或者轻量级团队，因为混合动力车需要建立一种完全不同的产品架构。需要开发新组件，组件之间的互动方式也是新颖的。为了解决这个问题，丰田公司从每个部门抽调了关键人员，把他们安置在一个完全不同的地点，成立了一个重量级团队。他们带来了各自部门的专业知识，但各自的角色不再代表本部门的利益和诉求，他们一同创造了一台优雅的机器。[5] 内燃机与电动机协作提供动力，刹车不仅可以减速，还可以发电。这相应地，也完全改变了电池的作用。

接下来的两代普锐斯产品，丰田公司保留了这个重量级团队，指导优化产品结构，确保完全理解系统内部运作流程。一旦工程师充分掌握了这些情况，他们就开始将每个部件的制作方法以及每个部件与其他所有相关部件之间的互动方式编撰成册，这样职能型团队就能设计下一代普锐斯，同时将沟通成本降至最低。重量级团队应当是为实现产品架构重新设计而组建的临时团队，而不能变成组织内的固定部门。

### 自治型团队

第四种团队类型是自治型团队（autonomous teams）。如果解决任务需要开发一种颠覆性模式，自治型团队至关重要。在商业领域，这种情况发生在创新所带来的盈利机制与公司既有的盈利准则不相兼容时。自治型团队可用来开创能够迎合新盈利市场需求的新经济模式。

假设丰田公司认为纯电动车是一种有朝一日将彻底改变人类出行方式的颠覆性创新。尽管丰田公司已开发了混动动力车普锐斯，但仍希望通过一款商业化的纯电动车来实现颠覆性创新，以免被后起的竞争者夺取先机。然而经过几轮计算后，丰田公司的管理者觉得生产纯电动车没有价值。目前的电池技术还无法使得丰田公司生产出消费者愿意购买的产品。若想把电池优化升级到可以在主要高速公路上行驶，需要大量的前期投入，即使如此，丰田公司还需要很高的定价并得到政府的绿色能源补助，才能有希望勉强盈利。丰田公司的高层考察了大洋对岸的特斯拉公司（Tesla），证实了他们的预测。这家美国公司是纯电动车领域名气最大的公司，特斯拉的第一个产品 Roadster 于 2006 年问世，最低售价10.9 万美元。尽管掀起一阵风潮，但该公司仍持续亏损，即便有过去政府的援助和现在对电动车购买者的补贴。[6]

这个假设其实就发生在眼前。2013 年，丰田公司董事长内山田武（Takeshi Uchiyamada）曾如此评论电动车："丰田公司不推出任何纯电动车的原因，是我们认为没有市场会接受它。"他预言电池技术至少需要两代创新，电动车辆才能迎来黄金时间。没有职能型团队、轻量级团队及重量级团队可以在丰田公司的业务模式内使纯电动车取得成功。[7]

丰田公司需要组织一个自治型团队，因为目前的组织架构，从设计师和工程师到销售人员和代理商，都是迎合消费者在高速道路上行驶的需求。丰田公司在这种情形下无法通过销售电动车来实现盈利，但即使丰田公司放过了这个机会，拥有不同经济模式的新成员还是在主流市场之外成功发现了纯电动车的市场。例如，Star EV 公司面向高尔夫球爱好者、高龄社区、机场、大学校园、仓库及安保人员销售电动车。这些消费者很乐意用低速、可充电的车辆来替换需要消耗柴油和汽油的传统车辆。Star EV 公司也很乐意以 5000 美元的价格销售几千辆小型电动车，从而占据一个利基市场（niche market）。而丰田公司也很乐意地专注于传统市场，以 1.4 万美元的价格每年销售 900 多万辆汽车。

一个组织无法成功地颠覆自身的原因在于，成功的组织往往只是习惯性优先考虑那些能保证提高现有经济模式边际收益的创新。因此，对于一个组织来说，寻求颠覆性创新的最好方式是建立一个自主的组织部门，它被全新的改革机遇所吸引，有着不同的运行模式。[8]

在这里的自主意味着什么？自主性主要不是指地理上与核心业务领域相分离，而是关键在于业务流程和工作重心。颠覆性创新项目需要有创建新流程和开发新工作重心的自由。[9] 这个团队的人员应当坚持优先考虑颠覆性创新本身并从中受益，而不是试图与行业领先者相竞争。

## • 在学校中应用团队类型框架

建立合适的团队来开展混合式学习，关键是要按照不同类型的问题来选择不同的团队类型，以便实现你所期望的改变。此时你不必精确地掌握要采取何种模式的混合式学习或者项目具体如何设计，而只需清楚地了解你所要实现的变革范围。对于那些无须改变实质流程、可确定变化范围的课堂层面的项目来说，最适合由职能型团队或者轻量级团队来执行。那些必须在不同团队之间建立新型互动和沟通关系、改变组织架构的项目，则应当由重量级团队来完成。而那些完全超出课堂范围之外、以一种新的学习方式取代课堂的颠覆性项目，则最适合以自治型团队的形式来操作，它可以在一种全新的环境下、以不同的工作重心来完成解决方案。图 4-2 展示了团队架构如何运用在学校环境中。

### 混合式学习的职能型团队

有时候教师个人或者同科系的教师想要在自己的课堂中通过实施混

合式学习、改善教学实践方法来处理某独立问题。在这种情况下，职能型团队能处理得很好，因为大家非常清楚某个课堂和学校其余科系匹配的方式。职能型团队最适合在无须跟其他教学团体及科系协调的情况下从事延续性创新。

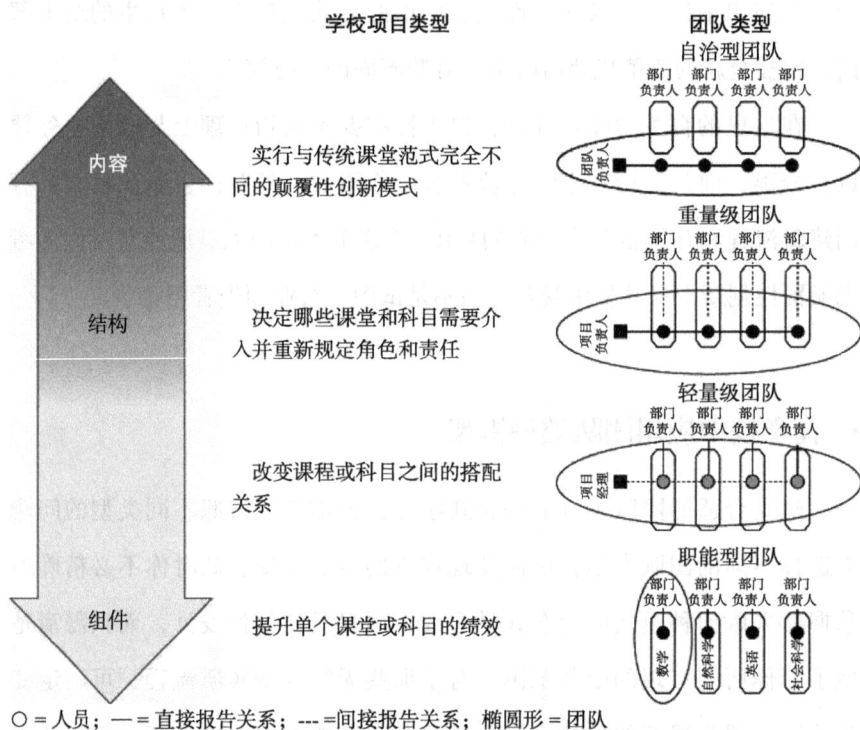

○ = 人员；—— = 直接报告关系；--- = 间接报告关系；椭圆形 = 团队

图 4-2　学校项目类型与团队类型的关系

在一所学校内部，有各种各样的职能型团队，有单独一门课程的教师，也有初高中科系教师或者小学教师。这些职能型团队一直在不影响学校其他部门的情况下从事教学变革。例如，如果科学部新引进一种化学实验设备，那它无须协调跨部门的活动，而只需在它可控的课程当中改变现状。

类似地，如果某位教师希望开展翻转课堂教学，他也只需改变他上课的方式，而不会影响到其他课程，因此他自己作为职能型团队就可以胜任，前提是他不需要其他职员协助为学生提供硬件或帮助摄制课程。现在全世界有数以千计的教师自发做出这样的决定。在某些情况下，作为职能型团队的教师个人也可以在课堂中实施就地转换模式，前提是学校已有日程有足够的时间允许多次转换，而且课堂上能提供必要的硬件设施及宽带流量。例如，在南加州河滨联合（Riverside Unified School District）学区，前教育长里克·米勒（Rick Miller）授权中学教室进行创新，结果该区开发了数十个翻转课堂及就地转换的改革项目。

职能型团队适用于针对以下问题提出解决方案，例如：

- 生物学学生没有足够时间在机房做实验。教师想把讲座上传到网上，学生可以在家观看学习，上学期间则有更多时间做实验。
- 三年级学生独立完成数学家庭作业有困难。三年级教师团队想要取消传统数学作业，让学生晚上观看网络短视频，将作业问题翻转到课堂时间，由教师现场提供帮助。
- 学区的 IT 部门已在全校范围内安装无线网络，但运行不稳定。教师们抱怨不断。技术人员需要找到安装路由器的最佳位置。
- 初中生每周已轮流三次前往机房，与读写课教师一同练习拼写和阅读理解技巧，而读写课教师则尽量通过运用机房中的学习数据将学生分配到合适的小组中进行课堂学习，并布置相应的作业。

值得注意的是，在以上最后一个案例中，学生已经在电脑机房和课堂间转换，只不过教师们希望改进此流程。如果是从无到有建立机房转换，那么就要视学校变革的程度而建立一个轻量级团队或重量级团队。而在此案例中，基础的转换已经有了。教师只需要稍作调整，所以职能型团队就可以完成此项目。

通常情况下，职能型团队通过召开小组会议、研究其他人对类似问题的解决方案、进行专业培训就可以找到问题的对策。相反，研究及专业培训并不足以解决任何需要轻量级、重量级及自治型团队才能解决的问题。

## 混合式学习的轻量级团队

其他问题使用轻量级团队可以很好地解决。一所典型的学校有几个轻量级团队。在高中，科系主任通常组成轻量级团队来协调不同学科之间的教学活动。相似地，如果四年级教师决定用一种新的方式教授长除法，那么轻量级协调团队可确定如何相应地改造五年级的数学课程。轻量级团队也可在学区层面发挥作用，比如协调改革员工健康计划，这会影响到福利、会计及人力资源部门。

轻量级团队适用于一个以上的团队通过共同合作来解决某个问题，而各团队之间的互动关系是既定的。与职能型团队相似，轻量级团组最适宜从事延续性创新。北加州米尔皮塔斯（Milpitas）学区是应用混合式学习方面的领先者。该区的教育长卡里·松冈（Cary Matsuoka）使用了多种策略来达到这一点。其中一所学校，伯内特（Burnett）小学，采取了一种由下而上的方式。它允许想要创新的教师在意愿联盟的基础上带头开发自己的混合式学习模式，并同地区人员串联合作获得必要的硬件和设备。艾莉森·埃利桑多（Alison Elizondo）是一名四年级教师，她使用了翻转课堂模式，这个模式是她在地区支持下开发的，可帮助学生自学、明确目标、与人合作并使用反馈跟踪自己的学习进程。

---

▶️ 视频 16：伯内特小学的教室和地区人员在轻量级团队合作准备混合课堂

---

轻量级团队最适于解决以下问题：

● 教师们希望学生能够每周使用机房三次，学校和所有其他教师协调调整日程，保证有教室可以使用。

- 中学教师希望在每个教学阶段中都有一部分使用网络教学，但需要当地技术人员帮助在教室设置电脑和网络连接。
- 五年级教师希望五年级学生在其他学生做网上阅读练习或者和教师举办小组会议时结成阅读伙伴。已经有基本的转换制度，但阅读伙伴项目是新的元素。

在以上情形中，轻量级团队的管理者能在不同部门间活动，以确保每个人的工作相匹配。而团队成员应在整个过程中，依然代表他们所属科系或课程的利益。

**混合式学习的重量级团队**

有些问题超越了课程和科系能够合作的范围。它们需要改变学校或地区的组织结构。在解决某些特定问题时，给教师完全自主性在课堂中开发模式、选择软件内容可能非常重要，但这个方法也有局限性，考虑到教师不可能单方面改变学校的组织结构，如时间的配置和作息表或者地区性活动。在这些情况下，领导变革最好的团队是重量级团队。重量级团队的成员们应在一处办公，还需要有一名有重要影响力的管理者带领团队。团队成员最重要的规则是将他们的部门利益抛在脑后，通过共同合作来实现项目目标。

学校可以通过选择来自学校社区不同部分的专家组成重量级团队，其中大部分人是教师及行政人员，也包括顾问、其他员工以及家长。学区也可以建立重量级团队；在学区层面上有几种形式，但特许学校（charter schools）及试点学校（pilot schools）是最常见的。这些学校给了教育者超越传统学区学校科系结构之外的自由，可以创建新的学习组织。虽然重量级团队能够很好地适用于设计新流程并带来突破性变化，但自治型团队可以更好地领导抛弃传统课堂的颠覆性发展。重量级团队非常适用于为学校及学区设计出课程、部门以及其他组成部分的创新性形态。

所有这些团队架构隐含的事实是最终成功不仅需要组建合适的团队，而且在这些团队中要有合适的人员。随着职能型团队和轻量级团队的建立，那些渴望从事创新、解决问题的教师通常都能起到引领作用，尤其是在校长或主管官员授权的情况下。而在重量级团队层面，则需要有一个相当决策权的权威人物，通常需要有正式领导人的参与。例如，如果学校希望学生在传统课程表安排外有更多时间学习，或者在另一个形态的空间中与其他部门的教师学习，大多数教师没有足够的决策权来决定这些变化。挑选一组混合的团队人员，有些人激动地期待创新，但同时也有怀疑论者来听取他们的观点或者让他们介入，从而他们在重量级团队中不使项目脱轨。人员的挑选是一个重要但微妙、平衡的行为。

米尔皮塔斯在轻量级团队外还采用了重量级团队来推动某些学校的变化。举例来说，几年前松冈问了教师及校长一个问题：如果你可以设计一个理想的学校，它会是什么样子？[10] 参考学区领导层的设计参数和想法，教师和管理人员组成的不同团队开始长达三个月的设计过程，然后向松冈、他的内阁和教师工会推出他们的新模式。关键的挑战是根据不同学生的需求将学习个性化，考虑到学区半数以上的学生是移民。兰德尔（Randall）小学及威乐（Weller）小学这两所学校，将利用机房转换模式将学校转化为混合式学习环境的提议被挑中，接着学校开始着手重要的再设计过程。

重量级团队尤其适用于解决以下问题：

- 校长想重新设计作息表、教师角色及课程设置，采取混合式学习来提升整个学校范围内的阅读及数学成绩。
- 学区教育长希望通过将座位时间体系变成基于竞争力的体系，从而缩小管辖学校内的成绩差距。
- 一所高中的校长希望通过轮流网络小组及面对面小组进行核心教学，这样所有学生能够得到更多小组指导。为达到这个目的，学校日程安排必须有重大变革。

在本章节的开头，我们讨论了有一个郊区学区希望能够深化科技应用的影响。我们观察到该区依赖职能型团队来执行混合式学习项目，其实它却应该安排重量级团队。职能型团队，也就是学校内教师的团队，会尽职地参加专业培训，并尝试将新系统和工具应用到他们已有的项目中。尽管在课堂中会发生一些变化，但变化的范围有局限。重量级团队则可以远离日常运营，基于共同努力来建筑最好的解决方案，彻底改变日程安排、教师角色和课程设置，然后以更为全面更为战略性的方式执行这项技术。

## 混合式学习的自治型团队

与职能型、轻量级及重量级团队项目相对，有些计划的意图是要用一种全新的教育模式来取代传统课堂。尽管职能型、轻量级及重量级团队大体上可以满足作为核心问题的行动纲领，但是非消费机会则需要一种不同的团队架构。领导者可以通过创造自治型团队带来颠覆性变化，自治型团队可以彻底重建预算、员工计划、设施设计以及课程建设方案。这种自主权是至关重要的，因为成功的颠覆性创新关乎两部分——新技术是一方面，但新环境条件也同样重要甚至更为重要。没有新的环境条件，技术终究也不过浮于已有模式之上。当尘埃落定，变化甚微。这也解释了尽管美国近年在教育科技上投入甚多，但工厂模式的课堂依然大体维持着不变的形式，产生的结果也大致相同。

我们可以参考立法流程来帮助更好地理解这个问题。[11] 国会议员看到一个紧迫的社会需求，起草了一份完美的法案。然后，预算委员会主席增加了些调整来控制预算；商会又要求做出修改才给予支持，保证法案不会有违全国企业的利益；接着，来自康涅狄格州的一名颇有影响力的参议员坚持增加几条变化，为他的选民争取甜头；最后，总统签署成为法律的法案终稿和国会议员最初的想法大相径庭。这种情况会发生不是因为任何一部分或者任何一位的恶意，而是因为每个人都代表并保护立法的利益。因此，他们任何一位要通过法案，每个人都需要确保这个法案不会对这些利益产生大的伤害。

相似地，一项新技术也许有潜力将工厂模式的课堂改变成一个完全基于学生的模式，但选择这项技术的老师没有资源购买新的设备，所以他不得不维持现有的课堂模式。其他人没有兴趣改变作息表，所以这位教师不能根据学生个体的需求制定灵活的日程来应用这项技术。校长评估教师表现的计划部分是基于全班教学，所以教师不得不确保维持传统课堂的这一方面。他再次调整了模式。最终，实施的方案和原始的课堂模式非常相似，只是添加了新的技术。不管某项技术多有突破性，当它抵达已有体系的环境中时，已有的体系就开始重塑这项技术来符合它的维度。

相反地，如果教师和校长一同合作，同其他教师成立一个"校中校"，和传统的教学环境区分开，他的想法能够实现的机会就大了。校长或一名高层应与团队合作，明确清晰的目标及结果，并给予团队在预算、人员选择、设备设计及课程等方面在合法范围内的最大程度自主权。自治型团队的优点在于他们提供了一种自然的机制，能够从已确定重点的顽固束缚中挣脱出来，在新的环境中重新开始。

这需要一名对学校模式各种元素有重要职权的资深高层，他有能力成功引导颠覆性的项目，保护它不受那些想要把它变回传统模式的利益相关者的影响。一些幸运的校长有此程度的权利，有建立并保护"校中校"的自主性，但这种情况较为罕见。在大多数情况下，学区和学校董事会必须介入其中，为这一颠覆性项目授权并配备资源，也赋予团队免于遵循输入型的法规。[12] 在有些情况下，州政府也必须给予豁免。各州也可以通过建立自己的自治型团队推动学校改革，如果希望通过创新领先，州应行使这种组织架构的权力。领导者可以使用自治型团队解决以下假想情景中出现的问题：

- 俄克拉何马州农村地区的几所高中不能提供足够的高级课程满足一流大学的入学要求。校长们希望联合起来成立网络课堂，用网络课程补充面对面课程的不足。
- 一所排名很高的高中里，家长希望学生们能够加速修完某些学科，从而让学生们有更多时间在其他学科钻研。这不是学校目前的重心任务，所以家长们想在学校旁边设一个学习工作室，学生们可以到这里参加特别的混合式学习项目。
- 某一学区高中辍学率较高，尤其是未成年怀孕导致的辍学。主管官员希望能建立一所新的学习中心，帮助这些学生重返校园并帮助他们完成学业。

每个例子涉及的变化都比部门甚至组织结构更深一个层次。他们要求改变学校体系内教师、管理层以及其他人员的工作重点。

每天这些人中的每一位都面临着如何分配资源和精力的决策。校长必须决定花多少时间来维持纪律，是否调整预算，什么时候巡视走廊。教师必须决定强调哪些标准，什么时间特别关注某个学生，还要为期末考试操心。这个体系内的每个参与者都一再地确定工作重心来解决某些问题，直到这些重心已经成为文化的一部分。

　　不愿意使用自治型团队的原因，大部分归于很难找到已将传统课堂转化成灵活的基于学生的学习工作室，并且学生能够真正地控制自己学习进度的学校。"看到孩子能按照自己的进度学习就像看到大脚怪一样。"特许学校发展基金组织（Charter School Growth Fund）的合伙人之一亚利克斯·赫尔南德斯（Alex Hernandez）说道。这家非营利企业为优秀的特许学校提供资金，帮助它们扩大影响力。"我们都知道大脚怪，但除了几张模糊不清的照片外，很少有人能声称在野外真的见过它。"传统课堂的文化如此习惯于学生以设定速度、以标准团体统一前进，以致在这种背景下，将灵活性和自我控速设为新的重心尤为困难。但拥有调整人员、预算、设备及课程自主权的自治型团队有必要重新开始制定新的重点、改写由目前流程和重点组成的文化。

## • 利用多种类型的团队

　　不管学校、学区或是特许管理组织何时需要处理一系列问题，尝试进行系统范围内的改革，它们都可能需要在不同的时间，为达到不同的目的，使用不同的团队。以纽约市教育部门为例，它通过 iZone 计划使用不同团队推动个性化学习，该计划与学校、教育科技市场、政策制定者以及教育部一同合作推动创新。该团队发现，为在学校中推动它需要的创新，必须在三个层次上工作。第一，它使用重量级团队，其中包括实践者——教师、校长及中央办公室职员，设计并测试新的学习模式，帮助实践者用新的设想推动工作。第二，它与政策制定者及中央办公室职员合作，获得法规的保护，无须通过自我强加、抑制创新的旧流程。当

学区及州一级的团队在改变流程，也就是已有的职能型团队如何互动及
如何工作时，这些团队应该是轻量级的。但当任务是重新思考监管部门
及人员配置如何存在及这些部分如何联系时，首先需要的是重量级团队。
第三，iZone 计划决定它必须有与教育公司及学校紧密合作的团队来统合
需求，这样公司可以帮助解决问题，学区则是接收地。在此情况下，因
为项目经理扮演协调者的角色，必要的团队是轻量级团队，成员包括来
自学校、部门及公司的人员。[13]

## • 失误的代价

　　当领导者在尝试混合式学习前，如果不进行战略性组织，可能错失
良机，甚至损失数十万数百万美元的投资。其中最常见的一个错误是让
教师使用技术个性化学习体验，然后期待他们凭自己创造一个真正改革
的学习模式。即使有最好的专业培训及技术预算，职能型团队也没有能
力完全抛弃传统课堂，或者独立执行颠覆性模式。

　　硬币的另一面是，有些学校成立重量级或自治型团队来解决功能性
或轻量级团队能效率更高、较少官僚地完成的任务。很多教师发现，他
们可以在自己的课堂内独立翻转课堂或者创造就地转换，只需要管理层
点头，再加上一点机智和技术。事实上，我们曾数次听闻有教师曾在会
议或者培训中学习混合式学习，回到家后周末就重新规划课堂，开始试
验翻转课堂或者就地转换。当然，我们建议在做出任何变化前进行充分
的规划，并且我们也注意到在许多情况下，就地转换能导致重大结构上
的变化，从而需要重量级团队介入。但是，教师仍旧可以也应该创新地
自主决定他们什么时候进行课堂改革。高质量的专业培训及过渡资金能
够帮助他们实现这一目标，而重量级团队只能放慢进度。

需要补充的另一原则是，重量级及自治型团队必须保持某种行事原则以求效率。对重量级团队而言，要求是一地办公，指派有重要影响力及能力的人员制定决策，担任团队领导人，并要求代表他们共同的利益，把教师和科系的狭隘利益放到一边。对自治型团队而言，成功取决于保证在人力、预算、设备及课程方面的主控权。更进一步，在顶层的领导人需要保护并维护颠覆性项目，有些人只希望资源能够汇集到延续性创新上。在已有体系的很多人将会争取优化传统教室，为工厂模式争取资源，而不是将资金和时间投入到非消费机会上。最优秀的高层会看到未来，看到颠覆性创新会给他们的体系带来的好处，并且会坚定地保护自主性项目。我们在第 3 章结尾曾讨论过，高层应该传达组织如果不破坏将会对其成功造成严重威胁的信息。然后，在成立自治型团队后，高层应该将沟通的重点从威胁论上转移到颠覆性项目将为学生、教师以及社区等将带来巨大的利好机会。这支舞如果编排得好的话，高层将扮演不可或缺的重要角色，使得整个机构尤其是学生，从颠覆性机遇中获益。

### ••• 小结 •••

- 确定行动纲领后，领导者应组建适宜的团队来实施计划。职能型团队、轻量级团队、重量级团队最适合于执行核心机会的行动纲领，而非消费机会则需要组建自治型团队。

- 职能型团队最适用于改进产品的某个组件或流程中的某一步骤。丰田公司使用职能型团队为同种基本车型的不同车款更换车大灯、方向盘及内部装饰。学校应让由同一科目的教师及员工组成的职能型团队来从事与校内其他部门无关的改革。

- 当某一团队要从事的变革会影响到其他团队的工作，而团队之间的关系又是既定的时候，最适合使用轻量级团队。丰田公司采取轻量级团队来协调解决某些特定车型中蜘蛛和蜘蛛网阻塞空调排水管的问题。学校应使用轻量级团队来协调由多组教师参与的项目，但各组之间的关系是既定的。

- 重量级团队最适合用于解决那些需要相关部件及其负责人以事先预期或确定的新方式进行互动的项目，换言之，这个问题需要建立新的体系架构。丰田公司使用重量级团队设计混合动力车型普锐斯，这个车型和从前的汽油动力车的架构完全不同。学校应使用重量级团队来实施需要从根本上改变课堂及科系之间互动方式的延续性创新。

- 自治型团队对于开展颠覆性创新是必要的。这种团队可以使得创新者从现有体系（包括人员、预算、设备及课程）当中解脱出来，在诸如实现个性化学习、扩大学习机会或者增强成本控制方面引领一种新的教育模式。如果丰田公司有朝一日要开展以纯电动车来代替汽车的颠覆性创新，那它就需要建立一支自治型团队，即便这支团队所带来的电动车初期销售利润十分有限。如果学校希望完全脱离传统工厂模式的课堂，而代之以颠覆性的混合式学习模式，那就应当选择使用自治型团队。

- 这时候领导者并不需要知道他应该采取哪种混合式学习模式或项目设计。但他们需要清楚地了解他们想要实现的变革的范围。在向下一步混合式学习模式迈进之前，应当花点工夫建立合适类型的团队。

## • 注释

1.  Julia Freeland, " Blending toward Competency: Early Patterns ofBlended Learning

and Competency-Based Education in NewHampshire," Clayton Christensen Institute, May 2014(http://www.christenseninstitute.org/wpcontent/uploads/2014/05/Blending-toward-competency.pdf)。这份白皮书审视了新罕布什尔州13所学校为推动能力本位教育而采取混合式学习的情况。它总结道，"基于这种小型、初步的取样，与传统课堂模式相比具有颠覆性的混合式学习模式似乎非常适合大规模培养竞争力的教育……另一方面，仍受制于以时间为基础的教育方法的学校使用渐进性混合式学习模式，也就是翻转课堂和就地转换"。

2. 本节是基于《颠覆课堂》一书第9章。本章中团队架构的模式由哈佛商学院的金·克拉克（Kim Clark）和史蒂文·惠尔赖特（Steven Wheelwright）提出。请见 Steven C. Wheelwright and Kim B.Clark, *Revolutionizing Product Development* (New York: The FreePress, 1992).

3. Nathan Ingraham, "Spiders Force Toyota to Recall 800 000 Vehicles," *The Verge*,http://www.theverge.com/2013/10/18/4852840/spiders-forcetoyota-to-recall-800000-vehicles (accessed October 21, 2013).

4. 本节中关于重量级团队的内容大多基于《颠覆课堂》的第9章。

5. 相反地，丰田公司大多数竞争者用轻量级团队设计混合动力车。它们的混合动力车市场表现不如普锐斯，这一点可以从丰田公司在混合动力车市场压倒性的市场份额可以看出。

6. 2009年，特斯从奥巴马政府获得4.56亿美元的贷款担保，2012年又从加州能源委员会获得1000万美元拨款。"The Other Government Motors," *Wall Street Journal*, updated May 23,2013, http://online.wsj.com/news/articles/SB10001424127887324659404578499460139237952 (accessed November 8, 2013). 特斯拉提前还清贷款，但每年仍净亏损，这也正是丰田公司试图避免的情况。

7. Eric Loveday, "Toyota Sees No Market for Pure Electric Vehicles," *Inside EVs*, October 2, 2013, http://insideevs.com/toyota-sees-nomarket-for-pure-electric-vehicles/ (accessed November 8, 2013).

8. *Innovator's Solution*, pp. 198-199.

9. 同上。

10. Christina Quattrocchi, "What Makes Milpitas a Model for Innovation," EdSurge, January 7, 2014, https://www.edsurge.com/n/2014-01-07-what-makes-milpitas-amodel-for-innovation.

11. 本故事基于《颠覆课堂》第3章。

12. 在全国范围内校长对学校领导层职责的决定权不尽相同。根据《大都会人寿美国教师调查》，"校长最不可能说对财务决策有很大控制力（22%），不到一半的校长说对教师解聘（43%）或课程和教学方面（42%）有很大决定权。相反，大多数校长称他们对教师日程（79%）及雇用教师（74%）有很大的决定权"。
" The MetLife Survey of the American Teacher: Challenges for SchoolLeadership,"
MetLife, Inc., February 2013, p. 28.

13. 请见 iZone, " About the Office of Innovation," http://izonenyc.org/about-izone/
(accessed May 30, 2014), as wellas Innovate NYC Schools, "About Innovate," http://
www.innovatenycschools.org/about-innovate/ (accessed May30, 2014). 关于纽约市
多层次方法重要性的见解来自于创新纽约学校组织（Innovate NYC Schools）的
Steven Hodas 于 2014 年 28 日在美国教育部会议上的一次谈话。

Blended Using Disruptive Innovation to Improve Schools

第三部分

# 设 计

Blended Using Disruptive Innovation to Improve Schools

# 第5章

# 提升学生学习动力

当有了行动纲领，组建了合适的团队，你就可以开始设计混合式学习解决方案了。最终，这个解决方案会是包括职员、设备、内容、设施、模式及文化等方面的战略。但在考虑任何其他因素之前，设计的出发点是钻到学生的脑子里，从他们的角度看学校。本章的关键前提，也是设计混合式学习模式中最重要的发现，就是当学校从学生的角度出发设计，学生觉得上学对他们来说跟其他有意义的事情一样重要的时候，他们才会上学去并有动力去学习。在以学生为中心的学校，不乏有家长反映他们的孩子周六就开始抱怨，等不及周一就想去学校学习。

但如果团队在设计时不考虑学生的观点，那他们在各个方面都会遭遇学生的抵触。虽然有些比较顺从的学生会配合，或者有些学生的个性碰巧适于采用这种设计，但更多学生最终会反感课堂，上学变成一场战斗。有中学生曾说过，"学校让我讨厌上学"。

因此混合式学习团队的首要任务就是理解学生的观点，把提升学生学习动力作为整个设计的指导原则。

## • 学生学习意愿的重要性

在我们参加过的一次返校活动中，20 个孩子坐在一条颜色绚丽的地毯上，围绕在他们的新老师艾伦身边。欢迎学生返校之后，艾伦老师拿起一个装满水的大水罐解释道，罐子里的水代表着孩子们在未来一年能够在课堂里能学到的知识。孩子们想要探索的所有东西都在这水里。

然后他举起一个空碗。"这代表着你们的大脑，"他解释道，"你们看它是空的，是一个杯子的形状，最适合用来装这些知识。但有些学生是这样来上学的。"它把碗倒扣过来，把罐子里的水从碗底上面倒下来洒在地上。学生们都尖叫起来，惊讶于老师把这么多水直接倒在地毯上。"有些同学选择逃避学习，这多么让人伤心，这么多知识都被浪费了。"

接下来他把碗移开，几杯水直接倒在了地毯上。"另外有些同学根本不来上学，"他说道，"他们不好好睡觉，家里人也不管他们的学业，经常上课迟到。真为他们遗憾，浪费了这些知识。"

最后，他把碗反过来说道："我看这间屋子里的同学们都有这样的大脑。"他把剩下来的水倒入碗中，"大家会用课堂里面学习到的知识充实你们的大脑，就像这个碗一样，准备好了去学习。"

像这名老师一样，大多数教师都渴望学生能够充分利用好时间，抓紧机会学习。仅在 2014 财年，美国基础教育阶段的公共出版领域投入就达 6.73 亿美元。[1] 每年美国教师投入超过 1000 个小时用于教学，几乎比世界其他任何国家都要多。[2] 图书馆里装满各种书籍；学生书包满到得用拉杆箱拉；现在有了网络，知识的储量似乎是无限的。但只有学生像正面向上的碗一样愿意接受知识才行。

遗憾的是，据大多数教师反映，他们最大的困难就是学生缺乏学习的动力。在 2013 年一项覆盖 5000 名教师的调查中，学生学习动力被列为教师第一大挑战，其次是学生对学习的态度、学生上课分心以及学生的课堂行为。[3] 如果国家如此努力想要提升教育，那为何如此多学生不愿接受这些资源呢？

## • "待解决任务" 理论

努力想要设计出让终端消费者们着迷的产品的何止于学校。每年都有超过 75% 的新产品会遭遇惨败，就算是有大公司、响亮品牌和海量广告为其背书也无补于事。一个经典的例子是麦当劳曾推出的 Arch Deluxe 汉堡，MSN Money 曾把它列为有史以来十大最失败的产品之一。[4] 这款汉堡是麦当劳公司 1996 年推向市场的一款豪华汉堡，汉堡上面盖有一片圆形的黑胡椒调味的培根，这款产品面向的人群是拥有挑剔口味的成人。麦当劳在广告投入上砸了 1 亿美元，这个产品却失败惨重。

企业如此迫切地希望能够准确推断在某个人口统计学类别的用户是否会购买某种新产品，因为从用户的角度来看，市场不是根据用户或产品类别构建的。[5] 用户只是需要用产品来帮他们完成某些任务。他们在日常生活中总会遇到待解决的"任务"，所以需要寻找一款可以"买"来解决问题的产品或服务，这是消费者体验生活的方式。而 Arch Deluxe 汉堡没能成功地为足够多的人完成任务提供一个满意的答案。

另一方面，有些企业能一再推出成功的产品或者服务。他们有诀窍理解用户处境，从用户的视角来看这个世界。这使得他们可以找到用户面临的任务，以及用户为了解决这个问题需要购买什么样的产品。解决问题最好的办法是找到用户待解决的任务，而不是分析用户的人口统计学特征，甚或是分析用户需求。大多数获得成功的新产品是因为营销者先直接或间接地理解用户待解决的任务，然后找到一种方式帮助人们更高效、更轻松、更巧妙、更实惠地完成这项工作。这种新产品还有个名字——杀手应用程序，它们把问题解决得如此完美，人们甚至记不得产品发明之前自己是如何生活的。

公司和组织经常陷入的思考陷阱是，只要这个产品或服务对用户有益，用户就会接受它。对于有社会使命感的组织来说，比如教育、健康或以环保为目标的组织等，这一点尤甚。这些所谓的社会企业提出的解决方案无可厚非是优异的、有价值的，但这些方案只有更加实惠、方便、高效，才能真正地发现市场。在失败商品的坟墓里堆满了人们应该想要的东西，但愿人们相信这些产品有用就好了。

### 接受奶昔

在《颠覆课堂》中，通过某连锁快餐店如何努力提高奶昔销量的案例解释了待解决任务理论。这个案例以经典的方式解读了任务导向的设计理念，值得我们反复借鉴。

一段时间以前，一家快餐连锁机构决定提高奶昔产品的销量。[6] 它的营销人员首先确定产品的细分市场，然后确定曾经购买最多奶昔的客户人群。下一步，营销人员邀请符合这一描述的顾客评估该企业的奶昔产品需要如何改进——是更浓厚、更便宜，还是颗粒感更大些呢？受邀的顾客们给出了明确的反馈，但据此做出的改良对产品的销量没起任何作用。

一名研究人员采取了不同的方式。他花了一整天待在餐厅里，试图从顾客的角度来看这个问题。很惊讶地发现近半的顾客是在清晨时候购买奶昔的。这些顾客几乎都是单个人，不购买其他任何产品，买完奶昔后立刻上车离开。

这名研究人员第二天回到餐厅，在这些顾客手里拿着奶昔离开餐厅的时候，拦住他们问（用顾客可以理解的语言）："抱歉，您能不能告诉我您买这杯奶昔主要是用来完成什么任务呢？"正当顾客难以回答时，他帮他们换了个问法："请想一想最近一次你在相同的情形下，你需要完成同样的任务，但你没有买奶昔，你买了什么产品？"结果是，大多数买奶昔的消费者都是出于同样的目的：上班族早上通勤时很无聊，需要些东西打发漫长的车程。他们还不饿，但知道自己早上10点肚子应该会饿，所以现在需要吃些东西才能挨到中午。并且他们也面临一些限制：赶时间、穿着上班的衣服、（大多数时候）只有一只手空着。

当让顾客回答不买奶昔会买什么产品时，他们说有时候也买面包圈，但面包圈又干又没味道，开车的时候不能给面包圈抹奶酪。有时候这些顾客也买香蕉，但香蕉既不能解决上班路上无聊的问题，又不能让他们撑到10点还不饿。甜甜圈又太黏，会把方向盘弄脏。事实证明奶昔比其他产品都更适合他们，用细吸管得花20分钟才能吸光奶昔，开车的时候空着的一个手也有点事情可干。他们完全不知道奶昔是什么做的，也不在意这些，因为喝奶昔并不是为了健康。他们知道的是如果买了这杯奶昔，到早上10点肚子不会饿，奶昔瓶也刚好可以放在车里的杯托里。

研究人员还注意到在其他时间段，家长也经常会在正餐之外，再为小孩买杯奶昔。家长这样做是为了解决什么任务呢？他们一直跟孩子说"不"，已经疲惫不堪。买杯奶昔是用一种无伤大雅的方式既让孩子高兴，也让自己觉得自己是慈爱的家长。但是研究人员又发现，这种情况下，用奶昔来解决这个问题也不太好。他们发现，家长自己吃完饭后，又得不耐烦地等孩子们艰难地用吸管把奶昔吸完。同一个人口统计学类别中的消费人群可能出于两个完全不同的目的购买奶昔。当营销人员问一名忙碌的父亲需要如何改进奶昔的时候，他说自己早上需要某种奶昔来打发上班路上的时间，但晚些时候可能又需要完全不同的产品来取悦孩子，把他的反馈意见与同一消费人群的其他反馈意见综合统计，由此得出的某种新产品类型，可能导致两种任务都无法完成。

一旦营销人员理解了用户需要解决的任务，就能够弄明白该如何改进奶昔产品以更好地完成不同的任务，而哪些是不相干的改进。怎么设计更好的奶昔来应付早晨无聊的通勤呢？答案是让奶昔更稠以便其更耐喝；或者往奶昔里打入小水果块，这样顾客在驾驶的时候会不经意吸入一小块水果，给他们早晨单调的上班路上加入一些不确定和期待。同样奏效的是，可以把售卖机搬到柜台外面，让顾客买一张预付卡，进店后就可以快速自助购买奶昔。解决另外一个任务需要一种完全不同的产品和体验。

**接受（或拒绝）健身**

为连锁快餐品牌设计奶昔体验，吸引更多的客人购买奶昔，这个例子感觉和改善教育体验相去甚远。一个医疗保健领域的例子与教育领域更为贴切，这两个领域都是帮助人们解决如何去完成对他们有益的任务问题，都能够更好地解释"待解决任务"理论。

如同教师们竭力希望学生愿意学习、渴望学习，许多公司也希望提升员工健身的动力，借此能够降低员工医疗保险费用。美国最大的几家企业都为其员工提供健身俱乐部会员补贴，希望鼓励员工们减肥和保持身材。结果却发现只有一小部分员工参与健身，而这些人的健康状况几乎都很好。现在的问题是，只有一小部分人把维持健康视为生活中的优先任务，其他人只有开始感到身体不适后才会重视健康问题。公司可以尽可能地鼓励员工锻炼健身，但如果这些讯息与员工要解决的任务没有什么关联的话，那么这些健身补贴也只能白白浪费。[7]

但如果公司能够理解员工要解决的任务，并创造出双方都需要的方案，双方就能各有所得。例如，电脑制造商戴尔公司发现许多员工觉得"改善我的财务健康状况"比"维持我的身体健康"更为重要。于是 2014 年戴尔提出，如果员工努力健身并取得成绩后，就给他们价值 975 美元的医保优惠。许多员工很高兴为了这975美元变得健康。这个"戴尔健康"项目通过迎合员工要解决的任务，从而实现了戴尔公司要解决的任务。[8]

## • 学生待解决的任务

跟许多人不把"保持身体健康"作为一项重要任务一样，许多学生也讨厌上学甚至不来上课，这是因为教育并不是他们想要完成的任务。教育是他们可能买来完成任务的工具，但并不是他们要解决的任务。教师可以竭尽全力提高教育质量，希望用更引人入胜的课程、媒体、学生对答系统等来提高学生的学习动机，但如果他们的工作只是为了找到一种更好的方法去完成学生们原本就不愿去做的任务，那这一切努力都将是徒劳的。当然，学校可以用惩戒和奖励措施来强迫学生学习。但最终，如果这是学校最好的解决方案，那么许多学生会购买其他服务来解决他们生活中出现的问题，学校的重要性会越降越低。

这并不意味着学校不应向学生传授核心知识、技能，而是说要达到这些目的，学校必须创造出一种能激发学生内在的学习体验。学校可以成为一个充满学习乐趣的地方，关键是要设身处地从学生角度看到他们的立场，包括他们的焦虑、眼前的问题以及内在的动机。待解决任务理论可以帮助你做到这一点。

我们发现，大多数学生都面临两项最重要的任务。第一，他们需要有成就感，希望感到自己在进步、有收获，而不是除了感到一味地失败和碰壁以外，什么也体验不到。[9]第二，他们希望和朋友们在一起开心地生活。这意味着他们需要与他人，包括同龄人、老师、教练、顾问及其他潜在朋友，一起开展积极的、有成果的社交活动。

就像在早间通勤任务中奶昔与香蕉、甜甜圈和面包圈的竞争一样，学校在学生体验成功与社交乐趣方面也面临着与其他团伙的竞争。例如，辍学的学生可以选择找份工作、跟朋友们一起闲逛、打游戏、打街头篮球，或是做其他任何非学业的事情，学校经常不是这些替代品的竞争对手。工厂模式课堂的架构无法让教师有足够时间对所有学生的进步进行日常的个性化反馈。学生只能等到家庭作业或者考试后才能得到间歇性反馈，在多数情况下，教师除了提供成绩和对学生的进步的点评以外，没有时间做更多事情。当学生拿到成绩单时，很多人感觉不到对成功的积极肯定；大多数教师刻意地只将成就感的特权授予那些最好的学生，而其他的学生只能拿着低于 A 的成绩回家。

工厂模式的课堂也很难为学生提供交友的乐趣。一次 Harris 统计中，有 60% 的被调查者表示，或者他们自己遭受过校园暴力，或者身边有人遭受过校园暴力。此外，在基础教育阶段的家长中，超过 1/3 的人认为自己孩子的学校存在着校园暴力的问题。[10] 尽管并不是所有孩子都有这么极端负面的体验，但问题是：传统课堂究竟是不是帮助学生形成正面关系的最佳模式？教师负责教导一大群各种各样的学生，他们和每个学生单独接触的时间是非常有限的。大班授课的形式也很难让学生有机会培养学生之间或师生之间的关系。学校本身也是勉强才能提供一整套教学活动、课外活动及社交活动。消除校园暴力，确保安全正面的校园环境也许就成了被疏忽的角落。

那些不爱上学、把注意力放到教育以外事情上的学生并非没有动力解决他们的任务。他们对于体验成就和获得社交乐趣是很有动力的。问题是，有数量惊人的学生在学校没有或无法体验到成功或建立有益的人际关系。相反，学校让他们感到自己的失败——学业上失败、社交上失败，或两方面都如此。

## · 待解决任务的结构

一项待解决任务的架构有三个层次，图 5-1 解释了这种结构。教育者是否能设计出学生愿意接受的教育，取决于能够正确处理这三个层次的问题。

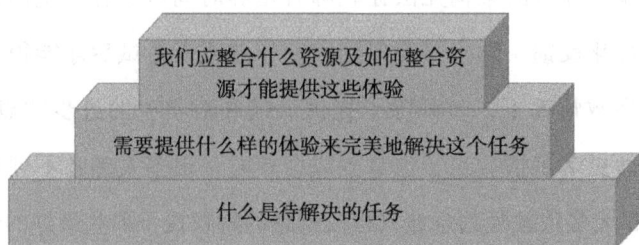

图 5-1　待解决任务结构的三个层次

资料来源：Clayton M. Christensen, "Module Note: Integrating Around the Job to Be Done," Harvard Business School, 2010.

在最底层是待解决的任务本身，即用户需要达到的根本效果。对于许多早上购买奶昔的上班族来说，他们待解决的任务是消除长途驾车的无聊和克服早上的饥饿感。[11] 该架构中第二个层次的问题是综合购买及使用某种产品的所有体验，由厂商来提供这种体验。创新者一旦弄明白这些体验是什么，他们就能完成这一架构的第三层次，即把合适的资源整合在一起，如人力资源、技术、人因设计、包装、培训、支持及服务能力、分销零售系统、品牌广告策略等。

倘若希望提升奶昔销量的快餐店应用图 5-1 的理论来逐步设计完美的客户体验，那么需要做出什么设计决策？首先，从最底层开始，要观察早上的通勤族，发现推动他们在上班路上绕路购买奶昔所要解决的本质任务。快餐店接着会设想所有可能更完美解决通勤时任务的体验。如果有这项任务的消费者第一次听说这个奶昔品牌，他们需要有怎样的体验？如果他们是每天都要买奶昔呢？如果他们开车来买了，应该有怎样的体验？奶昔是该更稠还是更稀？有益健康还是不健康，或者都无所谓？用纸杯还是塑料杯装？

最后，如同图的最高层，快餐店还需要检查已有的操作，并考虑该如何整合这些操作？如果需要产品更稠能够撑完整个通勤路程，需要采购哪些新的原料？或者需要口感颗粒更大，怎么改良制作方法？是否应该把奶昔机放到柜台前面，这样消费者不需要排队就可以自助？应该怎样修改其他体系，包括广告、包装设计到员工培训及分销，为消费者提供正确的体验？

如果快餐店还想提高奶昔在其他消费人群中的销量，它需要为新的情况重复这三步分析。最终，也许是反直觉的，真正重要的是理解任务多于理解消费者。[12]

## • 实现学生待解决的任务

这种待解决任务的视角，对于为那些愿意且渴望接受混合式学习设计的学生是有用的。在一所特别善于整合学生待解决任务的学校里，家长告诉我们说，他们的孩子在体验过这种学习后，再也无法想象回到工厂模式学习的模式。这些学生愿意甚至渴望去学校学习。在这场教育游戏中，这是种强大的优势，甚至是杀手应用程序。

让我们回顾一下学生待解决任务架构的三个层次，看看对设计更好的混合式学习有什么启发。从底层开始，我们在本章前面已经知道，大多数学生有两个紧要的任务，就是有成就感和进步感，以及交友的乐趣。教育本身并不是待解决的任务，它只是学生完成待解决任务的一个可接受的选择。

待解决任务架构的下一个层次是设想需要为学生提供的所有教育体验，以此作为完成学生待解决问题的无法抗拒的解决方案。高峰公立学校系统（Summit Public Schools）是一个位于佛罗里达州雷德伍德城的特许学校系统。它在创新教育方面是突出的创新者，为学生提供的体验帮助他们每天取得进步并能在学校得到快乐。我们用它作为示例，领导者在考虑学校该如何帮助学生选择教育时或许考虑这些体验。

几年前，一群硅谷的家长聚到一起重新思考初高中的学校体验，他们的目标是从根本上帮助学生为大学及高中后的生活做好准备。他们雇用了山景高中（Mountain View High School）前助理校长黛安·塔弗纳（Diane Tavenner），她创建了高峰公立学校，并担任该组织的首席执行官。塔弗纳在2003年开办第一所旗舰学校，之后又新开5所，目前有6～12年级共约1600名学生。

截至2011年，高峰公立学校已获得全美国赞誉。《新闻周刊》将它列为美国十大创新高中，它旗下学校的API（学业表现指数）持续优于加州其他学校。[13] 但是，2011年秋天，该系统的领导层决定做出改变，他们担心尽管数据显示几乎所有学生都被大学录取，但有些学生入学后遇到了问题。[14] 他们开始思考设计一套能够更好地帮助学生们在大学期间及毕业后成功的体验，这套体验包含内容知识、认知技巧、成功习惯及真实实践等。最初他们在两所学校中实验了数学课轮转教室，但随着时间渐渐在所有联盟学校中推出一种覆盖全学科的更为个性化、灵活的模式。他们称努力已有回报，尽管还在不断实验、学习并重复。

---

▶ 视频17：高峰公立学校系统通过弹性模式规划教学日来实现个性化学习。

---

高峰公立学校系统的SMART目标是实现个性化学习，以便让百分之百的学生都能够在未来的大学及生活中取得成功。为达到此目标，学校开发出了学生愿意接受的教育体验。出于本章目的，我们列举出高峰公立学校系统所确定的学习者视角下的八种重要的元体验。

（1）**学生主动性**。高峰公立学校系统认为要想让学生体验到成就感和进步感，一个重要的因素是让学生自己根据个性化的学习计划设定自己的学习目标，而后为学生提供充足的时间和正确的步骤以保证他们每天都朝着个人的学习目标前进。教师认为学生必须自主决定学习方向，并从多个选项中选择必修的课程。高峰公立学校系统甚至更进一步把学生的反馈用于改进教学设计，让学生为教师所提供的课程表分级排序。

（2）**个体掌握进度**。高峰公立学校系统的教师团队认为，学生们应当按照自己所能接受的进度学习，每个学生的学习进度都应是个性化而非集体性的。如塔弗纳所言，你可以发觉现有的学校体制是如此不合理，学生的进步是以时间计算的，而不考虑他们是否掌握了学习材料，而是否掌握这些材料将影响到学生在未来工作中的胜算。如果能为学生提供一个合理的、能力本位的学校体系，这个体系建立的初衷就是为了帮助学生获得成功，那么学生们就会想要获得更多的成功体验。这一理念的本质是学生应当学习那些比他们自身的当前水平稍高一点的技能，不过难也不过于容易，让学生们偶尔有机会尽最大努力挑战一下自己。[15]

（3）**获取行为数据并及时反馈**。在强调了学生主动性及个体掌握进度之后，高峰公立学校系统认为给学生提供学业表现的及时反馈和数据，是使他们获得成就感的重要体验。没有数据反馈的话，学生无从知道他们的表现如何，也不知道怎么做才能取得成功。但有了数据和及时反馈的帮助，他们就可以据此采取行动，利用这些数据反馈来判断自己在哪些地方需要加把劲，从而获得成功。[16] 这些数据还有助于学生与他的朋友，包括同伴和老师，建立积极的人际关系，因为他们可以在如何取得进步方面进行富有成效的合作。

（4）**学习目标的透明度**。为了帮助学生理解成功的含义，高峰公立学校系统认为让学生清楚地认识到自己所要达到的目标也非常重要，这个目标并不限于给定的课程，而是贯穿于他们在高峰公立学校系统整个学业生涯当中。这意味着学生不仅要清楚他们被要求掌握的能力图景，还要明白他们现阶段所应掌握的这些能力是为了实现生命旅程中更远大的成功。

（5）**保持独立静读的时间**。尽管富有创造性的团队合作对于学生来说非常重要，他们可以从中掌握团队合作技能，也有助于他们与朋友一起获得乐趣，但是高峰公立学校系统的哲学却认为，有太多学校忽视了给学生提供安静的时间、让他们自己沉浸在书中的重要性。学生在家通常没有这种安静阅读的机会，而如果没有这种体验，他们可能很难培养出在学业上获得成功所必需的阅读能力。高峰公立学校系统坚信，训练学生抽出时间来专心地阅读一本书对于他们成功地完成任务是非常必要的。[17]

（6）**有意义的工作体验**。高峰公立学校系统的理念认为，如果学校的活动能够有助于学生将所获的知识与生活中获取成功的能力联系起来的话，学生们会更愿意上学。当上学和自己相关时，它也变得更美好些。就像塔弗纳所说的，学生们是很聪明的，如果学校传授的知识不能帮助他们到达自己想要到达的地方，就算学校声称有益，他们也不会相信。在许多情况下，这意味着学校必须帮助学生了解所有可能的职业机会和人生轨迹，帮助他们更广泛地了解自己长大以后想要从事什么职业，而不仅仅看到身边的成人做什么工作，同时还要让学生看到学习对于未来职业生涯的选择有多么重要。这种体验不仅让学生把学到的知识和工作联系起来，明白学习为什么能够使他们成功，同时也给学生们与朋友、老师及社区内的其他人一同工作并共享快乐的机会。

（7）**导师制度**。高峰公立学校系统非常重视导师制度。学校领导明白导师的角色非常重要，导师能够帮助学生朝着严格而又可实现的目标迈进，如果导师出色的话，学生还能够从与导师的社会关系中获益。高峰公立学校系统将导师制度视为促进学生学会建立社会资本或人际网络的重要方面，学生一生都可以凭此获取成功。

（8）**积极的团队经验**。高峰公立学校系统也认为学生必须有积极的团队经验，与他人合作攻克难关、讨论那些对他们来说重要的问题。培养这些经验有助于学生获得交友的乐趣，同时也培养他们与人相处共事的能力。

其他方面。我们并没有列出所有认为高峰公立学校系统有益于学生取得进步并开心的全部体验，也可能它总结出的不是全部。当我们思考哪些体验对于社区内的学生有益时，我们要问的一个重要的问题是：是否有要求进行补救的情况能带来很大影响，而不是其他不管设计多么完善的学习体验。例如，有些社区持续面临着学生因为疲劳学习效率低下的问题。哈佛医学院神经精神专家约翰·瑞迪（John Ratey）博士称，美国青少年最大的问题之一是睡眠不足。他的研究显示青少年比成人需要更长时间的睡眠，平均来说，青少年长期睡眠不足。[18]

瑞迪也发现在许多社区青少年没有足够体育锻炼的机会。尽管在有些社区，学生体育锻炼很充分，但这只是部分。他认为帮助学生在学校取得成功最好的方法之一是保证他们得到适当的运动。他号召学校提供更多便携运动设备（如球类、三轮车及滑板车等），称这些比固定运动设备更能激发学生锻炼。他也号召在缺乏体育锻炼的社区每天上课前进行30分钟的强度体育锻炼。[19]当然，并不是学校进行这些补救措施就一定能提升学生成绩，只是缺乏这些必要措施会给学生成功前路上造成障碍。

更进一步地，研究人员发现，儿童时期遭遇负面强压的经历对孩子的学习能力有很大损害。这些经验包括体罚、性虐待、身体和情感忽视以及各种家庭问题，比如家庭成员里有入狱人员、精神病人及成瘾人员等。旧金山一名医生纳丁·哈里斯（Nadine B. Harris）调查了她在门诊曾接待过的 700 多个病患，发现如果病人在青少年时期没有经历过以上任何遭遇，只有 3% 的人会有学习及行为问题；如果儿童时期遭遇过 4 起或更多以上事故，这个比例是 51%。[20]

这项研究刻画了有些学生面临的严峻形势。当然，学校并不能靠一己之力解决这些社会问题，但至少学校领导者应该意识到，负面的儿童时期经历和在学生学校表现之间的关系。对于许多学生，学校应该考虑提供额外的辅导、咨询及社会服务，开始为他们提供重要体验帮助他们完成自己的任务。[21]

其他学生有其他需要特殊考虑的情况，从特殊身体或精神健康需求到非典型的课外活动或就业有关活动。所有这些都是在考虑特定学生所需体验时应该考虑的情况，因此想找到一种"最好的方法"是不正确的。最好是分析一系列真实的情况，然后为每位学生设计和他背景最相吻合的体验。

研究人员发现这是可以起到作用的，他们通过研究确定一系列情况下哪些体验是最有效率。例如，有些教师报告，在行为问题和注意力缺乏综合征严重的情况下，给学生更多选择和控制权有很大作用。他们认为给学生选择权，比如允许他们使用站立课桌，坐懒人椅子，更多走动，饿的时候吃零食，或选择学习模式，这些方法比利他林（中枢兴奋药）更有效。其他有人告诉我们当学生体验个性化学习时，如果匹配合适的学习难度，不太容易也不太难，随着时间有特殊需求及语文学习者的比例会大幅降低。我们希望研究人员能够研究这其中的关系，可以有根据地推荐特定情况下适用的体验。

## • 整合什么，如何整合

完成一项工作的最后一步，如同图 5-1 中所示，是理解一个组织必须拥有哪些资源，以及如何整合在前一步中确定的资源和流程。高峰公立学校系统在努力为学生提供八项体验时，学校领导层还在继续思考如何整合资源，从设施、教师到技术、预算，怎么调整日程，建立或改变怎样的流程及程序，以及怎么让整个社区都参与。这些问题的答案不断在发展，但有些部分渐渐凸显出来，成为整合成功一个有凝聚力、经过深思熟虑的项目所需的关键部分。[22]

为了创造学生中介以及个体掌握的体验，高峰公立学校系统认为缺乏具备这些功能的软件。所以，它和几家机构合作开发名为活跃教育（Active Instruction）的新软件，合作单位包括一家位于圣迭戈的教育慈善机构吉拉德教育基金（Girard Education Foundation）、一家学生数据平台企业 Illuminate Education，以及一家旨在帮助学生设计混合式学习环境的公司 Alvo Institute。这一款免费在线工具帮助学生获得多种经过教师整合的学习资源，这些资源被按照难度分类放到"播放列表"里。学生有多样的选择，可以通过在线视频或文章或游戏等，在列表中选择任何难度的内容。[23]

这相应也使得高峰公立学校系统可以推出个性化学习时间（personalized learning time）的计划，学生每周 8 小时在学校学习，8 小时在家学习。在这段时间内，学生们按图 5-2 所示走完这些步骤。他们确定本周学习目标；使用软件列表设计学习计划；然后按照计划执行。当他们准备好后，可以要求参加测试，看是否已经掌握某项技能或概念。如果学生相信已经理解某概念，他们可以直接测试跳过这一环节；如果不合格，他们必须按照列表顺序学习，直到成绩显示已经合格。

图 5-2　高峰公立学校系统学习循环

进行测试后，学生会知道通过还是失败，收到关于成绩的详细解释。这个短循环反馈圈让学生不仅可以稳步频繁进步，对自己的进步有主动权，而且能够获得可行动的数据。有了这些数据，每周五学生和导师一起回顾这一周的进步，分享他对学习体验的感想，哪些地方进步很大，哪些地方需要改进。

学生进步的速度是他们掌握材料的速度。高峰公立学校系统必须提前建立学生整个初高中阶段所有难度层级资源的清晰范围、建议顺序及相关列表，这也意味着老师们不能前一天晚上备课。它的另一个附带的好处是把范围和顺序内置在软件里，学生可以一目了然未来要学习的内容。学校甚至在面向学生的数据系统设置图表线，可以随着日历变化，学生可以看到他们如果想要按时高中毕业，在特定时间应该学习到哪一部分，帮助他们相应地调整进度。

为了给学生安排连续的静读时间，学校创造了高峰读书（Summit Reads）计划。每天的一整段时间内，学生可以自由阅读。学校使用一个名为"Curriculet"的电子阅读平台，在静读期间，这个平台会提供内置问题、小测验及有媒体注释的文本。Curriculet 让教师可以实时了解学生理解的程度，有显示板可以看到所有测验的结果、完成时间及可以帮助他们更有效地辅导学生的其他数据。

高峰公立学校系统使用这些体验来解放学生，他们有大块时间可以通过项目用来"深度学习"，[24] 这对于帮助学生及学校完成双重任务十分有益，学生不仅完成自己的任务，学校也可以确保全部学生获得未来成功所需的认知能力和习惯。示例 5-1 显示高峰公立学校系统学生一天的日程，可以看到项目学习在一天的日程中比重很大。在本章结尾的示例 5-2 可见其他混合式学习的日程样本。

### 示例 5-1　高峰公立学校系统的一天

7:30　　到达学校；个性化学习计划

8:25　　项目时间（数学和科学）

10:20　　休息

10:35　　个性化学习时间

11:35　　体育或持续阅读时间（使用 Curriculet）

12:35　　晚餐及休息

13:20　　项目时间（英语及历史）

15:15　　放学；学生可以继续留在学校进行个性化学习

注：每周五学生大部分时间用于个性化学习计划，和自己的导师有一对一面谈的时间。

另外，学校每年给学生提供 8 周"探险"的时间，在这期间，他们大部分在非学校的真实世界里学习。学生通过选修课、实习等机会了解各种职业，探索自己的爱好。探险让学生有机会与负责探险项目的老师以及外部机构的人员建立个人关系。学校还有一个内部导师项目，这个项目包括每周 10 分钟、学生主导、一对一与指定老师的会谈，这名老师是学生的学术教练、大学咨询师、家庭联系人以及支持者。学生每年和他的导师和家人进行 1～3 次会面。每名教师每年指导大约 15 名学生。

最后，探险项目和项目学习都给学生提供大量正面团队合作经验。除此之外，学校安排每周 45 分钟的社区时间，同学们以小组的形式讨论他们认为重要的事物。

## • 混合式学习对于完成学生任务的作用

类似高峰公立学校系统的学校，正在利用两项科技突破来帮助他们更容易地从帮助学生完成任务的角度整合合适的学术及社会经验。首先，不断发展的网络内容逐渐成为某些学生学习部分课程和学科的支柱。学校通过网络平台发布内容，教师有更多的时间和精力投入到为学生在校创造正面互动的学习体验中。高峰公立的老师能够花更多时间进行一对一的指导，而不再需要把工作重点放在备课上。相反，他们可以把注意力转移到培养学生成功习惯，和学生建立深入的个人关系。其次，在某些情况下，网络内容可以提升学生掌握基础技能的速度，并减少学生的投入时间，这让他们有更多大块的空余时间参与其他活动，比如学习项目和讨论苏格拉底哲学等。这不仅帮助学校完成了他们培养批判性思维的任务，而且也帮助学生和朋友度过快乐的时光。和高峰公立学校相似，我们在第 2 章曾介绍过的阿克顿学院将一个核心学习单元压缩成每天两个半小时的个性化学习时间段。学校可以空出时间每周安排 3 个两小时的项目，每天安排一节苏格拉底研讨会，周五可以安排游戏时间、充足的艺术和体育活动，以及其他社会性活动。[25] 学校应该留心寻找能够提高学习效率的方式，让学生有更多自己的时间与同龄人及老师开发他们认为有趣的关系。

数字化学习现在如此普及，尽管这似乎有些反直觉，学生们却有更多的时间投入到实践性项目学习体验中。许多城市发现由社区主导的创意空间 [ 也叫做"黑客实验室"（hack-lab）或"黑客空间"（hacker-spaces）] 数量在增加。我们预计，随着学校将更多的网络内容混合到教育项目中，不仅会发现学生有更多的时间参与体验，而且会发现这些实践机会和面对面社交经验是教育中一直以来所缺失的。幸运的是，学习项目和探险经验不仅能够平衡孩子上网的时间，这是很多成人希望看到的，而且是适合帮助学生完成重要任务的方法。[26]

## • 让学生改变任务的风险

在确定行动纲领，组织好团队后，混合式学习团队开始接受设计学习模式的挑战。本章强烈建议团队把他们的努力放在学生已经开始尝试完成的人生目标上。再强调一次，大多数学生的目标，一是每天取得进步，二是与朋友们一起开心。混合式学习团队接着应该思考有助于达成这些目标的体验。最终，团队应该考虑他们需要哪些资源，以及如何整合资源来提供所需的体验。在接下来的几章，我们将更深入地探讨任务的第三层建筑：将教师、其他员工、物理和虚拟环境、模式及文化整合成一个无缝解决方案。

就像已故教育家杰克·弗里默（Jack Frymier）经常说的，"如果孩子们想学习，我们无法制止他们学习。如果他们不想学习，我们也无法迫使他们学习"。好消息是，社会需要完成的任务和学生需要的任务有部分重合。社会希望学生每天取得学业进步，希望他们维护有建设性的社会关系。当这些成为学校设计的核心时，学生们最有可能爱上学校。

## ••• 小结 •••

- 学校可以成为一个学生快乐学习的地方。如果学校确实从学生的角度出发，所设计的解决方案与学生所关心的事物完美契合，那么学生就会有动力上学并且渴望学习。关键是带着同理心去设计，待解决任务理论是从这个有利点来辅助设计的工具。

- 任务的第一层次很简单，就是要识别待解决的任务。总体而言，大多数学生的两大任务：有成就感和进步感；与朋友开心相伴。教育本身不是任务，而是学生完成待解决任务的选择之一。

- 第二层次是识别学校需要什么样的体验来完美地解决这个任务。对于高峰公立学校系统而言，这些体验包括：提高学生学习主动性；个人掌握进度；获得行为数据及快速反馈；学习目标的透明度；保证静读时间；有意义的工作体验；导师和积极的团队合作经验。

- 有些帮助学生完成任务的体验是普世的，但其他的取决于个别学生群体的情况，例如，有些社区需要设计一些体验来弥补学生缺乏睡眠、锻炼或来自有问题的家庭等问题。其他的情况需要不同的体验。

- 第三层是确定需要整合那些资源并如何提供这些体验。高峰公立学校系统整合了个人学习时间、学习循环、项目学习、探险及其他流程和程序来提供全套的体验。混合式学习让教育者更容易提供一套学术及社会体验，让学校成为学生实现任务的最好的地方。

### 示例 5-2　学校样板日程

1. 加利福尼亚州亨廷顿公园 KIPP Comienza 社区预备学校[27]

　　幼儿园到四年级

　　就地转换

7:30　早饭及家庭阅读活动

7:45　学校范围早会

8:05　使用就地转换的数学课

9:25　休息

9:40　写作研讨会

10:20　语言课就地转换——读音、指导阅读及拼写

11:30　艺术、西班牙语教学或者科学课

12:30　午餐玩乐

13:15　价值观量表：检查表现和选择

13:30　读书研讨会：基于阅读水平的自主阅读

14:00　全班阅读理解

14:45　螺旋式综述、学生选择、标准检查或延伸

15:20　道德课：认同感、社会科学及历史

16:00　放学

## 2. 加利福尼亚州吉尔罗伊一家航海学校——吉尔罗伊预备学校

幼儿园至四年级

机房转换

8:00　全校合唱热身

8:10　数学课：辅以科技手段的全班教学

9:10　Chrome 笔记本的自适应软件，介入抽离式课程

9:40　休息

9:55　读音和阅读抽离式课程

11:00　电脑机房数学课

| 11:30 | 科学或体育 |
| 12:15 | 午餐 |
| 13:00 | 用 iPad 提速阅读 |
| 13:30 | 机房数学课 |
| 14:00 | 写作工作室、阅读理解、螺旋式综述 |
| 15:15 | 放学 |
| 15:15 | 如需要安排高年级学生强化活动 |

### 3. 得克萨斯州奥斯汀阿克顿学院

一至二年级（样本日程只适用六至八年级）

弹性模式

| | 活动 | 行为准则 |
|---|---|---|
| 8:00 | 自由时间 | 自由时间 |
| 8:30 | 抱抱 | 集体 |
| 8:55 | 核心技能（阅读、写作、数学及文明） | 安静时间（个人学习） |
| 10:00 | 休息 | 自由时间 |
| 10:15 | 核心技能 | 合作（同伴帮助下自己学习） |
| 11:40 | 午餐 | 自由时间 |
| 12:15 | 项目时间 | 集体 |
| 14:45 | 打扫 | 集体 |
| 15:00 | 抱抱 | 集体 |
| 15:15 | 放学 | |

注：周一和周四的体育课为午餐前一小时。周五学生可以在下午打扫前获得一个小时的游戏时间。

## • 注释

1.　"United States Federal, State and Local Government Spending," usgovernmentspending. com,http://www.usgovernmentspending.com/us_education_spending_20.html (accessed December 13, 2013).

2.　" Education at a Glance 2013," OECD, p. 251,http://www.oecd.org/edu/eag2013%20 (eng)—FINAL%2020%20June%202013.pdf

3.　HotChalk Education Index 2013 Mid-Year Report, http://www.educationinamerica. com/research/hotchalk-eduindex/infographic/ (accessed December 13, 2013).

4.　Kim Peterson, "10 of the worst product flops ever," MSN Money, March 28, 3013, http://money.ca.msn.com/savings-debt/gallery/10-of-the-worst-product-flops-ever?page=11 (accessed December 20,2013).

5.　本节及第 5 章的下两节大部分基于《颠覆课堂》第 7 章。

6.　此例中产品和企业名称隐去。

7.　本节是基于负有深刻见解的作品 Clayton M.Christensen, Jerome H. Grossman, and Jason Hwang, *The Innovator's Prescription: A Disruptive Solution for Health Care*(New York: McGraw-Hill, 2009), pp. 157-178.

8.　许多人以为确定需要完成的任务最有效的办法是评估一个人的需求，戴尔公司的例子告诉我们为什么这是不对的。每个人都有维持身体健康的需求，但并不是每个人都会努力完成这项任务。关键是看人们有动力做什么，而不是需要做什么。

9.　有几条支持这个观点的证据。首先，当我们使用"想要感觉成功"的说法时，我们并不指表面层次成功的含义，不管表现如何，每次都表扬孩子，这是建立"自尊"的错误观念。相反，当学生真的完成或取得某项实质性的成绩时，我们才是真正的成功。关于前者危害的讨论可见 George Will 对 Po Bronson 以 及 Ashley Merryman 的 作 品，*NurtureShock: New Thinking About Children*. See George F. Will, " How to Ruin a Child: Too Much Esteem, Too Little Sleep," *Washington Post*, March 4, 2010, http://www.washingtonpost.com/wpdyn/content/article/2010/03/03/AR2010030303075.html. 支持学生尤其将成就感作为主要任务的进一步证据来自于认知科学。Daniel T.Willingham 在 *Why Don't StudentsLike School? A Cognitive Scientist Answers Questions about Howthe Mind Works and What It Means for the Classroom* (SanFrancisco: Jossey-Bass, 2009) 的第 1 章曾提到：

> 解决问题带来愉悦感。当在本书中提到"解决问题"时，我的意思是任何成功的认知工作；它也许是理解了古诗中很深的一段，规

划一个花园或者抓住一个投资机会。成功思维能带来一种满足感和成就感。在过去 10 年，神经科学家发现学习的大脑的领域和化学成分和大脑中的自然奖赏系统有重合……许多神经科学家怀疑这两个系统是相关的。迷宫中的老鼠也会因为得到奶酪的奖励而学得更好。

当你解决一个问题时，大脑会产生小剂量的多巴胺奖励自己，这是一种对于大脑愉悦系统非常重要的自然产生的化学成分。神经学家了解到多巴胺在学习和愉悦体系都很重要，但还没能够搞清楚两者之间的关系。尽管神经化学没有完全理解，但人们解决问题会获得愉快感是无可反驳的……同时值得注意的是在解决问题的过程中会获得愉悦。但如果在解问题上没有任何进展，则是不愉快的。

另外，由 Susan A. Ambrose, Michele DiPetro, Michael W. Bridges, Marsha C. Lovett, 和 Marie K. Norman 所著的 *How Learning Works: Seven Research-Based Principles for SmartTeaching* (San Francisco: Jossey-Bass, 2010) 一书中，作者引用几例其他的研究来支持这个假象。尤其是，作者用一整章细述积极性研究，他们总结道，"当学生在学习目标或活动中发现正面价值，希望成功地达到一个学习结果，从他们身边的环境中得到支持的时候，他们更可能有积极性学习。"尤其是，他们写道，"有两个理解动机的重要观念：①目标的主观价值；②成功达成目标的期待。尽管有许多理论来解释动机，大多数研究仍将这两个观念当成框架的核心 (Atkinson, 1957, 1964; Wigfield&Eccles, 1992, 2000)"。

换言之，体会成功的能力是动机的核心基础之一。如同作者所写，"尽管人必须发现一个结果的价值才有动力去追求它，但价值本身不足以激发行为。人们也会有积极性去争取他们认为可以成功获得的目标和结果"。Richard E. Mayer 和 Ruth C. Clark, 在其所著 *eLearning and the Science of Instruction: Proven Guidelines for Consumers and Designers of Multimedia Learning Second Edition* (San Francisco:Wiley, 2008) 中，也讨论过学习者成功解决问题时会经历愉快感。Barbara Gaddy Carrio, Richard A. DeLorenzo, Wendy J. Battino, 和 Rick M. Schreiber 在著作 *Delivering on the Promise: The Education Revolution* (Bloomington, IN: Solution Tree Press, 2009) 中曾提出，"RISC 方法（重塑学校联盟）最根本的原则是，学生的积极性和投入与学生成功有很大关系"。

理解激励和需要完成任务角度的区别，在于我们知道所有学生都有动力去感受成功，但对于很多学生，学校并不是他们雇来体验成功的方案。因此，学生经常寻求其他途径，但这并不意味着学生是没有被激励的。

10. Harris Interactive, "6 in 10 Americans Say They or Someone TheyKnow Have Been Bullied," Harris Poll, February 19, 2014, http://www.harrisinteractive.com/ NewsRoom/

HarrisPolls/tabid/447/ctl/ReadCustom%20Default/mid/1508/ArticleId/1383/Default.aspx(accessed April 13, 2014).

11. 任务没有单独的功能维度；消费者也有社会及情感任务。

12. 教育玩具连锁 Learning Express，是有意或者无意从需要完成任务的角度看待市场结构的另一个例子。它以平均每月新开一家玩具店的速度扩张，共开有 130 多家特许经营店，以面积来计算或许不大，但每家店面都宾客盈门。Learning Express 发现了一个可观的市场，这些人对于玩具有特别的任务，"我得买个不错的玩具给今天下午过生日的小朋友当礼物"！这家公司把每个顾客体验的细节都做到位，完美地完成了这个任务。他们的门店经常是在户外零售区域（而不是放在室内购物商场里），有足够的停车位，顾客可以很快进来和很快离开。他们把玩具按照性别和年龄陈列，帮助顾客立刻瞄准正确的可选范围。相较于其他大型的玩具店，如 Toys R Us 等，Learning Express 的库存有限，但它会检查每个库存玩具的质量和可玩性。消费者不必反复比较，还有穿着红围裙的专业店员在店里提供帮助。在每家店的后面都有一个游戏区和玩具火车，以取悦那些和大人一起购物的儿童。在结账柜台，Learning Express 还提供按照孩子年龄排列的生日贺卡，免费包装，免费个性化。简而言之，Learning Express 提供了一种方便、高效的方式让人们在时间紧张的情况下为任何孩子选择完美的玩具，它的生意蒸蒸日上。购物者可以在去派对或邮局的路上路过这里，一站式搞定全部任务。Learning Express 理解消费者需要完成的任务，整合它的活动，让消费者可以尽最大可能完美地完成这项任务。

13. "High School Rankings 2011: *Newsweek* Ranks America's Most Transformative," *Newsweek*, June 21, 2011, http://www.newsweek.com/high-school-rankings-2011-newsweek-ranks-americas-most-transformative-67911 (accessed December 26,2013). 许多人是从纪录片《等待超人》中知道高峰公立学校系统的。

14. Matt Wilka and Jeff Cohen, "It's Not Just About the Model: Blended Learning, Innovation, and Year 2 at Summit Public Schools," FSG, http://www.fsg.org/Portals/0/Uploads/Documents/PDF/Blended_Learning_. 凑巧的是，高峰公立学校系统以前的学生在大学中成功的比例（55%），比全美国平均高很多。但是，戴安娜和学校的老师深刻感受到，他们的使命是教育所有学生在生活中获得成功。如果任何学生因为没有做好相应准备而在大学中失败，他们就认为自己没有达成使命。

15. 有可观证据表明，如同认知科学家丹尼尔·威林厄姆（Daniel Willingham）曾写道的，"钻研难度适合的问题是有成就感的，但研究太容易或者太难的问题并不愉快"。帮助学生体验成功的关键需要从博彩业借用一个概念，让学生学习的难度保持在既能最大化成功概率，同时也足够有挑战性或有趣味，使他们能够真正体会进步的胜利，从而继续学习下去。Daniel Willingham, *Why Don't Students Like School: A Cognitive Scientist Answers Questions about How the Mind Works and What It Meansfor Your Classroom*, (San Francisco: Jossey-Bass, 2009), Ch. 1.

这个想法和苏联心理学家利维·维果斯基（Lev Vygotsky）提出的最近发展区（Zone of Proximal Development）的概念有关。对该概念的概括请见维基百科词条"最近发展区"，http://en.wikipedia.org/wiki/Zone_of_proximal_development#cite_note-4(accessed April 7, 2010). 关于术语经常被引用的定义是，"由个人解决问题的能力决定的实际发展水平及在成人指导下，或与更有能力的同龄人合作时解决能力的潜在发展水平之间的差距"。引自他自己的著作中（见 L. S. Vygotsky, *Mind in Society: Development of Higher Psychological Processes* [Cambridge: Harvard, 1978], p. 86).

另外，博彩业教会我们，当成功伸手可及但又близ近在眼前时，人们的动力是最大的。电玩业一名高层威廉姆·戈登说，"商业有一个原则是，你距离目标只有10%时，你才有动力"。Kevin Werbach, "Gamification" course, Coursera, https://class.coursera.org/gamification-003/lecture (accessed April13, 2014), timecode: 07:37.

16. 数据和反馈并不一定有益于学习。当学生收到反馈，但却不能据此做什么时，对学生学习是有负面影响的。相反，如果学生可以利用数据，就会对学习产生正面影响。根据 *Delivering on the Promise: The Education Revolution* (Kindle Locations), pp. 1624-1630:

> 和学生反馈相关，研究发现，也许可以总结成反馈自身并不一定是有用的。实际上，一贯直接只是将问题对错告诉学生的做法对学习是有负面影响的（这种做法大多数读者都有相当的直接体验）。（请见 Bangert-Drowns, Kulik, Kulik, & Morgan [1991], cited in Marzano, 2006）。相反地，确保学生清楚评判标准，给他们正确答案，解释为何他们的答案是对是错，让学生持续回答某问题直到正确回答等，这些做法经研究证明能够显著提高学生成绩 (Marzano,2006)。

17. 更多的研究人员担心网络阅读时，泛读会影响人们阅读长篇幅文章和深度阅读的能力。请见 Michael S. Rosenwald, "Serious Reading Takes a Hit from Online Scanning and Skimming, Researchers Say," *Washington Post*, April 6, 2014 (http://www.washingtonpost.com/local/serious-reading-takes-a-hit-from-online-scanning-and-skimming-researchers-say/2014/04/06/088028d2-b5d2-11e3-b899-20667de76985_story.html). 我们推荐对此文章的深入回应：Dan Willingham,

"Don't Blame the Internet: We Can Still Think and Read Critically, We Just Don't Want To," RealClearEducation, April 16, 2014(http://www.realcleareducation.com/articles/2014/04/16/dont_blame_the_web_we_can_still_think_and_read_critically_we_just_dont_want_to_942.html).

18. John Ratey 的主题演讲,"Learning & the Brain Conference," Boston, MA, November 16, 2013.

19. John Ratey, *Spark: The Revolutionary New Science of Exercise and the Brain* (New York: Little, Brown and Company, 2008).

20. Paul Tough, *How Children Succeed* (New York: Houghton Mifflin Harcourt, 2012), pp. 9-19.

21. 有远见的领导者也许考虑在高中就在家长成为家长之前教会他们教育孩子。在不久前,大多数高中都设有家政学、机动车修理、木工及金属加工等课程,帮助年轻人知道掌握一些成人世界的技能。深陷多代教育失败及贫苦中循环的家长们,肯定能通过从自己孩子这一代打破循环中收益。Clayton M. Christensen, Michael B. Horn, & Curtis W. Johnson,*Disrupting Class: How Disruptive Innovation Will Change the Way the World Learns* (New York: McGraw-Hill, 2011), p. 155. 另外,Russell Simmons 和 David Lynch 基金会帮助学校每天进行一小段时间的超觉冥想,帮助学生应对极端压力,提高学习能力。请见 Russell Simmons, *Success Through Stillness: Meditation Made Simple*(New York: Gotham, 2014) and the David Lynch Foundation, http://www.davidlynchfoundation.org/.

22. 我们的朋友亚历克斯·赫尔南德斯是特许学校成长基金的合伙人,他在构思学校设计的时候提出一个重要的观点,这一点和框架不谋而合。我们建议学校设计者在给学校咨询的时候不要从学校日程开始下手。原因是,混合式学习是一块大的开放的画布,你从日程下手基本上就等于(在画布上)放弃了1000条限制。你在放弃一些你还没有准备好放弃,或者根本没想要放弃的东西。所以我们给大家建议的时候会说:"从学习环境开始下手。我不在乎你是有 30 个孩子还是自己就是个孩子。我们先不要太关注空间的问题。你需要考虑的是希望学生有怎样的学术和社交体验。不要想做太多事情,你需要先想清楚,如果在某段时间内要设计三四个不同的体验,那么你就要开始给这些体验设边界。你怎么为学生创造这些体验呢?"这是学校设计的开始。

一旦你理顺这个,可以画图、可以视觉化,你才可以说,"好吧,现在孩子们怎么在这个环境里面循环",有时候你只要告诉自己,"好吧,我们要让孩子们经历这些",就突然间发现设计是不成立的,所以需要开始修改。你必须确保每个孩子都得到你希望他们得到的体验,而不是你只有时间一对一管 10 个孩子,其他 90 个孩子就被你的学校体系忽略了。这是循环的开始。关键是不要太早放弃你的限制。因为知道你不能做什么并不那么有用，真正有用的是搞清楚你可以干什么。请见 Brian Greenberg, Rob Schwartz, and Michael Horn, "Blended Learning: Personalizing Education for Students," Coursera, Week2, Video 2: Key Elements of the Student Experience, https://class.coursera.org/blended learning-001

23. "Summit Public Schools," Clayton Christensen Institute's Blended Learning Universe, http://www.christenseninstitute.org/summit-public-schools/ (accessed December 29, 2013).

24. 休利特基金会把深入学习定义为学生可以在真实生活中应用学习的知识和技能。学生掌握核心学术内容——阅读、写作、数学和科学，同时学习如何批判地思考、合作、有效交流、控制自己的学习以及相信自己（或者获得一种"学术思维"）。请见 http://www.hewlett.org/programs/education-program/deeper-learning(accessed on January 27, 2014).

25. Alex Hernandez, "Which Way for K12 Blended Learning? (Part 1:Boarding the Mayflower)," Blend My Learning, February 12, 2013,http://www.blend mylearning.com/2013/02/12/which-way-for-k12-blended-learning-part-1/ (accessed December 29, 2013).

26. 有些人担心如何保证项目学习的质量。2013 年下一代学习挑战赛（Next Generation Learning Challenge）的奖金获得者 VLACS Aspire 志在解决这个问题。通过一个名为"体验混合式学习"的软件，VLACS Aspire 给学生提供用延长学习机会（ELOs）换取学分的机会。这些机会包括校外项目，比如基于学生兴趣的实习等。通过 ELO 完成的网络课程及现实工作，在线教师对学生表现进行打分。随着时间的推移，会出现一个强大的生态体系支持 VLACS Aspire 和其他学校的表现评估，使得与项目及体验是学习的质量控制更加容易也更加可靠。请见 Julia Freeland, "Blending toward Competency: Early Patterns of Blended Learning and Competency-Based Education in New Hampshire," Clayton Christensen Institute, May 2014, http://www.christenseninstitute.org/wp-content/uploads/2014/05/Blending-toward-competency.pdf

27. KIPP Comienza 社区预备学校和吉尔罗伊预备学校的课程表可以在网络课程中找到：Silicon Schools Fund and Clayton Christensen Institute, "Blended Learning: Creating the Ideal Student Experience in a Blended Learning Classroom," 由可汗学院主持, https://www.khanacademy.org/partner-content/ssf-cci/ccss-ideal-student-experience/sscc-learning-environments/a/example-blended-learning-school-schedules(accessed May 31, 2014).

第6章

# 提升教师教学水平

　　本书反复提及，混合式学习绝不仅仅是把科技置于传统课堂之上这样简单，而是需要对教学模式进行深度设计。理想状态下，设计工作应该首先要聚焦于学生，随后再考虑将教师、设施、课程、文化氛围等其他部分加以整合，从而实现合适的体验。

　　使教师成功地融入教学模式设计中决非小事。直觉和许多证据都在表明，优秀教师对于学生的成就有着持久的影响。[1]学生无法接受与教师融合的失败试验。此外，仅在美国就有300万人投身于教学事业，而在未来，社会仍然需要招聘和留用能干的天才教师。因此，教师获得这个权利非常重要。

　　克里斯坦森研究所网站上有一则被广泛阅读的博客文章《计算机是否会代替老师》。[2]这篇文章的主题触到了痛处。明眼人都能看到，在线软件开始充当起了教学的作用，大家难免会问：这样的在线教育到底会走到多远？在第2章中，我们预测到，一旦在线学习变得足够好，广大学校就会利用在线教育为每位学生提供高质量、个性化的教学。这将会把学校解放出来，从而能够做更多其他的关键性工作。不过，另一个危机也会同时出现，那就是学校把教学内容和传授过程都倚仗于在线教育平台，线下的教师就会感觉被替代了，要被清退了，使得教师既不愿意为学生多花时间，也不愿意变换角色把精力花在高层次的思考技能和思维方式的发展上。这是一场危机，因为教师是混合式学习成功关键的一环。在一些好的混合式学习项目中，我们已经观察到，尽管教师的角色有了深刻的转变，例如，教师也许不再主导备课和整个课堂的进行，可他们仍然忙碌着，以各式各样的形式积极地与学生展开更多的协同学习。同样我们也在一些较差的混合式学习项目中观察到，有的教师感觉自己被机器替代了，时常坐在教室的最后面，漫不经心，对学生也没什么笑脸——有了这样不积极热心的老师，学生学到的东西也就要少得多。

能否担起设计教学模式的重任对教师而言是意义深远的，它可能是决定混合式学习能否崛起的最重要的决定性因素了。在本章中，我们首先从学生的角度来看，如何更好地整合教师资源；随后，我们再从教师的角度出发，仔细思考混合式学习中教师的机遇何在。如何确保这种教学模式的全新设计能够帮助教师完成他们的工作呢？

## • 从学生的角度来设计教师的角色

因为学生的自身情况和学习需求都不尽相同，所以对于"理想教师"并不能有一个唯一的定义。不过，对于如何将教师融合到学生的学习生活中，两个对当下学习者的观察研究还是为我们找到了一些线索。

### 跨越因循守旧的教学方法

第一个观察研究我们曾经讨论过，主要说的是"工厂模式"的教学方法无法为学生提供足够的就业准备，对当下世界已经不再适用。当常态化的大班教学变得不再适宜，手持粉笔、头顶投影仪或是站在电子白板前的传统教师形象也即将成为过去式。未来需要今天的年轻人为学校提出新的需求，而"做一天和尚撞一天钟"式回报学生的工厂式教学不再会得到预想的成果。[3]

甚至美国军方也在考虑改变，作为一个长期被描述成严苛的、专制的组织，美国军方正在重新检讨他们传统自上而下的教学方法。[4]参谋长联席会议主席（美国最高军事官）马丁·邓普西（Martin Dempsey）将军表示，过去美国军方常常征募那些"身材匀称、有教养和纪律严明"的人，不过在今天，他们更愿意要那些"懂得交流、喜欢钻研、善于协作"的人。[5]

我们把士兵的基本素养设定为能够实时分析情报数据，有创业家的果敢思维，心怀使命——军方发现，让军事教员同时承担操练军官则很难达成上面的目标。邓普西将军说军官正在由"台上的圣人"向"身旁的向导"进行过渡，[6]前者相当于"你坐在那里，新兵营的军事训练教官朝你吼什么，你就记什么"，而后者则意味着一名军官需要"更像一名协调家和演说家，而不是一个强硬专断的指挥官"。[7]

军事训练方法的转变为学校指出了一条明路。要想培养出有创新力、喜欢钻研、能拿到高薪的职场能手，自上而下、以教师为中心、"吃大锅饭"的教学模式绝不是一个让人信服的选择。[8]尽管过去几十年来，美国许多教师都在试图降低讲座式授课的比例，但工厂式的课堂设计制约了其向全面以学生为中心授课模式的转变，而这样的转变将使学生同时获得知识和技能，使他们能拥有批判性思维和创造力。如果学校考虑要把教师整合到它们的混合式学习设计中来，那么这将是学校发生转变的一次重大机遇，教师将不再单纯是之前那个花时间上课培养工厂工人的教书匠了。

　　高峰公立学校系统中的一个故事向我们描述了抓住这一机遇的重要性。学校曾就弹性混合式学习模式进行试点，在试点伊始，一些教师坚持认为，学生应该通过教师的讲座授课来获取新的知识，其他的人员也并不肯定。因此，高峰公立学校系统决定进行一个实验，仍然让教师们通过讲座来教授新的知识，不过在这一过程中需要遵循"弹性模式"，即学生有权力决定自己是否来听课。在实验的开始，学生都会来听课，毕竟这是他们最熟悉的学习方式了。但是随着时间的推进，听课的学生越来越少。与此同时，数据反馈也显示，来听课的学生也并未因为他们前来听课就取得了更高的成绩。为了挽救颓势，老师们愈发努力地改进他们的课程内容，可是一周一周过去了，听课学生的成绩并未如愿出众，相反地，来听课的学生数在持续下跌。

　　有那么一天，结果似乎突然凭空逆转了，前来听课的学生取得了非常优异的成绩，那些起初笃定听课重要性的老师们欢欣鼓舞起来。然而，随着高峰公立学校系统团队仔细核实实验数据，他们发现了一些质的变化。因为在这个时候，前来听课的学生已经非常少了，与其说是"听课"，不如说是"小组研讨"。老师也不再是在作报告，而是为学生答疑，促进学生讨论，老师和学生都很喜欢这样的配合方式，发现这样的教学很有成效。在学校重塑学习环境的过程中，摆脱各种对教学固有的条条框框对于发挥混合式学习的巨大潜力有着重要的意义。

## 从教师到导师

　　第二个观察研究关注的是让教师帮助学生更好地应对职业挑战。由于当下社会发生了许多根本性的变化，越来越多的学生需要他们的老师不仅仅是一个教书匠，而是成为他们的导师：既教会他们如何建立积极的人际关系、快乐地与人相处，也要帮助他们在职场上获得成功。随着在线教育的发展，课程知识的传授和指导可以更多地交由在线教育平台来完成，这些教师就可以空出更多的时间来充当好导师这一角色。

"导师"（mentor）这个词来源于希腊神话，是阿尔喀诺俄斯（Alcinous）儿子曼托（Mentor）的名字。在奥德修斯（Odysseus）前赴特洛伊战争的时候，门托耳接管了他的儿子忒勒马科斯（Telemachus）。随后，雅典娜（Athena）来看忒勒马科斯，她假扮成门托耳的样子，鼓励忒勒马科斯为正义而战。换句话说，门托耳本来所代指的人物肩负监护重任，而门托耳所代指的另一个人物——雅典娜，她假借着门托耳的身份为身处窘境的人提供鼓励和建设性的帮助。如果把这些和教师的角色关联起来看，我们会发现"导师"这个词有着这两方面的双重含义。

前《纽约客》作家保罗·图赫（Paul Tough）写出一些非常棒的调查新闻，专门来讲一个好的导师是如何改变那些"不良少年"的生命。他曾经发表过一则故事，故事的主人公叫吉萨·琼斯（Keitha Jones）。吉萨17岁，生活在芝加哥南区的罗斯兰，那里曾经一度繁华，现在则是整个城市最为贫困的社区。吉萨的母亲身上有可卡因的毒瘾，她的父亲住在离她几个街区的位置，是社区中至少19个孩子的父亲。警察为了找到枪支和毒品，会经常来到她本就拥挤杂乱的家中翻查桌子和架子；从吉萨很小的时候起，一个常常到她家中的亲戚就反复对她进行性骚扰。[9]

高中是吉萨排解怒气的地方。她的同学一度把她视做学校中最狂暴的分子之一，最后校长联系到青年扶持计划（YAP）在当地的分支机构，为吉萨指派了一名导师。YAP是一家非营利组织，它倡导用密集辅导和全方位扶持来帮助处于困境的青年人，并让他们尽可能与家人相处，而非寄养在别处。YAP将吉萨指派了一位名叫拉妮塔·里德（Lanita Reed）的兼职义工，里德31岁，也住在罗斯兰，在103街开了一家美容院。[10]

里德起初教吉萨如何为客户清洗和梳理头发，接着又教吉萨拾掇自己的外表，比如说剪指甲、整理发型等。随后，里德开始着手修复吉萨的内心。她俩谈论男孩子、缺位的父亲、毒品、愤怒还有祈祷，同时里德还积极奔走，确保性侵者被监禁，吉萨和她的姐妹们不被当局安置进寄养所。[11]

最后，在里德的帮助下，吉萨这样一个被人认为没有希望的孩子，在 17 岁的时候转变了自己对人生的态度。吉萨高中毕业后又考入杜鲁门学院，攻读美容学学位。在故事的最后，保罗·图赫总结道，事实再一次证明导师有力量"重新书写一个人的人格"，快速取得让人意想不到的改变。[12]

眼下，越来越多的学生需要这类全方位扶持和密集辅导。举一个例子，和上一代人相比，现在来自稳定双亲家庭的孩子已经少多了，这样一个令人不安的变化也喻示着配备导师的重要性。在 2012 年，美国有 64% 的孩子从出生到 17 岁持续生活在婚姻稳定的双亲身边，这个数字在 1980 年是 77%；对于西班牙裔儿童，这个比例只有 59%；对于非洲裔儿童这个数字更低，只有区区 33%。[13]

这些数字的下降无疑是对孩子们的伤害。宾夕法尼亚州立大学社会与人口学教授保罗 R. 阿马托（Paul R. Amato）指导了一个关于离婚对儿童影响的元研究（meta-study）。他发现，与稳定家庭中成长的孩子相比，离婚家庭的孩子在学习成就（学业成绩、考试分数）、行为举止（行为问题、敌对情绪）、心理幸福度（沮丧情绪、心理压力）、自尊心以及同伴关系（亲密好友数）等多个指标上落在后面。当然，生活在婚姻持久的家庭中的孩子也并非就意味着十全十美，如果他们生活在压抑的环境下，诸如贫穷、父母间的冲突、家庭暴力、不受重视、药物滥用等，也将使他们明显适应不良。相应地，一些单亲家长也会创造条件让孩子能够健康地成长。[14] 不过平均而言，阿马托发现，离异家庭的孩子的情况要比家庭稳定的孩子糟糕许多。

考虑到这样的社会变化，让学校肩负着救护孩子责任的呼声愈演愈烈。[15] YAP 芝加哥总监史蒂夫·盖茨（Steve Gates）架起了离异家庭与学校之间的桥梁，他说，"孩子在学校的表现与他的家庭状况有着直接的关联。不适当的家教，还有家庭关系的失衡，这些都会影响到孩子身上，他们会带着这样的情绪来到学校，来到街上，来到所有他们待过的地方"。[16]

学校不能代替一个稳定养育孩子的家庭，但它们可以在孩子需要的时候为他们提供一名导师，而很多学校已经这样做了。在一些案例中，这可谓是这些孩子成功的唯一希望了，而即使是那些来自健全家庭的孩子也非常有可能从导师的辅导中受益。

在蓝图学校（Big Picture Learning School），每 15 名学生组成的学习小组里就会有一名教师来担任"顾问"。顾问和小组学生紧密协作，并保持一种有别于师生关系的私人关系。每位学生都单独与顾问进行沟通，顾问会了解学生的兴趣点，并为他规划个性化的学习。学生也可以实习，这样他们可以和导师一起工作，在真实社会环境中学习。此外，学校也找到学生家长来一起帮助完善学生个性化的学习方案。成人们的影响汇聚在一起，就会形成强有力的指导和联系，成为每一名学生的坚实后盾。

---

📽️ 看视频 18：蓝图学校将教师配置成导师，并把实习实践作为学生培养的关键环节。

---

全美各地的学校都在以不同方式来让教师向导师转型。例如，有些学校多年来为学生分配同一位教师，这样每位学生生活中都建立了一个相对稳定和持久的联系。混合式学习正是要完成这一任务，软件能够为不同年龄和水平的学生分别提供量身定做的课程，这样学校就不必随着

学生学业进展的不同而重新分班，教师也能空出时间来长期只带相同的一组学生。

我们有理由相信，在不远的将来会有更多的学校加入进来，利用在线教育来进行知识传授和讲解，对教师的招聘、培训和评估进行调整，建立起一支新的教师队伍，他们把更多时间用于引导学生成长，而非对着全班照本宣科地教书。例如，高峰公立学校系统已经把"导师"作为他们教学设计的组成部分，让教师们渐渐忘却自己要上的课，而是把精力放在与每个学生深入的交流上，努力做学生学业的教练、升学的参谋、家庭的联络员和生活上的支持者。每位导师联系 10～15 名学生，每周至少和学生见一次面。高峰公立学校系统将导师职责作为教师绩效考核中 7 个指标中的一个，通过校长考评、同事互评和自我评估，教师的水平能够不断进步，高峰公立学校系统也会针对教师的不同需求提供个性化的职业发展培训。[17]

## • 从教师的角度来设计教师的角色

我们知道，从学生的角度来看，教师的角色是很重要的。但是想让教师们也认可，一所重新设计的学校就必须同样要使教师受益。在教师的职业生涯中，他们会有自己的理想和规划，如果学校能设计出一种模式能够让教师和学生都各自实现期许，不可思议的事情就会因此发生。染发行业的案例研究告诉我们，为什么一定要将教师纳入教学模式设计是至关重要的。

### 配色谜题

马克斯和他的妻子毕比，从来没想过要去做染发的生意。但是有一天，为了给家里几个门框选择油漆，他们在逛五金店时突然有了这个灵感。为了准确搭配颜色，马克斯给五金店的柜员一张已有油漆的涂片，好让对方选一个最佳的配色。只见柜员用一个色彩传感器来精确地制定出一个搭配方案，这让夫妻俩大生好奇，"如果美发店也使用类似的技术，不就能让顾客找到最合适的配色了吗"？[18]

再看市场，似乎对他们的想法也有着很大的需求。绝大多数美国人，无论男女都曾经染过发。马克斯和毕比认识许多人报怨过自己糟糕的甚至吓人的染发配色，因此小两口决定设计一个简单的手持设备，差不多如小型电吹风那么大。使用这个设备就可以近乎准确地分析发色，并推荐出一款最佳的颜色搭配。他们打算以每个 200 ～ 300 美元的成本来制造这样的设备，并把它取名为"配色宝"（ColorMatch）。

在那些寻找正确染发配色的人看来，这个技术实在是太炫酷了。"配色宝"允诺，绝不让顾客纠结于染发的配色过程，保证每一次都能得到正确的搭配。不过，问题还是来了——马克斯和毕比无法说服美发店来买"配色宝"。原因倒是不难明白：同样是染发这件事，美发师的看法与顾客截然不同。虽然顾客来到美发店，只是想在这里好好地染一个理想的发色，但美发师每天来到美发店，却有着别样的原因——他们更愿意把自己的职业视为一种艺术，他们想当的是美容业的艺术家。专业的染发技师乐意于为每一名顾客提供因人而异的颜色配方，并以此为傲。虽然他们也很在乎顾客是否对结果满意，但他们有着不一样的考量。在他们看来，他们正是在用美发产品和颜色配方作为画笔，来完成自己的艺术创造。在这种情况下，"配色宝"在商业上的折戟也就不足为奇了。"配色宝"非但没有帮助美发师更好地完成配色创作，反而走到了完全相反的方向。"配色宝"试图用纯粹的技术来取代精致的选色技艺，触碰了"艺术家"敏感的神经。

"配色宝"的教训告诉我们，如果一项需要多方配合使用的创新成果想要落地发展，走向成功，它就必须让各方各面的人都觉得舒服，否则就将一无是处。[19] 这也在一定程度上说明了，为什么学校是一个比较难创新的地方。这里的相关角色更多，有学生、教师、行政人员、校董会，还有家长和政府，想推行一个各方都满意的工作，就相当于要和 6 个人同时下棋还要都赢一样（而且 6 个人还是对相关方数量的保守估计！）。不过值得高兴的是，能满足教师职业发展需要的事情往往也能让学生们受益。为了能看清这样的机遇，我们不得不借用美国心理学家弗雷德里克·赫茨伯格（Frederick Herzberg）有关员工动机的理论。

## 激励保健理论

1968 年，弗雷德里克·赫茨伯格在《哈佛商业评论》杂志上发表了题为《再论如何激励员工》的论文，这篇论文一时间洛阳纸贵，销售超过了 120 万册单行本，是该刊有史以来最受欢迎的作品之一。文章揭示了工作满意度这一数值从满意到不满意是一个连续变量，调研结果表明员工可能会同时对工作又爱又恨。[20]

之所以会有这样的情况出现是因为有两个指标影响着人们对工作的满意度：第一个被称作"保健因素"，会影响到员工是否会对工作不满；第二个被称作"激励因素"，决定了员工到底会有多么热爱他们的工作。值得注意的是，在赫茨伯格的分类方法中，对工作不满意的反面并不是对工作满意，而是没有不满意；类似地，热爱工作的反面不是厌恶工作，而是不再热爱工作。

下面来说一说"激励因素"，按对工作满意度的影响，从高到低排列如下：

- 成就；
- 赏识；

- 挑战性工作；

- 工作责任；

- 晋升；

- 能力提升。

下面列出来的是"保健因素"，按对工作不满意度的影响，从高到低排列如下：

- 公司政策和管理措施；

- 监督机制；

- 与领导的关系；

- 工作条件；

- 薪水；

- 人际关系；

- 个人生活；

- 与下属的关系；

- 社会地位；

- 人身安全。

这些告诉我们什么呢？让员工更有成就感、获得认可、历练责任感、具有晋升路径，要比工资水平、角落的办公室、放假更能够激发员工的斗志。相反，刚刚提到的那些"保健因素"如果没有处理好，大家会对工作大加不满。换到教育行业，学校应该努力提升教师的"激励因素"，类似收入上的刺激并不会起到多大作用。[21]不过，也要防止教师对工作的不满而离职，学校也应该确保"保健因素"是过得去的。

## 在混合式教育中融入对教师的激励

传统的教学工作对教师缺乏必要的激励。教师在工作中常常与外界的成年人隔离，这就意味着他们几乎没有机会得到外界的认可。和护理行业类似，教师也没有一条事业发展的序列。增加工作责任和事业晋升的机会都少得可怜。除却担任部门负责人之外，对于许多教师而言，唯一看似"晋升"的途径就是不再教学，而去人事行政管理工位。[22] 同时，除了偶尔的研讨会或是规定的培训计划外，教师在工作几年以后也不再有机会能够进修发展。[23]

但是混合式学习创造出一个新的机会，能够瓦解当下的格局，如果合理设计混合式教学，教师将会比在传统课堂上更容易获得激励。如果深入探讨，有下面五种方法来重塑教师的职责，最大程度激发他们的工作热忱。[24]

### 1. 扩大优秀教师的影响力 [25]

数字技术让优秀教师有机会接触到更多的学生。萨尔曼·可汗（Sal Khan）是一个最为著名的例子，他的课程每个月就有接近1000万人在学习。与此类似，在韩国，许多在Megastudy网站的教师每年辅导上千名学生，每个网站收益达几百万美元。有个教师每年在线辅导15万名学生，一年的收入达400万美元。[26] 尽管赫茨伯格的理论会把财务收益当作一个"保健因素"，但是在这个案例中，金钱收益就是对教师工作成就和认可的衡量标准。这充分说明随着教室界限的扩大，优秀教师可能教到更多的学生，这将为他们带来更大的成就感和认可度。当然还包括那些不那么张扬的方式，比如学校在社区内建立混合式的教学环境，教师可以发布翻转课堂的讲座，或者在一个比传统课堂大得多的弹性工作室中担任督导（lead guide），再或者针对职业发展发起一个网络研讨会，这些都将使教师体会到工作的成就、认可、责任和收获。

### 2. 促进教师个体的专业化分工

各种正式的或是非正式的学习方法不断涌现，它们都促进了教师角色的分化。在工厂模式中，发生在教室里的一切都由老师一人把控，而在混合式教育中，学生会从不同渠道、利用多种方式展开学习。这就促使教师的分工走向专业化，在那些存在教师团队的学校里（稍后会详细论述）尤其如此。教师可以选择以下的工作：

- 专注于内容设计和课程建设的专家；
- 在工位或机房轮转中，担任小班班主任；
- 设计动手实践的工程实验的教师，为在线教学加以补充；
- 为学生带来生活智慧、社会资源和人生导引的导师；
- 评判作业或设计评估模式的教师；
- 数据专家。

当然这个列表还将持续扩充。根据赫茨伯格的理论，专业分工会进一步促进工作责任、能力提升和晋升等方面的激励。实行了混合式教学以后，即使是那些继续一个人负责学生学习进展的教师也在另一个层面开始了专业分工，因为他们可能已经不再负责课程的安排和对全班的授课了，而是更多地专注于小组内的与学生一对一交流、指导、促进讨论和项目等。

### 3. 让教师组队教学

从诸如高峰公立学校系统"教会一个人"等混合式教学项目中，我们可以看到教室之间的墙已经被推倒了，重新建立起了学习中心，由许多教师一起分工协作。尽管有许多人会说，那些愿意当老师的人明显都喜欢独自工作，合上教室的门，到讲台表演，享受所有学生的目光。对此，我们并不这样认为。[27]赫茨伯格的研究提示我们，很多老师会从教别的老师和学生那里找到认同感和成就感。现有的教学环境总是把教师之间相互隔离，使他们不能经常体会到这种成就感。不仅如此，组队工作还会创造出更多晋升的机会，比如先前讨论过的课堂团队组长等。

### 4. 为教师掌握技能颁发微证书

为学生提供多种学习路径的能力本位系统（competency-based system），其背后的逻辑也同样适用于教师。[28]在线学习平台上，教师可以通过勋章或是微证书来展示他们的所学所能。赫茨伯格发现，当工作人被指派了新的更难的工作时，他们会体验到成长和学习的驱动。信息技术的发展让管理更大规模的系统成为可能。尽管这一想法还在发展中，而很多组织已经开始着手建造类似的系统，例如，高峰公立学校系统就正在把本来为学生开发的激励系统也用在教师的职业发展中。

### 5. 向混合式教学团队放权

本书所描述的混合式教学，在设计和实施过程中为教师留有了广大的创新空间。赫茨伯格发现，如果工作单位能够减少管控，明确责任，那么人们在工作责任心和成就感方面就会高涨起来。"数码时代"（The Digital Age）正在示意学校加强机制创新，这让学校领导也有更强的动力来为教师提供更多的发展机遇。

## • 为师生共谋福祉

美国最大的工会——全国教育协会，在其2013年7月的会议中通过了一项支持数字教育的政策声明。[29]我们认为他们做出了明智的决定：在此基础上，在线学习和混合式学习能够更快地走到学生身边，让他们能够和身边的朋友们每天快乐地学习进步，与此同时，教师也受益良多。

站在教师的立场上，混合式教学的兴起意味着与职业成就感、认同度、工作职权、提升发展等相关的激励真正出现在他们面前。

何不现在就让教师们像在第 4 章里描述的那样，加入到一个混合式教学的团队呢？尽管想同时满足教师和学生的需求有一些复杂，但混合式教学为走向这一目标提供了更多创新的空间。

### ••• 小结 •••

- 教师的水平显著影响学生的成绩。如果不充分调动教师的积极性，导致的教学实验失败是学生所不能承受的。混合式学习能否发展壮大，正确发挥教师的作用至关重要。

- 如果教师从原来自上而下、"吃大锅饭"式的授课角色转为学生信任的导师，那么今天的学生将受益匪浅。

- 根据"激励保健理论"，如果教师对学校政策、上级领导或是薪资待遇感到不满，这些"保健因素"的不足将影响到教师对工作的不满情绪。同时，如果教师们能够获得诸如成就感、认可度、工作价值等方面的激励，他们也会感受到工作的满意度。

- 如果混合式教学项目设计完善，它能所激发出的工作热情是传统教学模式所不能比拟的。

### • 注释

1. 哈佛大学针对"高附加值"教师（通过学生一年成绩的增长来排序评判）对学生的终身影响进行研究，研究表明，"高附加值"教师（前 5%）所教授的学生更有可能念大学并拥有更高的薪水，同时早婚生子的概率也更低。平均来看，被这样"高附加值"的教师每教一年，学生所累积的终身收入就会增长

8万美元。研究使用了超过100万名儿童的学区和纳税记录。研究发现，"平均而言，教师的评分每提升一个标准误差，学生在28岁的收入就增加1.3个百分点；如果将后5%教师替换成了平均水准的教师，这一班级学生的终身收入将增加大约25万美元"。Raj Chetty, John N. Friedman, and Jonah E. Rockoff, " The Long-Term Impacts of Teachers: Teacher Value-Added and Student Outcomes in Adulthood," National Bureau of Economic Research, September 2013, http://obs. rc.fas.harvard.edu/chetty/w19424.pdf.

此外，《大都会人寿美国教师调查》也一直以来指出教师的影响之大。可以参见："The MetLife Survey of the American Teacher: Teachers, Parents and the Economy," MetLife, Inc., March 2012.

2. 本文作者托马斯·阿内特（Thomas Arnett），克里斯坦森研究所研究员，从事教学实践相关研究工作。

3. Paul Tough, *How Children Succeed: Grit, Curiosity, and the Hidden Power of Character* (New York: Houghton Mifflin Harcourt Publishing Company, 2012), p.161.

4. 希瑟·斯泰克（本书作者之一）在此向她的母亲凯西·克莱特致谢，是母亲向她推介了这本洞悉军事的书籍 *Teaching to Build Faith and Faithfulness: Ten Principles for Teachers and Parents*(Salt Lake City, Utah: Deseret Book, 2012), p.112.

5. Thomas Friedman and Michael Mandelbaum, *That Used to Be Us: How America Fell Behind in the World It Invented and How We Can Come Back* (New York: Farrrar, Straus, and Giroux, 2001), p.91.

6. Gregory Ferenstein, " Thomas Friedman to United States: Innovate or Else, " *Fast Company*, September 6, 2011, http://www.fastcompany.com/1778214/thomas-friedman-unitedstates-innovate-or-else (accessed March 7, 2014).

7. Friedman and Mandelbaum, *That Used to Be Us*, p. 92.

8. "需要决策头脑和沟通能力的工作正在与日俱增，这些工作的价值也反映在了公司为它开出的薪水上。相比于从事日常事务处理的工位，这些工作的薪水要高55%～75%。" Johnson, Manyika, and Yee, p. 26 (introcudtion, n. 17).

9. Paul Tough, *How Children Succeed*, pp.2, 43-45.

10. 同上，pp. 22, 45.

11. 同上，pp. 45-46.

12. 同上，pp. 47, 153.

13. " America's Children: Key National Indicators of Well-Being, 2013, " ChildStats. gov,http://www.childstats.gov/americaschildren/famsoc1.asp (accessedMarch 8, 2014).

14. Paul R. Amato, " The Impact of Family Formation Change on the Cognitive, Social,

and Emotional Well-Being of the NextGeneration," *Future of Children*, Vol. 15, No. 2, Fall 2005, p. 77, http://futureofchildren.org/futureofchildren/publications/docs/15_02_05.pdf.

15. 根据《大都会人寿美国教师调研报告》显示，"多数（64%）教师反映在去年需要健康和社会救助的学生和家庭数在增加，而35%的老师反映饿着肚子上学的学生也在增加。与此同时，有教师（共28%，占高中教师的34%）发现健康或社会救助力度正在减弱或消失，也有教师（共29%，占高中教师的32%）发现课后辅导活动的力度正在减弱或消失"。"The MetLife Survey of the American Teacher," March 2012, p. 8.

16. Paul Tough, *How Children Succeed*, pp. 42-43.

17. 另外几个指标分别是考评、内容、课程建设、授课、学习认识能力（特殊教育、英语教学等）和领导力。峰会将教师分为四个等级：基础、熟练、精通和专业级，每一等级大概都需要两年才能掌握。Tom Vander Ark," How Frames, Plans,Platforms & PD Support Great Teaching," Getting Smart, August 24,2013, http://gettingsmart.com/2013/08/how-frames-plansplatforms-pd-support-great-teaching/(accessed March 8, 2014).

18. 这个案例最早来自：Clayton M. Christensenand Matthew Beecher," The ColorMatch Hair Color System," Harvard Business School, N9-607-030, January 29, 2007.

19. 《颠覆课堂》一书作者详细阐述了这一观点：

> 许多公司都提供了号称能够改进学生学习的产品或服务，当然条件是只要教师适当地使用它们！很多教育科技公司都为此奋斗不已——没有几家公司能够撑到底。无线一代（Wireless Generation）公司有过一个移动教学评价的产品解决方案，他们要比很多教育技术公司幸运，产品最终获得了成功。差别在哪里呢？和数码照片的故事一样，大多数教育技术工作并不是提供一个帮助教师更高效完成既有工作的产品，相反他们总是想多做点别的什么，完全无视教师已经非常忙碌了。
>
> 相反，无线一代公司的手持设备帮助他们的目标客户更加方便地做那些他们本来就要做的工作，从而简化教师的生活，而非变得更加复杂。（第180页）

20. 后续部分主要摘自文献：Frederick Herzberg," One More Time: How Do You MotivateEmployees? *Harvard Business Review*, 1968,http://www.facilitif.eu/user_files/file/herzburg_article.pdf.

21. 想进一步了解关于收入刺激无法激励大多数教师的论证，可以参见《颠覆课堂》中衍生自"协同工具理论"（Tools of Cooperation theory）的分析，其中考虑到了当下对学校教育目标的不同观点，以及各项举措对学生的影响。Clayton M. Christensen, Michael B. Horn, andCurtis W. Johnson, *Disrupting Class: How Disruptive InnovationWill Change the Way the World Learns, Expanded Edition* (New York: McGraw-Hill, 2010), p. 234.

22. "The MetLife Survey of the American Teacher: Challenges forSchool Leadership," MetLife, Inc., February 2013.

> 传统意义上，教育行业内的事业发展一般意味着优秀教师将离开讲台，在学校或是本地区从事教学研究的工作，再或者就是成为学校领导。一些教师钟情于讲台，但同时也想追求讲台之外的提升和贡献。一些有创造力的教师正在试图做一个有"多重教学身份"的人，一部分时间到课堂教学，另一部分时间从事管理或其他教学服务工作。富有创新精神的教师正在创造一个新词"创业型教师"（teacherpreneurs），这是他们心目中对自己未来职业的期许。这些新的发展路径将有利于增进教师对工作的满意度，减少优秀教师的流失。

23. 根据《大都会人寿美国教师调查》显示，当前教师的满意度已经跌到了过去25年来的最低点。在预算削减、职业发展机会少、协作时间匮乏的学校，更容易让教师滋生不满情绪。"The MetLife Survey of the American Teacher," February 2013, p. 6.

> 调研显示，前一年里，对工作不满意的教师中，很多人报怨他们的工作没有安全感，公众对他们的职业并不认同，班级平均人数在增长，家境困难、身体有疾、吃不饱饭或是常被欺凌的学生越来越多。"The MetLife Survey of the American Teacher," February 2013, p. 7.

> 遗憾的是，大都会人寿的调查结果更多的是把满意度和不满意度当作同一个变量来处理，而不是像赫茨伯格那样，将满意度和不满意度作为两个独立的变量区别对待。

24. 若想进一步深入讨论混合式学习对教育行业带来的益处，我们推荐John Bailey、Bryan Hassel、Emily Ayscue Hassel、Carri Schneider和TomVander Ark合著的 *Improving Conditions & Careers: How BlendedLearning Can Improve the Teaching Profession*（Digital Learning Now! Smart Series, May 2013）。

> 此外，这篇论文不仅论述了混合式学习能够为教师职业发展带来提升，还

能提升教师的收入。他们举了飞船教育项目的例子，这一机构为教师开出的薪水要比当地水准高出 10% ～ 30%。这些"保健因素"能否落实到位，有赖于学校怎样来规划其混合式的教学环境，当然也包括与其相关的政策、监管机制和准则的出台。

25. 参见"公众影响力"（Public Impact）发布的"Opportunity Culture"网站，其致力于扩大优秀教师及其团队的影响力。"Opportunity Culture," Public Impact, http://opportunity culture.org/ (accessed June 1, 2014).

26. Amanda Ripley, "The $4 Million Teacher," Wall Street Journal, August 3, 2013, http://online.wsj.com/news/articles/SB10001424127887324635904.

27. 在《颠覆课堂》一书中，我们也曾提醒大家在从"单间私塾"到"基于课堂的工厂模式学校"的转变中，"教师的职责，本来应该主要进行一对一的引导，现在已经沦落到一些教师最重要的能力是维护秩序和吸引注意力了"。（第 111 页）

28. 对于这个重要议题，如果想了解更多，我们推荐 Karen Cator、CarriSchneider 与 Tom Vander Ark 合著的 Preparing Teachers For Deeper Learning: Competency-Based Teacher Preparation and Development（Digital Promise and Getting Smart, April 2014）。

29. 参见"NEA Policy Statement on Digital Learning," http://www.nea.org/home/55434.htm (accessed March 8, 2014).

第7章

# 虚拟和实体装备的设计

也许许多读者会奇怪为什么在一本关于混合式学习的书里，我们直到第 7 章才开始介绍混合式学习相关的技术和设备，但是实际上，我们将这个话题设置于此是有特殊目的的——无论是涉及混合式学习的问题、目标、团队，还是教师和学生的经验，都远远比这个话题更具有较早被讨论的意义，因为已经有太多的学校将"技术"放置在了第一位。在此基础上，我们现在来看看技术的相关问题。

1981 年，Osborne Executive 问世并成为世界上第一台成功的具有商业性质的便携式计算机。它相当于一台缝纫机的大小，并且以世界上第一台可以存放在飞机座位下面的便携式计算机为噱头刊登了广告，这是极具革命性的。然而时光快进到今天，再看 Osborne Executive 和苹果的 iPhone 之间的差距是十分有趣的——前者在重量上相当于后者的 100 倍，在体积上接近 500 倍；如果换算为今天的美元，前者较后者价格高出 10 倍，并且从某种意义上，其运行速度只相当于后者的 1%，这还是在没有计算它少得可怜的功能的基础上。[1]

过去的数十年，技术更新的速度翻天覆地。这也就给我们如何整合资源（包括软件、器件、无线网络、设备）来支持学生的学习体验带来了挑战。事实证明，试图去给学生使用最先进的设备是徒劳无功的，因为机器会很快被淘汰，甚至是在被安装使用以前就已经被淘汰了。

即便如此，这些讨论仍然很重要，因为成功的混合式学习取决于我们把科技整合进教学时的抉择。之所以给出这个悖论，是因为本章的目的就是聚焦并且介绍一系列的概念，去解释科技为什么改变和如何改变，然后再扩展，让每个人能按照自己的经验和所处的环境得出自己的结论。这些在工程上相互依存和模块化的概念是本章的核心，因为它们能够解释关于技术和基础设施的一系列问题，这些问题包括：

- 我们应该根据学科从供应商处购买在线内容的软件，还是应该给学生不同的供应商以供选择，或者我们的教师应该自己制作在线内容？我们如何在这些方法上进行权衡取舍？
- 在选择硬件时，关键性的因素是什么？
- 在建筑设计上，我们是否有机会建立一个全新的校园，还是应该坚持传统的校园建筑，或者是在传统的校园里新建一些不同的建筑？
- 总之，学校的科技和基础设施向哪里发展？它们对今天的含义是什么？

让我们回到理论的视角，用你在所处的环境做出最好选择时的经验，带着使问题更加聚焦的希望，从头开始讨论这些问题。

## • 产品结构和接口

从工程上讲，一个产品的结构是指它所有的组成部分和子系统，以及它们是如何组合到一起的。[2] 例如，台灯的结构包括电线、灯身、电灯泡的插口和顶部的灯罩等组成部分。一个产品的两个部分组合到一起的点成为一个接口，对台灯来说，灯泡插入插口的点就是一个接口。

## 一体化的结构

在某种产品刚被发明的时候，不同组成部分之间的接口是凌乱的，从这个角度来讲，它们是一体化的。A 部分的设计和建造影响 B 和 C 部分设计和建造的方式，反之亦然。同时，这种影响也是不可预测的。A、B 和 C 各个部分如何相互影响并不总是以同一种确定的方式。制造产品的公司通常需要控制设计和产品的每一个方面，否则就有遇到产品制造和产品性能的风险。新的高科技军用飞机，例如洛克希德－马丁公司的 F-22 喷气式战斗机就是一个这种类型的产品。F-22 要求全世界最好的工程师在一起协同合作，去克服一系列在制造新的高性能机器过程中必然出现的未知问题，结果他们制造的产品是世界上最好的喷气式战斗机。但与此同时，F-22 的维修也是一个非常大的问题。如果一架 F-22 坏了，你不要指望任何一个当地的飞机制造商能够很快地生产出并装配一个新的零件。而且，F-22 的使用说明书根本就不存在，因为洛克希德－马丁公司并不希望其他人能够很轻松地组装零件。

为了确保所有的零件都能完美地组装到一起，洛克希德－马丁公司必须控制系统所需的每一个关键零件的设计和生产，这样的集成才能够保证公司产品功能和可靠性的最优化——他们控制生产环节的每一步，最大化地提升新产品的性能。然而，这样做的缺点就是定制一个一体化的结构的价格将会十分昂贵，而且没有一个有清晰标准和明确指标的说明书，可以让供应商生产出能兼容的某些零配件。[3]

## 模块化的结构

随着时间的推移，一个产品不同组成部分之间的接口变得越来越精致，也更加易懂。任何想要生产灯泡的人都可以轻松地找到插入不同灯座的不同尺寸标准的部件，从而造出一个灯泡。现在的产品是模块化的，而非之前的一体化结构。在模块化结构下的各个组成部分都能以易理解的和意义明确的方式组合到一起，而且只要该部分符合预先设定的标准或规格，并没有人关心每个组成部分是由什么制成的。模块化的部件都是插口兼容的，这让我们拆装不同的模块组装成个性化的产品变得非常简单。打印机、摄像头、U 盘等可以插入任何一个带有 USB 接口的设备，电器产品能够插到任何一个墙上的插座上，甚至连鞋店都能为任何特定鞋码的顾客提供各种颜色、品牌和款式的鞋子，这些都是模块化的例子。

当一个一体化产品的功能和可靠性都提升到能够超越客户需求时，行业里的模块化就会产生。这也迫使不同的厂家在差异化上竞争。顾客也不再寻求更好的原材料，转而开始追求能够更加灵活和方便地满足他们个人需求的产品。

表 7-1 总结了一体化和模块化结构的本质区别。[4]

表 7-1　一体化和模块化的主要区别

| 一体化的结构 | 模块化的结构 |
| --- | --- |
| · 最优化功能和可靠性 | · 最优化灵活性和个性定制 |
| · 要求公司进行整合 | · 允许公司外包 |
| · 行业标准和规格是不可能的 | · 行业标准和规格是必要的 |
| · 专有结构的同义词 | · 开放结构的同义词 |

## · 个人电脑结构的变化

20 世纪 80 年代早期，苹果电脑公司在卖当时最好的个人电脑。它是通过整合发展和打造个人电脑从前端到后端的各个环节实现这一成就的，包括产品设计、组装、操作系统和应用软件（如图 7-1 左侧列表）所示。[5]通过这种"垂直整合"的方式，苹果开发出了一套独特的、高度一体化的结构，并以此在产品表现上击败了其他更模块化的竞争者。苹果电脑很快地以最易使用、最少崩溃的桌面著称，从而成了最大的个人电脑制造商。

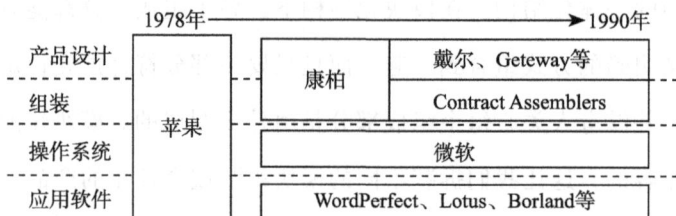

图 7-1　个人电脑行业从集成整合到模块化的变化

但是到了 20 世纪 80 年代中期，市场发生了变化。由于基本功能和可靠性的提升，台式机变得足够好，客户也开始要求其他的东西，比如安装 WordPerfect 和 Louts 等非苹果程序的便利性。得益于一个客户都能注意到的简洁的接口，这些产品都能插接兼容微软的 DOS 操作系统。当客户不再愿意为产品的功能和可靠性的进一步改进买单时，提供模块化解决方案的公司（如图 7-1 中右侧的公司）就有了优势。苹果这时本可以决定把它的产品设计模块化，把它的操作系统卖给其他的电脑组装厂商使用，以压制微软 Windows 操作系统的崛起。但是苹果没有，所以微软、戴尔和其他供应商占据了先机。

克莱顿·克里斯坦森说，图 7-1 中的现象使这个产业"看起来像腊肠切片机"。[6] 当功能性和可靠性过于充分时，产业趋势就会从左边转向右边，随之而来的一系列的合作规则，由模块化结构和行业标准定义的定制化公司就会出现。

行业发展趋势就像钟摆一样，在一体化和模块化的结构里左右摇摆。在 20 世纪 90 年代，钟摆又回到了支持一定程度的一体化。客户开始要求在不同的设备之间传递图片和不同文件类型电子表格的能力。这产生了一个性能的鸿沟，使得行业的钟摆回到了对一体化结构的需求上。微

软以把软件系统和浏览器整合进 Windows 操作系统的方式回应了这种需
求。这使得没有整合的公司，如 WordPerfect 和 Lotus，很快被淘汰了。
正如我们所知，苹果和微软的一体化结构设计，对于今天学校的技术抉
择有着深远的影响。[7]

## • 教育领域向模块化转变

近几十年，社会已经要求学校做出更多的努力，以保证所有的学生
都能获得可以远离贫穷的技巧和能力，让所有的美国人都能实现他们的
梦想。简言之，要确保发达国家加速冲向知识经济时代时，没有孩子会
掉队。然而直到最近，学校的教育系统仍然陷在一个高度一体化的结构
内，这使得能预防任何落伍者出现的如外科手术般精准的个性化学习极
其昂贵。工厂模式在很多方式上是垂直整合的，它要求学生完整地完成
一个年级才能进入下一个年级；他们必须通过线性的课程，这样才不会干
涉到教师的学术领域和顺序安排；他们的出勤和参与也必须服从由当地、
州和联邦规定组成的复杂网络。这些规定设计出来是为了保证可靠性和
性能表现，其结果就是抛弃了便利性和个性化。[8]

然而，家长、学生和社会的需求也开始变化。回顾 20 世纪 80 年代，
顾客开始想拥有在不同软件提供商之间选择的权利，如 WordPerfect 和
Lotus，而不仅仅是依赖苹果软件作为他们的唯一选择。类似的事情也开
始发生在基础教育领域。与此同时，学校开始每天提供两三顿饭，提供
牙齿和幼儿保健，并且拓展提供更多的课前和额外的工作时间，当功能
性的供给超出了学生和家长需求的时候，教育系统就到了转折点。当然，
不是所有的学生都被过度服务了。这些有着最复杂的需求和最高的功能
要求的学生，通常是低收入群体，他们甚至需要更多垂直整合的综合性

项目。但是，完全整合的、相互依赖的模式更适合提供综合功能的学期的学生里，出现了一群新的学生类型，他们对选择、灵活性和个性化的机会有着更大的需求。

学校开始部分地提供更好的课程间的模块化接口，以让学生能在不同的课程提供者之间进行选择。2013 ～ 2014 学年，超过 58% 的加州高中的学生能在菜单模式下的在线课程里选课，而 2012 ～ 2013 学年，该比例是 48%。[9] 从明尼苏达州到佛罗里达州，从威斯康星州到犹他州，州层面的"课程入口"（Course Access）项目，由于能够为学生提供额外的不同种类的可问责的课程，正在变得越来越流行。[10] 这种便利的模块化课程的兴起，表明了在不同群体内对个性化课程选择的持续性需求，而非工厂模式下流水线般过剩的功能。[11]

往"课程入口"观念模式转变，仅仅是教学系统从相互依赖向模块化结构转变的一种方式。学校内类似的变革至少发生在以下三个方面：

- 课程内容自身的模块化；
- 学校用的计算机设备采用的都是模块化的结构；
- 实体设备正在变成更模块化的设计。

从一体化到模块化的转变正在形成一个连续的统一体，它不仅仅是单纯的一个或另一个的问题。而且，在这个连锁反应内并不存在某个正确的位置：一体化的结构有它的优点和不足，模块化的结构也是一样。基于这些原因，如果混合式学习团队希望达到平衡，就必须根据自身所处的环境做出决定：比如他们希望自己的课程内容、设备和设施到底有多大程度上是模块化的，并列出可以让我们更清晰地认识到设定虚拟和实体环境的选择范围。

## • 一体化和模块化的在线内容

为混合式学习项目找到合适的在线内容从而形成一种策略并不简单。就这一点而言，学校既有一体化的统一体又有模块化的统一体。在统一体的一端，一些人认为他们需要一体化结构能提供的性能表现，因此他们打造自己的在线内容，或者至少从单一供应商那里获得一个全套的一体化解决方案的许可。另一方面，考虑到没有任何一家供应商能够满足每位学生的独特需求，某些学校正在发展出对模块化模式能提供的个性化的欲望。这个情况促进它们寻求一种综合的供应选择方案。图 7-2 描绘了这个统一体以及它的四个保证在线内容的一般策略。

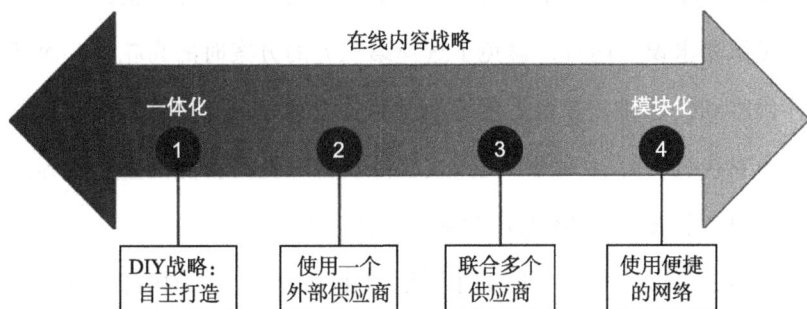

图 7-2  在线内容的一体化 / 模块化的统一体

让我们从左到右逐次讨论这四个策略。

### 策略 1：DIY：自主打造

大部分混合式学习方式的倡导者首先需要考虑的问题：到底是自己打造还是购买。学校是应该自己打造在线课程和内容，还是直接使用第三方已经开发好的现成的内容？无论学校需要的内容多还是少，这个问题都无法回避，无论是有着全部由在线教师制作的菜单课程、弹性课程，还是作为补充的数字化内容接入的转换模式。与模式无关，领导必须考虑是 DIY 还是外包。

一些混合项目调查了第三方购买内容的可能范围，然后决定自己做。我们通常听到的原因是"唯一能买得起的第三方内容不够严谨"，或者是"供应商的内容无法达到我们的高标准和通过测试"。简言之，学校领导和教师相信第三方内容的功能和表现都不够好，或者是，如果够好，那就是太贵了。[12] 结果，他们必须垂直整合和自己开发内容。夸克敦社区学区做了这个决定，当它决定去打造无线网络学院的时候，采用了它们自己教师开发的课程。快速翻转课堂的教师也每次都做了这个决定：录制他们自己的微课程（mini lesson），而不是搜索互联网上已经有的内容放到网上。

DIY 策略的若干主要优势在于有机会控制质量，可以根据当地的标准和考试要求设计内容，避免了选择第三方的方案时的高花费，而且在制作内容和授课时，保留了传统面对面的教师角色。另外，部分教育者享受开发在线内容、课程、视频或软件项目时提高技能的整个过程，他们想得到这个机会，而不是成为它的代表。[13]

其他项目反对 DIY 策略的主要原因在于，它们认为内部开发内容并不如它们最初想象的那么低成本，而且它们也没有时间或金钱去培养开发高质量内容的内部专家。没有与资本市场对接，学校、地区和非营利组织一起努力东拼西凑了足够的资源去开发比电子书和在线课程更丰富的在线内容。[14] 它们看见第三方不断增长的课程和模块库，并且决定把软件开发的事情交给软件开发者，而不是试图自己去创造那种能力。[15]

## 策略 2：使用一个外部供应商

我们在 2011 年（当时混合式学习模式正在成为国家议题的一部分）调查了 40 个混合式学习模式项目，发现其中的 60% 都在连续遵循"策略2：每个课程或学科使用一个外部供应商"。它们既不是自己开发课程内容，也不是从很多供应商那里挑出相应的部分组成自己的内容，它们是在这二者之间。某些案例中，它们用的是全课程内容的某一个供应商（例如 K12 公司、阿佩克斯学习公司，或者是佛罗里达虚拟学校）。在另外一些案例中，它们采用的是更模块化的方法，并且通过一个补充的供应商提供补充的面对面课程 [ 如梦想盒子学习（DreamBox Learning），ST 数学（ST Math）或者学术（Scholastic）]。但是上述两个案例都只为特定的课程或学科借助一个单一的外部在线内容供应商，而不是试图去混合大量供应商提供的内容或者把它们模块化创造出一个新的混合解决方案。[16] 就在写这本书时，大量混合项目也继续依赖一个供应商卡帕蒂姆学校用的是 Edgenuity，弗雷克斯公立学校用的是 K12 软件，威奇塔公立学校（Wichita Public Schools）用的是阿佩克斯学习系统；其他用的是 Compass Learning、罗塞塔石碑或培生。

　　虽然使用一个单独的在线内容供应商无法给这些学校喜欢的某一个课程内的定制化，但它的简单和可靠是我们值得选择的原因。这些实施者从不必担心必须要整合不同内容供应商之间的数据，即使那些只用一个补充供应商的实施者都必须处理来自他们线上和线下的数据。而且，这些软件供应商指出，它们的内容至少比学校以前的课本更定制化。最好的课程能够为适应学生的发展进步创造多样的使用软件的方法。大型在线内容供应商有较好的能力去消化开发这些复杂的课程所要求的固定花费，结果，其中的一些正在变得高度适应化、有吸引力，成了最新的认知科学研究同盟的一员。

　　综合型的软件也有它的缺点。首先是它的技术，尤其是好的技术会很昂贵，特别是当它能提供定制化服务的时候。定制化是有价格标签的。一个著名供应商如果能为学生提供内在定制服务的代表性软件，通常需要 30 名员工，9 个月的开发时间，才可以开发出一年长的在线课程，像"从头到尾"（Soup to Nuts）这样。另一个供应商佛罗里达虚拟学校过去曾说过，开发一个课程需要花费近30万美元。[17]供应商收回它们成本的机会就是必须和其他对手竞争，拿下大学区的大合同。这就迫使它们从不同的工厂系统中设计出最低的共同标准，否则这些需要对州和联邦政府负责的地方政府无法接受它们的产品，这也迫使它们把软件限定在传统意义的学科上。底线是确定的花费迫使在线内容供应商必须适应，且保护在线教育试图推翻的传统教育的独立结构。

### 策略3：联合多个供应商

一些学校不想自己开发课程内容，但是比起依赖单一的为整合课程或学科提供内容的供应商，它们需要一个更加灵活有弹性的解决方案。它们想要特定课程内的模块化，以允许每一个学生都能有多样化的学习路径。早在2011年我们调研40家混合式学习项目的时候，少数的组织，联盟大学预备学校（Alliance College Ready Public Schools）、KIPP Empower学院、飞船教育项目，以及随后的"一人学校"，已经决定需要模块化的课程内容，并且努力把大部分专有的课程整合成一个统一的平台。理想的效果是，学生只需要注册一次就可以接入所有的供应商，教师也可以在单一的控制界面上监控所有供应商的进程。这一策略的意图是实现每个学生的定制效果最大化。依赖什么表现最好，一个学生可以通过使用梦想盒子学习软件的绵羊动画学会计算面积，然后转换到ST数学上，通过企鹅大亨（Gigi the Penguin）[18]学习分数，接着，如果对动画效果感到厌倦，可以求助LAEKS去学习线性长除法。

我们从学校听到的关于使用这种方法的抱怨是：

"这个技术比我们需要的落后5年。"

　　"软件内容供应商是所有人，从它们那儿获得数据是不可能的。而且当我们真的获得数据了，这些数据也不容易和其他供应商的数据关联起来。"

　　"能够为我们创造出个性化学习清单的算法在哪里？工作量太大了。"

从他们抱怨的内容判断，这些教育者似乎在推动这个产业向模块化的方向发展，而不是等它自己向那个方向转变。因此，他们也都为目前仍然不成熟的技术而头疼。然而，很多人仍在坚持，因为他们感觉到，在线内容提供的更模块化的世界，将会有助于学校实现为它们的学生提供个性化学习的许诺。

**策略 4：使用便捷的网络**

新一波的革命性创新正在显现，并且展示了使行业摆向一体化 - 模块化统一体的右边的潜力，与此同时，有利于发展、分享和推动用户产生的模块化内容的软件平台正在形成。之前的例子是可汗学院平台，它承载了超过 10 万个实际问题和不断壮大的数以千计的存储在 YouTube 上的微课程。[19] 更大的惊喜是，这个平台最初并不是作为服务学校和地区的产品而产生的。它开始于 2004 年，创始人萨尔曼·可汗通过雅虎的涂鸦笔记本（Doodle notepad）给他的表妹纳迪亚辅导数学的时候。他希望通过一种更简便的方式把这个教学视频分享给他的其他朋友和亲戚，于是开始把这些教学视频放到 YouTube 上。短时间内，数以百万计的人都开始观看这些视频。可汗开发了一个不仅包括微课程，而且包括预测试、实操和追踪结果的"知识地图"的全平台。这个平台是开放和非专属的，它有公开的 API 接口，所以其他的软件能够轻易地接入和与平台相匹配。换言之，可汗并没有自己制作甚至帮助制作平台上的所有内容。志愿者们在不停地往平台上增加新的主题，如生物、艺术史和计算机科学，并且把它们翻译成其他语言。[20]

像可汗学院一样，这波新的革命性的浪潮，看起来更像是辅导工具而不是完整的课件。与通过集中采购的过程被动推进教室不同，像可汗学院一样的工具是通过教师、家长和学生的自我诊断而主动采用的。正在不断出现像可汗学院一样的"便捷网络"，允许家长、教师和学生为其他的家长、教师和学生提供微指导。

便捷网络的到来带来了两个主要的好处。第一个好处是高度定制化。将来某天，模块化平台将会积累亿万个可以让用户搜索并选择组合成基于每个学习者自己需求的个性化的微课程、请求式的评价和其他的学习主题。西部州长大学（WGU）已经在高等教育层面部分地这么做了。学生在装有 Salesforce 软件的 WGU 平台注册，然后就可以有权限地进入包含大量按分级计划和学习目标精心规划和组织的学习资源。在这个图书馆，他们可以选择任何对他们有吸引力的无限量内容。然后，当他们准备好的时候，他们就会完成一个作业或评价，以证明他们对这些内容足够精通了，然后再继续学习。

第二个好处是可承受性。和专属的一体化的软件相比，便捷网络上可获取的内容，平均而言，制作成本更低，而且通常是免费使用的。想想雅虎的涂鸦笔记本，类似的工具允许使用者创造简单的模块，随着时间流逝，工具能力会持续提升，方便更复杂内容的不断生产。这些工具的可用性推倒了进入的障碍，并且让市场上出现了大量的内容。另外，它降低了费用，模块化的内容越来越多，越来越复杂，而且极其便宜。

便利性和可承受性带来的好处看起来像是它们将传统的、集中的指导化模式推进"腊肠切片机"。图 7-3 解释了它是如何在一个假想的六年级英语 / 语言艺术课程中发挥作用的；类似的模式也对其他的学科有用。

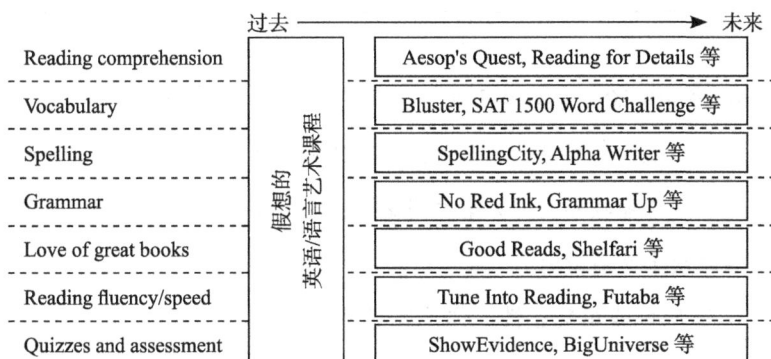

图 7-3　一个假想的六年级英语 / 语言艺术课程中的一体化向模块化的转变

相似的场景是，随着时间的流逝，与必须使用改装的梦想盒子学习软件和 ST 数学专有软件相反，像可汗学院这样的便捷网络出现，大量的用户都使用平台标准去编写内容，这将会解决混合式学习项目的模块化问题。在写这本书的时候，一些平台已经开始允许或者将很快允许用户去编写和添加内容，这些学习平台包括 Agilix's Buzz、Activate Instruction、Knewton 和 Declara。[21] 允许内容提供者之间的互动接口即将出现并成为事实上的潮流，混合式学习项目将会用脚投票或者用点击投票，会在类似的最好的第三方平台上停下来。[22]

## 选择软件时 12 个其他考虑因素 [23]

除了是应该自建还是购买，或者寻找一个综合的软件解决方案等问题之外，以下很多其他的事情也值得我们思考。

**1. 目前的存货**。你已有的东西是什么？学校和地区通常已有没被用过的软件订阅和基于网页的服务。

**2. 全日制还是补充**。你需要多少小时的内容？足够为整个课程设计，还是仅仅作为补充其他授课资源的几个小时内容？

**3. 价格**。你能负担得起什么？通常都会在免费的、单调的、连续的内容与几乎免费的、相对适应性高的、吸引人的、提供优质服务的内容之间做个权衡取舍。

4. **学生经验**。学生是否明白自己的学习状况，他们已经完成了什么，下一步他们需要做什么？他们是否理解自己的标准并得到实时的反馈？他们是否能在不同的方案之间做选择？它是否是吸引人的，自始至终都在本质上充满激励？

5. **适应性或可转让性**。你是否想要软件能基于每个学生的表现而减速、加速、优化路径？或者你想要软件把教师置于控制之中去选择分派哪种模式？或者是能同时允许两者的一部分？

6. **数据**。软件是否能为教师提供可用的数据？数据能否无缝地连接线上线下？还是供应商拥有这些数据，确定供应商会为你提供你所需的所有数据？

7. **效率**。寻求研究确认软件的确帮助其他学生达到了你想要的学习成果。要求供应商详述产品最佳工况与被证实效率低下工况的环境条件。也看看显著进步发生前，每个学生平均需要花多少时间使用该软件。

8. **灵活性**。该软件是否是基于云的，允许学生在其他地方使用？

9. **兼容性**。是否和你的设备兼容？是否能和你计划使用的其他软件（如学习管理系统）同时使用？

10. **结盟**。是否与公共核心（Common Core）或者其他常用标准结盟？

11. **服务开通**。是否方便新的用户通过用户名和密码直接从你的学生信息系统连接到软件？

12. **单次登录**。学生是否能通过用户名和密码一次登录，就可以使用它们的所有软件，还是学生必须学会使用多种登录操作？

总言之，要弄懂你的模式并确保软件和你的设计相匹配。在做了关于你的混合式学习模式的最终决定后，你可能会想重新思考这些问题，这些会在第 8 章里提到。

另外，混合式学习世界（BLU）提供在它的组织集合里正在使用的软件的搜索信息。附录 7A 提供了这些组织通过 BLU 在 2014 年 5 月使用的在线内容数据的快照。

## • 一体化和模块化的操作系统

指导内容的选择从一体化还是模块化的权衡中受益了，但是设备呢？这是思考设备问题的新方法。最常见的是，学校的设备选择是从关于下列设备的辩论中开始的——台式机、笔记本、上网本和平板电脑是四个主要的竞争者。虽然从 2012 年年未开始，苹果 iPad 已经主导了基础教育市场的销售，但学校通常选择笔记本和上网本。[24] 选择笔记本和上网本的学校领导说，虽然平板电脑是消费内容的利器，但它们却无法创造内容。另一方面，支持平板电脑的消费者认为，虽然平板电脑有功能上的缺陷，但它的便携性和触摸屏界面使它成了一个不可抗拒的工具，尤其是对小朋友而言。而且，添加一个物理键盘并不难。

设备因素的问题是重要的，但最终模块化的问题可能胜过这个争论。直到最近，大部分的学校或者购买了使用苹果 OS X 操作系统的苹果设备，或者购买了运行 Windows 系统的个人计算机。这两个系统都是专有的和集成的，虽然苹果系统更甚。[25] 苹果设备的特征不仅仅是一个苹果系统和特定苹果软件之间的一体化接口，而且在设备本身和操作系统之间也是一体化的。黑客已经费尽千辛万苦，在非苹果设备上运行苹果系统方面取得了突破。简单来讲，苹果软件是仅为苹果设备设计的。

对很多人来说，这个专有结构是苹果吸引力的本质所在。苹果工程师在设计他们的机器时，有着可以尽可能推进科技边界的奢侈，而不用对外部强加的行业标准妥协。苹果 OS X 系统因它的可靠功能而被广泛赞誉——无崩溃，没有烦人的弹出式对话框的侵入，极少的病毒。

另外一些学校选择装有微软 Windows 系统的设备。Windows 系统比苹果系统更模块化，有一个更模块化的允许第三方硬件兼容的接口。包括戴尔、惠普、联想和华硕在内的很多设备制造商都使用 Windows 系统。虽然 Windows 系统在硬件接入方面是模块化的，但它在软件上却是有内情的。微软设计 Windows 系统无缝地连接自己的微软 Office 套装和 IE 浏览器，但在其他软件接口便捷使用问题上却不怎么开放，很多想和 Office 产品和浏览器软件竞争的公司，都在努力挣扎着开发能和微软的产品一样，可以在 Windows 系统上独立运行的工具。

多年来，很少有人注意到 Windows 系统在软件层面有一个一体化的结构。但这正在改变，计算正在越来越互联网中心化（internet-centric），人们希望自己的电脑能连接"云里"的 APP 和内容，这意味着它们为互联网提供远程服务是基于网络而不是基于某个人的电脑硬盘。既然大部分软件人群想要的是基于云和在线的，为什么要为微软和苹果绑定它们操作系统的专有化、一体化的软件买单呢？向互联网中心化计算的转变，正在创造操作系统和软件之间的去一体化的需求。

现在来看看开始如疾风骤雨般占领学校的第三个选择。谷歌在 2011 年 6 月首次宣称要开始售卖 Chromebook，一款基于 Chrome 操作系统的个人笔记本电脑。到 2013 年，Chromebook 已经从默默无名到占据美国 1/5 的基础教育笔记本电脑市场。[26]Chrome 操作系统是谷歌设计的基于 Linux 操作系统的能运行网页应用的操作系统，它是建立在一个被称为 Choemium OS 上的开源项目，所以可以鼓励全世界的志愿开发者去测试、除错并且提升操作系统的源代码。这让谷歌越来越好，而且不用承担苹果和微软试图提升 Windows 系统和苹果系统的性能时付出的巨大花费。另外，Chromebook 并不需要将软件安装在本地硬盘上，除了浏览器、一个影音播放器以及一个文件管理器。不要期望去看数据处理或者设备上的软件列表。取而代之，为了完成工作，无论是发邮件、建立文件还是完成一个在线课程，Chromebook 仅仅依靠互联网去连接用户和 Web APP。

结构选择上也是多样的。有一点，Chromebook 并不贵，它们的售价都在 300 美元以下。它们有限的功能意味着其启动速度极快——最多 10 秒。和 Windows 系统的设备相比，它们更不可能感染病毒，因为 Linux 系统就是为了确保无病毒环境而被创造出来的。它们也很容易保持更新，谷歌会自动推送更新到 Chrome OS 上，不要求用户端做任何操作。

一体化和模块化的问题暗示，像 Chromebook 这样的设备，在不久的将来会以提供封闭结构的设备而成为强有力的竞争者。专注网页应用和云存储的互联网中心化计算，将会迫使产品结构产生渐进式的演变：远离在不够好的时代有优势的、接近性能过剩时代的模块化设计的一体化、专有化结构。这并不是说 Chromebook 适合每一个人。它们要求无线连接[27]——粗略计算，每 1000 个学生至少需要 100M 的宽带。[28] 它们也仅能够支持网页版的软件，所以对想使用下载软件的学生而言也不是一个好选择。然而，希望不久的将来，越来越多的混合式学习项目能够被吸引向类似 Chromebook 倡导的开放结构。

## • 一体化和模块化的实体空间

去一体化和模块化虚拟环境的活力也在影响实体环境。也许有人会说，从美学上讲，工厂似的传统学校结构是合并了可靠和有序的专有设计，而开放或灵活性的设计却极少能提供可靠性和有序性。斯坦福大学的琳达·达林－哈蒙德（Linda Darling-Hammond）总结传统学校结构有如下特点：

> 工人们首先看见的是学校里最安静和装修最好的地方——办公室，一个令人望而生畏的地方，有着把办公室人员和进入的其他人区分开的又长又高的柜台。其次是一个封闭的玻璃制的奖杯，以及一个关于会议、体育要闻和必须遵守的规则的公告栏。又长又干净的走廊，被储物柜区分开的条板箱式的教室，一个临时整洁的公告栏。看起来都很相像的教室，教师的桌子在每个房间的前面，俯瞰着学生们的小课桌。[29]

建筑师的成就（Architects of Achievement）的创始人和主任维多利亚·伯格斯格（Victoria Bergsagel），对传统建筑做了如下评论："如果瑞普·范温克尔（Rip Van Winkel）在今天复活，他可能仍然认识我们的学校。我们从工业时代进入到了信息时代，而且我们好像正在进入创新时代，但是如果你看我们的学校，它们仍然看起来像工厂模式，有着空间和时间限制，尤其是在高年级。"[30]

对一些人而言，尤其是试图通过就地转换、机房转换和翻转课堂为传统模式带来持续提升的人，基本布局为条板箱式的教室可能已经足够充分了。然而，很多混合式学习项目正在选择重新安排它们的家具和物理空间，以和学生需求、灵活性和选择的原则相匹配，这些原则是新的学习模式的核心。表 7-2 总结了一些学校重新思考其物理空间的方式，其中一些学校是混合式的，另外一些不是。

表 7-2　学校设计转向开放结构的例子

| 项目 | 描述 |
| --- | --- |
| 高峰公立学校系统 | 该系统在它的学校中选择两所，去除了围墙并创建了 7000 平方英尺<sup></sup>的开放式学习设施，分别能够提供 200 名学生的个人工位以及 4 间工作室供学生讨论。[31] 学校现在的家具也都配有轮子，可以很方便地重新布局。它们在轮子上安装了宜家的 4×4 的小隔橱，并在背面贴上白板以使模具适应不同的环境[32] |
| Marysville Getchell High School | 在西雅图郊外的这所校园中，4 栋建筑分别在最外侧边缘处有承重墙，所以内部墙体可能会被去除或移动，但并不会牺牲建筑的稳定性。在教室和走廊之间设有窗户来增加采光。采用折叠桌椅来增加弹性空间[33] |
| Hellerup School | 除了位于楼上的行政办公室，这所坐落在丹麦哥本哈根郊区的学校的 4 层建筑几乎没有墙。它开放式的设计和不设教室的理念使各年级的学生都可以融合在一起。建筑中央的开放式图书馆呈现出像是在集市中就座的景象[34] |
| Columbus Signature Academy | 这座学校的建筑师来自俄亥俄州的哥伦布市，他们决定摒弃"教室"这个词，并用"工作室"来替代教室去形容这些空间。每一间工作室都相当于原先的两倍，并且可以容纳由双教师组负责的两个学生群组。建筑的内部既没有墙体也没有玻璃墙去分割工作室、走廊和休息空间[35] |
| The Met | 这座学校是一所在美国拥有 6 个网站的大型视频学习学校。学校的学习环境包括可以拆卸移动的墙体，以及供学生项目使用的丰富的封闭空间。这些空间的设计理念是可以为学生提供更多的选择，包括安静区、讨论区、普通区以及报告区[36] |
| New Learning Academy | 坐落在英国肯特城的这所学校的特色是，整个学校设计是一个大到足以容纳 120 位学生的学习广场为中心。学校采取了非常灵活的方式去运作这个广场，这包括五种具有积极意义的模式：<br>（1）篝火——允许用于班级学习<br>（2）水吧——允许用于小组学习<br>（3）洞穴——允许用于个人自习<br>（4）工作室——允许用于项目<br>（5）多元智能室——允许用于各种模式的混合[37] |
| 里奇中学 | 在俄亥俄州的门托，数学老师汤姆·德怀尔移走课桌以创造一个更加开放的空间。他用树脂玻璃板覆盖了墙面，学生可以在上面书写。学生可以坐在桌前，他们的椅子装有轮子，所以可以迅速移向墙边，并就像便条纸那样使用树脂玻璃板[38] |

　　当然，在实现改变物理空间以符合混合式教学创新方案的原则和目的时，资金短缺是阻碍学校的主要障碍。通常你能做的就是把你现在的

---

　　○　1 平方英尺 =0.093 米。

空间变成简单的工作区，等到有资金时再去做更大的变动。然而，错过机会的真实案例是，当领导者有机会去建一个新建筑或者改造一个旧建筑时，他们仍选择延续完整的工厂类型的蓝图。谁愿意成为学区里建最后一个 20 世纪建筑的人？

## • 根据你的环境调整你的策略

我们认为学校向模块化结构的转变大体上是将来学习的一件大事。如同工业标准和平台发展促进分享一样，随着模块化接口合并，用户将可以从最好的内容供应商那里精准地整合和匹配每个学生的需求。只需之前专有的操作系统，设备将会接入与生俱来就模块化的互联网。物理结构将会去调整，以适应像虚拟结构那样有活力、开放和可选。

然而，在混合式学习的早期，模块化并不一直是在技术上可操作的。它试图立即跨越到模块化世界，但是领导者必须认清自己的情况以认准恰当的时机。整合学校的基础设施去支持学生和教师试图去做的工作，把握恰当的时机是关键环节。

## ••• 小结 •••

- 一体化的结构能让功能和可靠性最大化，但是它们要求在内部完成整合所有的开发和集成产品的工作。模块化的结构能使灵活性和个性化最大化，它们使用标准化的接口，这使得相互独立的组织交换开发和集成产品的部件成为可能。
- 学校的工厂模式是一次提供所有内容的垂直整合。对很多学生而言，真正的整合模式不仅仅是提供足够多的复杂功能，现在更大的需求是可选化、定制化和模块化。

- 为了获取混合式学习项目的在线内容，学校正在采用从一体化到模块化的四个策略：DIY；每个课程或学科使用一个外部供应商；联合多个供应商；使用便捷的网络。每一种策略都有优势和不足。

- 学校必须考虑它们选择的操作系统的模块化水平。苹果设备是最一体化的，其次是运行 Windows 系统的台式电脑；谷歌的 Chromebook，由于其高度的模块化正在变得越来越流行。未来几年，开放结构的设备随时准备夺取专有设备的地位。

- 从美学观念看，蛋箱式的旧式工厂结构的学校代表了限制个性化和灵活性的专有设计。很多混合式学习项目正在重新安排家具和物理空间，让它们以一个更开放、更模块化的方式以和学生需求、灵活性选择的原则相匹配，这些原则是它们新的学习模式的核心。

Blended Using Disruptive Innovation
to Improve Schools

# 在线内容中应用基础教育混合项目的概览

表 7-3 数据代表了于 2014 年 5 月参加了关于混合式学习在线内容项目所列出的 120 个项目单位。这些项目在抽样样本范围上包含的非常广泛，有些个案发生在大的街区，有些只是一所单独的学校。数据并不是着重于样本大小的不同。

表 7-3  数据样本

| 内容提供者 | 项目数目 |
| --- | --- |
| 可汗学院（Khan Academy） | 25 |
| Compass Learning | 25 |
| 成功 3000（Achieve 3000） | 18 |
| ST 数学（ST Math）(智力研究机构) | 16 |
| 自我发展（Self-developed） | 15 |
| 梦想盒子学习（DreamBox Learning） | 13 |
| 阿佩克斯学习（Apex Learning） | 12 |
| Edgenuity | 10 |
| 阿旺塔学习（Aventa Learning） | 9 |
| ALEKS 8 | 8 |
| K12 公司（ K12, Inc.) | 8 |
| Edmentum | 7 |
| i-Ready | 6 |
| 加速阅读者（Accelerated Reader） | 5 |
| OER | 5 |
| 超越数学的思想（Think Through Math） | 5 |

（续）

| 内容提供者 | 项目数目 |
|---|---|
| CK-12 | 4 |
| Mangahigh | 4 |
| Raz-Kids | 4 |
| 罗塞塔石碑（Rosetta Stone） | 4 |
| 连接学院（Connections Academy） | 3 |
| 佛罗里达虚拟学校（Florida Virtual School） | 3 |
| 活着的历史（History Alive!） | 3 |
| Newsela | 3 |
| 扩展阅读（Reading Plus） | 3 |
| 10 个记号（Ten Marks） | 3 |
| 虚拟高手（Virtual Nerd） | 3 |
| Headsprout | 2 |
| 河马校园（Hippo Campus） | 2 |
| IXL 数学（IXL Math） | 2 |
| Lexia Reading Core5 | 2 |
| 我的开始（my ON） | 2 |
| No Red Ink | 2 |
| Nova NET Courseware | 2 |
| 阅读 A-Z（Reading A-Z） | 2 |
| 反射映像（Reflex） | 2 |
| 再生学习（Renaissance Learning） | 2 |
| 革新 K12（Revolution K12） | 2 |
| 童子军（Scout）（来自加利福尼亚大学） | 2 |
| 拼写城市（Spelling City） | 2 |
| 虚拟高中（Virtual High School） | 2 |
| Wowzers | 2 |
| 学术价值（AcademicMerit） | 1 |
| 字母学院（AlephBeta Academy） | 1 |
| 美国历史教育学会（American Institute for History Education） | 1 |
| 大宇宙（Big Universe） | 1 |
| 混合联合学校（Blended Schools Consortium） | 1 |
| 混合学校语言学会（blendedschools.net Languages Institute） | 1 |
| 大脑 POP（BrainPOP） | 1 |
| 聪明的风暴（Brightstorm） | 1 |
| 购买自主学习（BYU Independent Study） | 1 |
| 超高电脑（Cyber High） | 1 |

（续）

| 内容提供者 | 项目数目 |
|---|---|
| 阅读终点（Destination Reading） | 1 |
| 到达有氧健身法（Earobics Reach） | 1 |
| 爱迪生学习（Edison Learning） | 1 |
| Edmodo | 1 |
| Educurious | 1 |
| E 动力学习（eDynamic Learning） | 1 |
| 虚拟数学（enVisionMATH） | 1 |
| E 火花学习（eSpark Learning） | 1 |
| Curriculet | 1 |
| 偶像 -NM（IDEAL-NM） | 1 |
| 想象学习（Imagine Learning） | 1 |
| Istation Reading | 1 |
| 蒙比安（Membean） | 1 |
| Middlebury Interactive Languages | 1 |
| MIT Open CourseWare | 1 |
| my language 360 | 1 |
| National University Virtual High School | 1 |
| Odysseyware | 1 |
| 阅读 180（READ 180） | 1 |
| 心理原因（Reasoning Mind） | 1 |
| 革新预备（Revolution Prep） | 1 |
| 科学聚变（Science Fusion） | 1 |
| 七星学会（Sevenstar Academy） | 1 |
| 同步学习（Study Sync） | 1 |
| 成功制造者（Success Maker） | 1 |
| 教学记事本（Teaching Textbooks） | 1 |
| 基础学校（The Keystone School） | 1 |
| 阅读车票 [Ticket to Read（Voyager Sopris Learning] | 1 |
| 犹他州电子高等学校（Utah Electronic High School） | 1 |
| 佛蒙特虚拟合作学习（Vermont Virtual Learning Cooperative） | 1 |
| Vmath（Voyager Sopris Learning） | 1 |
| 以定促学（Write To Learn） | 1 |

## • 注释

1. 关于运行速度的观察报告是基于这样的发现，Osborne Executive 相当于 2007 年产的 iPhone（使用 412-MHz ARM11 中央处理器）的百分之一秒的时钟脉冲频率。可参见 J. VanDomelen 的文章 *More Cores in Store*。Mentor Graphics,http://blogs.mentor.com/jvandomelen/blog/2010/07/02/morecores-in-store/ (accessed April 15, 2014).

　　Osborne Executive 的处理器是英特尔 8088，它的中央处理器的最大运行速率在 5 兆～ 10 兆赫兹。" Intel 8088," http://www.princeton.edu/~achaney/tmve/wiki100k/docs/Intel_8088.html(accessed July 23, 2014).

2.　这个部分和接着的部分都改编自以下书目的第 5 节。 Christensen and Raynor, *The Innovator's Solution*, pp. 125-148 (ch. 3, n. 17).

3.　这个关于 F-22 的例子来自于 Ben Wanamaker 的 " When Will Plug and Play Medical Devices and Data Be a Reality?" Clayton Christensen Institute, August 15, 2013, http://www.christenseninstitute.org/when-will-plug-and-playmedical- devices-and-data-finally-be-here/ (accessed June 2, 2014).

4.　依据于 Christensen and Raynor, "pure modularity and interdependence are at the ends of a spectrum: Most products fall somewhere between these extremes." *The Innovator's Solution*, p.128.

5.　通过由沃尔特·艾萨克森（Walter Isaacson）编写的史蒂夫·乔布斯的个人传记中的细节得知，乔布斯是一个不管环境是怎样都重视产品一体化的狂热分子。例如，"乔布斯反对克隆项目部不仅仅是经济效益的考量⋯⋯他对此有着天生的厌恶。他的一个核心原则是，计算机的软件和硬件必须相互协调为一个整体。他喜欢去控制生活的方方面面，而对计算机而言，唯一的方式就是对用户体验从头到尾的负责。" Walter Isaacson, *Steve Jobs* (New York: Simon & Schuster, 2011), Kindle Locations 5886-5889.

　　乔布斯当然是正确的，他选择的一体化产品兼具纯粹的功能性和美观又简单的设计，无疑可能创造最好的产品。乔布斯最不接受的就是某些大的环境情况，当时的消费者因为不成熟的功能不再追求好的产品本身，而是随着结构模式化转而渴望产品的客户定制化。

6.　Christensen and Raynor, *The Innovator's Solution*, p.133.

7.　同上 , pp. 135-136.

8.　Clayton M. Christensen, Michael B. Horn, and Curtis W. Johnson, *Disrupting Class* (New York: McGraw-Hill, 2011), pp. 33, 38.

9.　Brian Bridges, " California eLearning Census: Increasing Depth and Breadth," California Learning Resource Network, April 2014, http://www.clrn.org/census/eLearning%20Census_Report_2014.pdf; Brian Bridges, " California eLearning Census: Between the Tipping Point and Critical Mass," California Learning Resource

Network, May 2013,http://www.clrn.org/census/eLearning_Census_Report_2013.pdf.

10. 来自各个州的榜样已经被"课程入口"项目在法律上授权，这些州包括佛罗里达州、路易斯安那州、密歇根州、明尼苏达州、得克萨斯州、犹他州和威斯康星州。如果想了解更多，可以参照以下文章：John Bailey, Nathan Martin, Art Coleman, Terri Taylor, Reg Leichty, and Scott Palmer, "Leading in an Era of Change: Making the Most of State Course Access Programs," Digital Learning Now and EducationCounsel, LLC, July 2019, http://digitallearningnow.com/site/uploads/2014/07/DLNCourseAccess-FINAL_14July2014b.pdf.

11. 相互依存和模式化学习的概念可以帮助我们理解为什么"课程入口"运动准备在近几年内迅速发展。比起继续支持无法适应客户定制型的综合集成学习系统，更多的家长和学生倾向于在一个可以提供组合文件夹式选项中做选择。这个系统可以响应一直根据学习政策调整的不同阶段的需求，而且根据满足以下所列的模块化世界的三大需求，这个系统可以更好地工作：①独特性。关于在线教育（或者其他模式化课程）的属性，即可以让所有学习计划内的学生共享兼容资源。②可证实性。供应商和客户都可以测量这些属性，从而证实第一项独特性的实现。③可预见性。可以帮助学生和学校提前预知每一门课程的登记选课人数，以及可以带来的期望结果。模块化世界的三大观察请参见：Christensen and Raynor, The Innovator's Solution, pp. 137-138.

12. 我们知道无论如何，许多学校低估了建立和保持运营一门课程内容时，工作人员花费的时间。

13. 混合式学习运行指南 2.0 为想创造在线课程的教师提供了许多帮助。这个指南现在是数字学习项目的连接点。Getting Smart, and The Learning Accelerator. John Bailey, Nathan Martin, Carri Schneider, Tom Vander Ark, Lisa Duty, Scott Ellis, Daniel Owens, Beth Rabbit, and Alex Terman, "Blended Learning Implementation Guide: Version 2.0," DLN Smart Series, September 2013(http://learningaccelerator.org/media/5965a4f8/DLNSS.BL2PDF.9.24.13.pdf), p.34.

14. Michael B. Horn, "Beyond Good and Evil: Understanding the Role of For-Profits in Education through the Theories of Disruptive Innovation," in Frederick M. Hess and Michael B. Horn (eds.), Private Enterprise and Public Education (New York: Teachers College Press, 2013).

15. 想要发展自己在线学习内容的学校，需要找到一种在低经费的情况下创造高质量学习内容的方式。SIATech 是一个学习特许管理机构，它为高中辍学者提供工作技能培训，把软件开发外包给印度的公司，从而降低开发在线课程的费用。Staker, The Rise of K–12 Blended Learning, p. 136(see ch. 1, n. 6).

16. 我们发现，为这 40 个组织提供内容的公司和组织的市场是高度分散的。其中

K12 公司占据最重要的地位，它拥有 Aventa 学习课程的 5 个应用，K12 公司品牌课程的 3 个应用，以及 K12 公司已经获得的美国教育公司 A+ 课程的 1 个应用。Apex Learning 和 NROC 紧随其后，分别拥有 7 个和 5 个应用。一些组织告诉我们，它们采用了不止一家内容提供商。当时，School of One 对我们说，它为数学课程采用了超过 50 家内容提供商。Staker, *The Rise of K-12 Blended Learning*,P.161.

17. 这 30 万美元的数字是基于 2008 ～ 2009 学年的一个估计。Katherine Mackey and Michael B. Horn, "Florida Virtual School: Building the First Statewide, Internet-Based Public High School," Clayton Christensen Institute, http://www. christenseninstitute.org/wpcontent/uploads/2013/04/Florida-Virtual-School.pdf, pp. 9-10.

18. MIND Research Institute, ST 数学的创建者，正在数学和神经科学领域投资来研究和工作记忆、抽象思维、学习能力相关联的机制。它刻意追求优化学习环境，正取得成功，ST 数学也因此在小学生的数学表现上，成为加速学生成长的领军者。

19. 全部材料披露：克里斯腾森研究所与硅谷学校基金合作，在可汗学院平台上增加关于如何产生高质量的混合式学习体验的合作内容。详见：https://www. khanacademy.org/partnercontent/ssf-cci.

20. 《颠覆课堂》在第 5 章讨论并预言了这次革新，详见第 133-141 页。

21. 高等教育学习管理系统的供应商正在开始对第三方应用，以及同样便利的一些网络开放它们的平台。它们正在成为一种"附件市场"，而不是独有的、独家提供的平台。这种改变可以从最大的五家学习管理系统的供应商中看到：Blackboard, Desire2Learn,Instructure,Moodle,and Sakai. Carl Straumsheim, "The Post-LMS LMS," Inside Higher Ed, July 18,2014, http://www.insidehighered. com/news/2014/07/18/analystssee-changes-ahead-lms-market-after-summer-lightnews#sthash.Cwx82qQH.nqj5hAYi.dpbs.

22. 这种改变距离我们并不遥远。一些大的在线课程公司的销售人员开始抱怨客户看待他们的产品"就像日用品一样"，这个现象可以表明这些改变正在进行之中——集成在线的课程的功能性和可靠性都已经超过了合适的需求。我们已经听说了一些在线课程提供者的评论。这就证明了集成解决方案已经完全覆盖了客户在性能方面的需求，尤其是一些持续采用策略 2 的学校。这些学校开始转而倾向于一些更加模式化的策略。The Innovator's Solution 解释了商品化的解决方案如何成为客户已经准备好接受模式化的益处的信号。（Christensen and Raynor, p. 130）(ch. 3, n.17).

23. 许多这种想法来源于 Brian Greenberg, Rob Schwartz, and Michael Horn, "Blended

Learning: Personalizing Education for Students," Coursera,Week 5, Video 3: Criteria to Pick Software,https://class.coursera.org/blendedlearning-001.See also "Ten Ways to Save Money on EdTech," The Blended Learning Implementation Guide 2.0, p. 33.

24. "Individual Computing Devices at 10% Penetration in K–12 Education by 2017," Futuresource Consulting, December 5, 2013, http://www.futuresource-consulting. com/2013-12-computers-ineducation- research.html (accessed March 22, 2014).

25. 苹果 APP 商店同样与 OS X 相互依存，但是它的 APIs 创造了一个模式化的界面，使得它可以更广泛地适应第三方软件在苹果产品上运行。但是，在软件被提供在苹果商店之前，必须获得苹果公司的批准。

26. "Google's Chromebook Accounted for 1 in Every 4 Devices Shipped into US Education Market in Q4," Futuresource Consulting,January 2014, http://www. futuresource-consulting.com/2014–01-Google-Chromebook.html (accessed June 3, 2014).

27. Christensen and Raynor, *The Innovator's Solution*, p. 131.

28. Christine Fox, John Waters, Geoff Fletcher, and Douglas Levin, "The Broadband Imperative: Recommendations to Address K–12 Education Infrastructure Needs," State Educational Technology Directors Association (SETDA), September 2012, p. 2.

29. Linda Darling-Hammond, *A Right to Learn*: *A Blueprint for Creating Schools That Work* (San Francisco: Jossey-Bass, 1997), p.149.

30. Katie Ash, "Digital Learning Priorities Influence School Building Design," *Education Week*, March 11, 2013, http://www.edweek.org/ew/articles/2013/03/14/25newlook. h32.html(accessed April 14, 2014).

31. Diane Tavenner, "Embarking on Year Two: Moving Beyond Blended Learning," Blend My Learning, November 27, 2012, http://www.blendmylearning. com/2012/11/27/embarking-on-yeartwo-moving-beyond-blended-learning/(accessed April 15, 2014).

32. Brian Greenberg, Rob Schwartz, and Michael Horn, "Blended Learning: Personalizing Education for Students," Coursera, Week 5,Video 8: Facilities and Space pt. 2, https://class.coursera.org/blendedlearning-001.

33. Ash, "Digital Learning Priorities."

34. Erin Millar, "No Classrooms and Lots of Technology: A Danish School's Approach," *Globe and Mail*, June 20, 2013,http://www.theglobeandmail.com/report-onbusiness/economy/canada-competes/no-classrooms-and-lots-oftechnology-a-danish-schools-approach/article12688441/(accessed April 14, 2014).

35. Bob Pearlman, "Designing New Learning Environments to Support *21st Century*

*Skills,* ” in *21st Century Skills*: Rethinking How Students Learn, edited by James Bellanca and Ron Brandt(Bloomington, Indiana: Solution Tree Press, 2010), pp. 129-132.

36. 同上 , pp. 136-138.

37. 同上 , pp. 142-144.

38. Jason Lea, “ Mentor Public Schools Experiment with Blended Learning Classroom, ” MentorPatch, May 7, 2013, http://mentor.patch.com/groups/schools/p/mentor-public-schoolsexperiment-with-blended-learninda7b16f78e (accessed April 14,2014).

第8章

# 模式选择

你们已经知道了想解决的问题,并组建了团队;同时,明确了想要提供给学生的体验、希望教师在职业中拥有的发展机会,以及期望学校能够提供的技术和物理空间。现在,是时候考虑如何实现这幅图景了。这就在很大程度上意味着,你们要从第1章介绍的各种混合式学习模式中做出选择,并根据自己的愿景进行适当调整。

在2013年,托德·萨特勒(Todd Sutler),布鲁克·彼得斯(Brooke Peters)和迈克尔·希利(Michelle Healey)三人开始了美国、芬兰和意大利之旅,为他们在布鲁克林的特许学校进行调研。以"奥德赛项目"(Odyssey Initiative)之名,这个小组访问了70余所创新学校,[1] 和学生交谈,对教师进行问卷调查。同年,城市之桥基金会(The CityBridge Foundation)和新学校风险基金(NewSchools Venture Fund)也支持了一个类似项目,派出华盛顿特区的12名教师,让他们在家乡学校实施混合式课堂之前,到各地考察全国的混合式学习项目。

对于大多数人来说,多站旅途式考察并不现实、也不必要;

然而，"选购"（shopping for）最佳模式以适应你们的环境则毫无疑问是个很好的主意。[2] 5年前，由于混合式学习的基础模式尚未定型，有效性也大都未被证明，我们还无法提出这一建议。当时，最好的建议是从零开始，唤起一个人潜在的创造力，将基于学生工作、教师资源和机会、可使用技术和其他相关参考的各种实践，从零开始地汇集成混合式学习模式。

但是在今天，已有足够多的学校和项目实施了各种模式，使得其他人都能从中受益，而无须用老瓶装新酒。简而言之，今后成功的混合式学习将是仿制：乞求、借鉴甚至"偷取"那些已经成功的混合式学习模式。当然，重要的是结合不同的需求与环境对不同模式的定制和融合——这就是为什么我们在此前的第5、6、7章中进行头脑风暴的原因。但是，基于已有经验，选择一个基础模式或系列模式则是进行定制的前提。未来可能会有灵感爆发的创新者提出一种全新的模式，这是例外。在大多数情况下，由于一些模式已经足够好，也能契合你们希望给学生的体验，更直接的办法就是借鉴既有的模板。

本章将讨论以下六个问题，以帮助你们从全美涌现出来的优良实践中选择最佳模式，以满足你们的需求，包括就地转换模式、机房转换模式、翻转课堂模式、个体转换模式、弹性模式、菜单模式和增强型虚拟模式。如果你们阅读了本书前面章节，可能已经考虑过这六个问题：

（1）你们打算解决什么样的问题？

（2）为了解决特定的问题，你们需要什么类型的团队？

（3）你们想要学生控制什么？

（4）你们希望教师首先扮演怎样的角色？

（5）你们能够使用哪种物理空间？

（6）有多少支持网络连接的设备可供使用？

你们还会考虑其他的因素来进行决策，但是这六个问题——在前面章节的头脑风暴式讨论中，它们的答案已呼之欲出——首先要帮助教学团队回归到有可能匹配他们的环境、约束和理想的选择上。表 8-7 以及附录 8A-1 表格汇总概括了你们集思广益的各种答案和不同类型的混合式学习模式。

## • 与待解决问题类型的模式匹配

首先需要关注的是，你们的团队是在处理核心科目中与主流学生有关的问题，还是在解决"非消费差距"（nonconsumption gap）。在第 3 章中，我们指出了从幼儿园小朋友进入阅读水平参差不齐的学区后的需要、到高中机房经费不足等许多核心问题。非消费问题则包括重修学分、超出课表的新课程或者缺勤补课等。

当前，一般而言混合式学习的延续性模式更好地切合核心问题，而颠覆性模式更适合非消费问题。[3] 不过，随着在线学习和混合式学习颠覆性模式的不断发展，这也将发生变化。当颠覆性创新发生时，它们既适用于没有现成答案的问题，也可用于那些最不复杂的问题。

这一经验来之不易，其他行业的无数组织和企业都经历了学习的过程。1947 年 AT&T 公司贝尔实验室发明的晶体管，简单说就是一种控制电流运行的设备，正是对之前主流技术真空管的颠覆性创新。相对真空管来说，晶体管更小、更持久。但是，早期的晶体管还不能承载 20 世纪 50 年代的桌上收音机和立式电视机等消费电子产品所需的功率。不过，收音机和电视机厂商却对其产生了兴趣，投入数百万美元来改善晶体管以满足它们核心用户的需要。尽管如此，多年来由于真空管更好的表现，晶体管一直未能成功代替真空管。[4]

这是一个在既有的主流应用中尝试颠覆性创新技术的典型案例。但是，在其早期，由于颠覆性创新技术往往不够成熟而无法与既有体系竞争，企业往往投入了巨量的金钱和时间来尝试改进它们以满足主流用户需求，却几乎很难看到回报。颠覆性创新技术的失败不是由于缺乏投入，而是由于人们总是试着将它们硬塞进大规模的成熟市场，那里的用户仅仅需要比他们已在使用的现成的解决方案更好的技术。对于萌芽中的创意来说，这样的绩效标准是一种限制。

非消费领域能够更容易地应用颠覆性创新。第一个成功的晶体管商业应用案例来自于传统电子消费品市场尚未覆盖的领域——助听器，它需要比拳头大小真空管更小的设备来提供能源。在之后的1955年，索尼（Sony）推出了世界第一台使用晶体管和电池的口袋收音机。由于受静电干扰，晶体管口袋收音机无法与精良的桌上收音机匹敌。但是，由此却发现了面向受忽视群体的成功商业应用。对于十几岁的年轻人来说，能够带着一个结实、简洁的晶体管收音机远离父母听力所及的范围极有意义。随着时间的推移，晶体管技术日益成熟，足够应付更大的电视和收音机所需的功率，从而逐渐替代了真空管技术；而真空管生意也日益惨淡，尽管后来相关的企业也开始投入晶体管技术。

在非消费领域定向应用混合式学习的颠覆性模式有两个神奇之处。首先，由于学校共同体的参照点在特定学习机会上完全没有备选项，它对于前景好的新方案更有可能感到高兴。因此，颠覆性模式的绩效回报预期相对容易实现。在某些情况下，最原始的在线课程也比没有任何课程好。另一方面，面向大多数学生的核心课程出现了需要达到的高得多的成绩要求，因为只有当比传统课堂更为出色时，学校共同体才会接受创新模式。

其次，在非消费领域未使用颠覆创新模式让人羞愧。长久以来，教育系统一直苦于缺乏足够的资源来满足不断变化和扩张的社会需求。传统学校已经提供了更多的社会服务，如午餐、特殊教育和课后看护。混合式学习的颠覆性模式展现了一个引人注目的机会，让学校至少能够进行使学习更加个性化、扩大入学机会、多方面控制成本等方面的尝试，而这些在创新来临之前则看上去几乎不可能实现。运用颠覆性创新来解决非消费问题，忽视这一前景，就意味着忽略了在另一个资源受限系统中的有历史影响的和被期待已久的一个亮点。

总言之，当选择复制混合式学习的最佳模式时，要询问的第一个问题是：

**问题 1：你们打算解决什么样的问题？**

A. 面向大部分学生的核心问题。

B. 非消费问题。

如果你的答案是 A，最简单的就是选择一个或一系列能够支持传统课堂的模式，如就地转换、机房转换或翻转课堂；如果你的答案是 B，你将有一个部署颠覆性模式的成熟机会，如个体转换、弹性模式、菜单模式或者增强型虚拟模式。表 8-1 列出了适合选项 A 或选项 B 的不同模式。

**表 8-1 你们打算解决什么样的问题**

| | 延续性模式 | | | 颠覆性模式 | | | |
|---|---|---|---|---|---|---|---|
| | 就地转换 | 机房转换 | 翻转课堂 | 个体转换 | 弹性 | 菜单 | 增强型虚拟 |
| A. 面向大部分学生的核心问题 | √ | √ | √ | | | | |
| B. 非消费问题 | | | | √ | √ | √ | √ |

这并不意味着所有小组都要完全按照表 8-1 的建议来选择模式。例如，有些学校选择使用弹性模式重新设计它们核心科目的学习，因为相比就地转换来说，这一模式的内涵更适合个性化和基于能力的学习。对于学校决定在非消费问题中运用延续性模式，或在核心问题中使用颠覆性模式，我们唯一要提醒的是，相对于本书的建议原则而言，这类相反

的实践需要更加努力地向学校共同体进行解释和准备。当然，这些都是可行选择，教师团队也可以忽略这第一个问题。毕竟随着时间推进，颠覆性模式在面向多数学生的核心课程中也将日臻完善。一些人甚至认为这已经成为现实。随着颠覆性模式的完善，问题 1 的重要性也日益减弱。

本章末尾的表 8-7 记录了在六个问题上与你们的需求相匹配的不同模式。

## • 与团队类型的模式匹配

选择实施混合式学习模式时，第二个需要回答的问题是你们召集了一个怎样的团队来解决问题。第 4 章讨论了不同类型的团队适合解决不同类型的问题，这与机构期望做出改变的程度有关。

如果你们的团队是功能性的或规模较小，那么你们实施混合式学习的可能性就比较小，因为它要求对学校运行的快速改变。功能性或者小规模的团队无法依靠他们自己的力量创造真正的变革性学习模式。相应地，大规模的、自治的团队，对于眼界狭隘的问题会表现出效率低下和官僚主义。因此，第二个问题是：

**问题 2：为了解决特定的问题，你们需要什么类型的团队？**

A. 职能型团队：仅仅是同一课堂、系或者年级层次的问题。

B. 轻量级团队：问题是需要来自课堂、系或年级之外、学校不同部门的教师的合作。

C. 重量级团队：问题是需要改变学校的架构。

D. 自治团队：问题是需要全新的教育模式。

回顾第 4 章的内容有助于回答这一问题。第 4 章详细分析了解决不同问题所需的最佳团队类型。

表 8-2 列举了与这些选择相对应的模式。职能型团队（选项 A）适合

实施就地转换或者翻转课堂这样不依赖于学校其他部门资源的模式。翻转课堂尤其适合职能型团队。许多教师只需要管理层的点头同意就可以实施翻转。然而，这两种模式有时候也需要其他类型的团队，对此我们将稍后讨论。

表 8-2　为了解决特定问题，你们需要什么类型的团队

| | 延续性模式 | | | 颠覆性模式 | | | |
|---|---|---|---|---|---|---|---|
| | 就地转换 | 机房转换 | 翻转课堂 | 个体转换 | 弹性 | 菜单 | 增强型虚拟 |
| A. 职能型团队 | √ | | √ | | | | |
| B. 轻量级团队 | √ | √ | √ | | | | |
| C. 重量级团队 | √ | √ | | | | | |
| D. 自治团队 | | | | √ | √ | √ | √ |

轻量级团队（选项 B）非常适合实施就地转换，或翻转课堂等模式，他们要求学校不同部门的合作，但并不需要新的日程或人事安排等结构性变革。机房转换模式要求机房和课堂、有时还包括其他部门的合作，如果没有重量级团队，但至少都需要一个轻量级团队。翻转课堂受益于轻量级团队提供专业发展、技术和改革基金的支持。

重量级团队（选项 C）是实施就地转换和机房转换模式的理想组织架构，这两类模式都要求课堂、系和学校其他部分创新性的重塑。翻转课堂很少要求学校层面的结构变革，但是许多就地转换模式和机房转换模式都追求在学校发展新的流程和显著变革。重量级团队的领导力有助于这类模式的实施。

自治团队（选项 D）是实施颠覆性模式的最佳选择。与传统的课堂结构相比，自治团队拥有完全的调整预算、人员安排、设施安排和课程的自由，从而最有利于进行颠覆性变革。

## • 与预期学生体验的模式匹配

选择实施混合式学习模式时，第三个需要回答的问题是你希望你的

学生在学习的时间、地点、路径和进度上有多少控制力。在线学习为实现个性化学习创造了机会，而在由 1 名教师和 30 名学生组成的传统课堂中，这几乎没有可能。它使学生能够根据自己的速度，通过暂停、回放和跳过等操作来控制学习进度。它允许学生控制学习路径，包括在提供者层面（"我今天想通过什么方式学习一大段内容呢？是个性化数学云学习平台 TenMarks、可视化的数学辅导软件 ST 数学、Reasoning Mind、ALEKS、课本，还是工作坊？"），以及在指导的层面（"我是要看视频、试试互动挑战、得到一个提示，还是参加测试？"）。在线学习也能够帮学生控制时间和地点。过去他们只能参加线下实时讲授，而现在则能随时在任何地方通过网络获得各类教育体验。

教育者面临这样一个问题：将怎样的控制权力交给学生？一些混合模式允许学生控制部分课程或科目的学习进度和方式，一些模式让他们能控制整个课程，甚至还可以不参加集体面授课堂进行自由学习。以下就是需要回答的问题以及典型回应：

**问题 3：你们想要学生控制什么？**
A. 课程线上部分的进度和路径。
B. 几乎整个课程的进度和路径。
C. 几乎整个课程的进度和路径，以及有时还可以不参加面授课堂的灵活性。

表 8-3 列举了与这些选择相对应的模式。大部分就地转换模式允许学生控制课程线上部分的进度和路径（选项 A）。弹性模式和大多数的个体转换模式允许学生控制几乎整个课程的进度和路径（选项 B）。菜单模式和增强型虚拟模式不仅允许学生控制几乎整个课程的进度和路径，还给予他们不参加面授课程的灵活性（选项 C）。

表 8-3　你们想要学生控制什么

| | 延续性模式 | | | 颠覆性模式 | | | |
|---|---|---|---|---|---|---|---|
| | 就地转换 | 机房转换 | 翻转课堂 | 个体转换 | 弹性 | 菜单 | 增强型虚拟 |
| A. 课程线上部分的进度和路径 | √ | √ | √ | | | | |
| B. 几乎整个课程的进度和路径 | | | | √ | √ | | |
| C. 几乎整个课程的进度和路径，有时还可以不参加面授课程的灵活性 | | | | | | √ | √ |

　　在这些原则基础上，还需要更多详细的说明和例外情况。就地转换、机房转换和翻转课堂在某种程度上限制了学生的控制力。在就地转换和机房转换模式中，学生坐在电脑前自学时能按自己的需要尽可能快地学习。但是，当教师要求他们转换到下一个工位（或者在机房转换模式下返回教室）时，学生通常会回到与小组一致的进度上，并不再拥有进度上的自主，即使他们被动态地与学习进度相似的同学分为一组。在翻转课堂的案例中，学生每天晚上都能以自己选择的速度进行在线学习。但是在第二天的课堂上，他们常常要回到集体的进度或一系列的活动中，即便这些活动适应他们个性化的水平，也是教师针对班级特定教学阶段日程设置的面授活动。

　　当然也有一些例外。一些教师在翻转课堂中融合了弹性模式的元素，以允许学生在面对面的项目中沿着自己的路径和进度前进；在一些就地转换和机房转换模式的在线学习工位之外，有多样的自定进度工位。但是，我们做出这些定义的意图在于向教师团队提供一个高水平的框架来总结这些模式如何与实践相结合，使得他们能够更容易地选择基础模板，而不需要亲自考察所有模式的不同案例。除了这些例外情况，普遍情形是就地转换、机房转换和翻转课堂等单一模式，比其他模式允许更少的学生在课堂面授环节中控制路径和进度。

将注意力转向颠覆性模式，我们能够发现希望实施这类模式的领导者能够选择学生掌控的不同程度。个体转换模式和其他转换模式类似，能够允许学生在在线工位时能控制进度和路径，但是在之后的固定时间段他们又回到与小组一致的状态进度。例如，在 Carpe Diem，学生每 35 分钟就会转换到一个新的工位，而不论他们之前在哪里或之后他们可能愿意做什么。然而，由于每个学生在所有的工位中都有个性化的日程安排，整体体验给学生提供了远比就地转换或机房转换模式更多的对进度和路径的控制。与之相反，弹性模式消解了固定的日程，并允许每个学生浏览内容，并以更流畅的方式在不同的模式间转换。在威奇托公立学校辍学恢复中心，学生在参与"阿佩克斯学习"课程的过程中，在个人学习工位中控制自己的速度。现场教师会将他们拉到一旁参加小组讨论和面对面辅导，但是这些互动只会发生在有需要的时候，而不是有上课铃声提醒的固定日程安排。

如果教师团队希望在路径和进度之外，给学生更多的对时间和地点的控制，可以考虑选择菜单和增强型虚拟模式。菜单课程不要求学生必须来到学校，同时，尽管不是所有的菜单都必然给予学生对学习路径和进度的控制，特别是在完全同步的时候，但一般而言这一模式都具备这一趋势。对于一些学生来说，他们或者在常规的学习日没有时间学习其他课程，或者由于课外活动而经常缺课，又或者因种种原因无法参加某些课程的校内学习，比如学校可能没有适合讲授某课程的教师，自我引导的模式非常适合。增强型虚拟模式与之类似，学生可以但并不必然控制学习路径和进度。关键的不同在于学生必须亲自参加一定时间的面授——可能是一周三天或者一个月三天。这一个模式帮助学校提高设施的使用率，并适合自我引导的学生，他们选择通过远程的方式学习课程部分内容。对于缺乏安全场所支持，以及缺乏父母或其他学习教练在课外监督的学生来说，这些模式并不适合。

## • 与教师角色的模式匹配

优秀的教师是学校能够提供给学生的最重要的资源，对此很少有人会争辩。研究证明，严厉的家庭和无忧无虑的童年对儿童成长非常有利，不过一旦涉及学校的职责，没有什么比杰出的教师更重要的了。

在线学习的到来给教师角色带来了巨大改变，并勾画出不同学习内容间的差别：有些适宜通过软件学习，有些适合在线教师的讲授，而有些则适合通过师生面对面学习。24年来，约翰·伯格曼一直在给中学生做科学类讲座，直到后来他意识到，可以将讲座制成视频并发布到网上让学生在家观看，同时要重新设计课堂时间，使之更多地以学习者为中心、以探究为导向、以项目为基础。

在某些环境中，有人认为教师能为学生做得最好的事是给予他们最好的面对面指导。在其他的一些情境中，当学生拥有丰富的在线学习经历时，最有助的教师角色是走下讲台，去帮助设计学生的学习、提供支持、辅导、指导、促进讨论和学习项目、评价学生的操作和控制，并不断改进。有时教师的最佳角色是亲身走入网络，以在线教师的身份向全球听众传递自己的专业知识。由此，当选择最佳的混合式学习模式时，需要考虑的第四个问题呼之欲出：

**问题4：你们希望教师首先扮演怎样的角色？**

A. 给予面对面的直接指导。

B. 提供面对面的辅导、指导和扩展，作为在线课程的补充。

C. 在线登记教师。

不同的教师可以选择不同的角色，但基于练习的目的，请考虑打算混合的课程或科目的团队组长教师。你希望在此课程中，教师的角色是什么？如同上一个问题一样，没有哪一种模式可以和某一个答案完满地对应。在转换、弹性、菜单和增强型虚拟等模式的许多课程中，教师有不止一种的角色。一些学校在组合不同的模式，从而扩展教师的角色。但出于建立一个基础框架以便进一步应用的目的，表 8-4 列举出在不同的模式下教师首要角色的不同倾向。

表 8-4　你们希望教师首先扮演怎样的角色

|  | 延续性模式 | | | 颠覆性模式 | | | |
|---|---|---|---|---|---|---|---|
|  | 就地转换 | 机房转换 | 翻转课堂 | 个体转换 | 弹性 | 菜单 | 增强型虚拟 |
| A. 进行面对面的直接指导 | √ | √ |  |  |  |  |  |
| B. 提供面对面的辅导、指导和扩展，作为在线课程的补充 |  |  | √ | √ | √ |  | √ |
| C. 在线登记教师 |  |  |  |  |  | √ |  |

就地转换和机房转换模式下，典型的教师行为是在小组中或面向全班进行面对面的指导（选项 A）。他们也会管理其他的工位和模块，但在我们的研究中，几乎所有的就地转换和机房转换案例都将面对面指导视为混合课程 / 科目的主要元素。

相反，翻转课堂、个体转换、弹性和增强型虚拟环境下，教师从课程与内容的基础资源，转变为帮助学生首先通过在线方式获取知识与能力的面授指导者（选项 B）。科罗拉多州伍德兰公园高中的阿伦·西姆斯老师进行课堂翻转后，尽管继续为学生制作在线课程，但他在课堂上停止了讲授，转而帮助学生们完成分组科学实验和探究式项目学习。与翻转前讲授还是课程重要组成部分的时候相比，如今他的课内实验已完全不同：学生戴着实验眼镜、拿着实验记录本热热闹闹地挤在一起，而萨姆斯的角色已转变为管理和策划这样更加热闹的面授环节。在 Carpe

Diem，个体转换模式支持核心学科和选修课程的学习，学生可以完全获得 Edgenuity 提供的在线课程，并轮流到面授工位，参加作为对在线学习支持辅助、而非最基础内容与指导的研讨会和基于项目的学习。

类似地，阿克顿学院（Acton Academy）中弹性模式的数学、拼写和语法等课程，在核心技能的训练上以指南而非教师为基础。指南的角色在于帮助学生：①设定周目标；②描绘自己的学习进度；③保持多种学习内容的组合，并在学生"卡壳"时提出帮助性问题。在增强型虚拟课程中，教师的典型角色与此类似。他们与学生的面授是为了帮助与丰富学生的在线学习，而不是给予日常的、基础的课程。

最后，在某些案例中，最好的方法是由教师给予菜单（选项 C）。对于那些缺乏某些科目合格教师，或在日程安排上有冲突的学校来说，最好的解决办法通常是寻找著名的在线课程或教师。为了满足学生对在线课程的需求，同时学校又愿意自己组建团队而不是向第三方购买时，这些学校就会做出这样的选择。例如，由于教师工会强烈反对雇用外部的在线教师，夸克敦社区学区就会培训其高中教师为在线教师。

## • 与物理空间的模式匹配

在你选择混合式学习的模式时，需要考虑的一个重要限制条件是物理设施空间的现实性。在 2012 ～ 2013 学年末期的"高峰公立学校雷尼尔校区"（Summit Public Schools'Rainier campus），加州圣何塞一所特许学校的数学教师扎克·米勒（Zack Miller）哀叹道："去年（2011 ～ 2012学年）我在混合实验上最大的挑战是，当学生的技能水平和学习差距如此不一时，我依然以同样的进度进行教学。我一直在想'要是我能打破墙壁就好了'。"他感到了教室墙壁和学校大楼那种类似蛋箱似的结构是一种物理空间上的障碍，限制了弹性模式下所必需的学生流动。

因此，在那个夏天学校推倒了墙壁。当秋季开学时，学生就进入了一个 7000 平方英尺的开放学习空间，其中设有可供 200 名学生学习的个体工位，以及四个可供组织小组学习、一对一辅导、工作坊和研讨会的自由空间。[5]

在其他案例中，物理空间更多呈现的是一种机会而不是一种限制。当前程学院（Advance Path Academics）的 CEO 约翰·默里（John Murray）要求学区允许他的公司在校内建立"辍学和学分恢复中心"（dropout- and credit-recovery center on campus）时，他的定位很清晰，"给我 3000 平方英尺的空间，我就将送出高中毕业生"。学区找来未被充分利用的地方，提供给默里的团队进行改造，重塑后的学习空间包括四个区域：父母和参观者接待区、机房、离线阅读和写作区域，以及供教师指导的小组活动区域。[6]

不论是租借、搭建、重造，还是利用可获得的资源，学校必须对其物理设施的现状做出响应。由此引出了有助于教师团队选择正确的混合模式时需回答的第五个问题。

**问题 5：你们能够使用哪种物理空间？**

A．现有教室。

B．现有教室和机房。

C．一个宽敞、开放的学习空间。

D．任何安全、受监控的场所。

表 8-5 概览了每一种混合模式内涵的典型物理空间。大多数就地转换和翻转课堂模式需要现有教室（选项 A）。它们通常要求重新布置家具，有时还需要安装电器插座，但通常情况下，现有传统教室的地面能够满

足这些转换。大多数机房转换也依赖传统的教室来实施常规的面对面指导环节，但需要一台电脑或者技术实验室来支持在线学习工位（选项 B）；没有这类空间的学校很难推动机房转换模式。

表 8-5　你们能够使用哪种物理空间

| | 延续性模式 | | | 颠覆性模式 | | | |
|---|---|---|---|---|---|---|---|
| | 就地转换 | 机房转换 | 翻转课堂 | 个体转换 | 弹性 | 菜单 | 增强型虚拟 |
| A.　现有教室 | √ | | √ | | | | |
| B.　现有教室和机房 | | √ | | | | | |
| C.　一个宽敞、开放的学习空间 | | | | √ | √ | | √ |
| D.　任何安全、受监控的场所 | | | | | | √ | |

相比传统的墙壁隔离的教室来说，宽敞、开放的学习空间更有利于个体转换、弹性和增强型虚拟模式（选项 C）。超大教室空间的价值在于它既允许学生在多种形式间的流动，也让教师的指导能够在不同个体工位、学习小组和不同分隔区域的学生之间轻松切换，传统教室在紧要关头能发挥作用，但是更大的、更灵活的空间更适合这些模式。增强型虚拟模式的一个特点是它极大地减少了单个学生必需的面授时间，这就要求创新的日程安排，以使既有空间能为更多的学生服务。

能够适应不同空间限制的、最灵活的是菜单模式。它在传统教室、机房、学校图书馆和任何安全的、受监管的或拥有良好网络连接的校外场地都能同样地运转良好（选项 D）。不过，当学校希望为大量学生同时实施菜单模式提供舒适的、有监管的场所时是一个例外，这需要一个足够大的房间。在第 3 章中，我们讨论了迈阿密戴德郡公立学校联盟怎样建立了每个房间至少容纳 50 名学生的虚拟学习实验室。当学生通过佛罗里达虚拟学校来实施菜单模式时，大的房间允许学区更有效率地监督他们。同时，许多菜单模式也以网吧（cyber cafes）的元素为特色，学生可以在其中进行朋友间的相互学习。

## • 与可用的网络设备的模式匹配

在选择混合式学习的模式时，可连接网络的计算机等设备，就像物理设施一样，可以起到决定性作用。这仅仅是因为有时这就是支配性的限制条件。学生可用的设备越少，能够实施的模式也越有限。因此，第六个问题就出现了：

**问题 6：有多少支持网络连接的设备可供使用？**

A．够一部分学生使用。

B．足够所有的学生在整个课上使用。

C．足够所有的学生在整个课上使用，并且在课后或者回家后也能使用。

支持网络连接的设备包括桌上电脑、笔记本电脑、平板电脑以及手机等。不过，虽然平板电脑和手机作为消费品来说足够方便，但就其本身而言，作为"生产工具"并不合适。换言之，用它们来观看视频或其他媒体都很棒，但不能指望学生们能使用它们来撰写论文或者完成数字化的项目作业，除非它们也有足够大的键盘和屏幕（我们注意到越来越多的学校将平板电脑连上键盘进行使用，以克服它们的这类低效率问题）。

在不能满足每位学生都拥有一台网络设备的教室里，某些混合式学习模式也能运行良好。相反，另一些模式要求每一个孩子都能够使用一台网络设备，不仅仅是在学校，甚至还包括在家里。表 8-6 概括了不同模式所需的最佳情况。

表 8-6　有多少支持网络连接的设备可供使用

| | 延续性模式 | | | 颠覆性模式 | | | |
|---|---|---|---|---|---|---|---|
| | 就地转换 | 机房转换 | 翻转课堂 | 个人转换 | 弹性 | 菜单 | 增强型虚拟 |
| A. 够一部分学生使用 | √ | √ | | | | | |
| B. 足够所有的学生在整个课上使用 | | | | √ | √ | | |
| C. 足够所有的学生在整个课上使用，并且在课后或者回家后也能使用 | | | √ | | | √ | √ |

我们的一个重要发现是，当无法实现学生人手一台设备时，许多混合式学习项目也能成功实施（选项 A）。KIPP Empower 学院和 KIPP Community 社区预备学校的"设备－学生比"都只能大概维持在 1∶2 的水平。[7] 这样也行，因为它们的就地转换设计通常只需要学生在在线学习工位能够使用电脑就可以。[8] 有的学校甚至创建了只有 6 个工位的就地转换模式，这样大大减少了对技术的需求。许多学校在没有人手一台设备的情况下也实施了机房转换模式。一个只能同时容纳 130 名学生的学习实验室，在转换模式下足够一所有将近 600 名学生的学校使用。[9]

相反，个体转换和弹性模式则要求学生在混合课程 / 科目的整个阶段都使用计算机（选项 B）。在这两种模式中，网络支撑了学生的整个学习过程，他们不用排队等待就能够连上网而获得学习资源和指导。

其他三种模式对网络设备的要求更多。当学生在学校里的整个混合式学习阶段和在家里完成在线任务都能够使用网络设备时，翻转课堂、菜单和增强型虚拟模式就可以成功实施（选项 C）。在某些菜单模式的案例中，学校期望学生在校内使用学校的电脑完成课程，但这限制了学生通过校外时间的课程加速学习的能力。总的来说，这三种模式下学校的最佳设备方案是确保每一位学生在校内和家里都能够使用上网设备。

## • 对选项进行排序并做出选择

当你们的团队已经思考了上述六个问题并进行了相关的分析，你们就可以开始选择混合式学习模式了。首先可以使用表 8-7 对我们分析过的六个问题进行排序。在你们的环境中，哪个问题影响最大？有哪些固定的限制？我们咨询的一些天主教学校无法在混合式学习试点中向每位学生提供电子设备，对于他们来说问题 6 最为重要。宾夕法尼亚州的一些学校面临着社区对于用在线学习代替传统教学的强烈反对，问题 1 就是他们首先需要考虑的问题。罗德岛的一些学校修建了新的设施，他们就需要对问题 5 加以特别的考虑。

表 8-7　选择适合你们情境的模式

| 结合你们的需求，在每个问题上对各模式打分 | 延续性模式 | | | 颠覆性模式 | | | |
|---|---|---|---|---|---|---|---|
| 问题 | 就地转换 | 机房转换 | 翻转课堂 | 个体转换 | 弹性 | 菜单 | 增强型虚拟 |
| 1. 你们打算解决什么样的问题 | | | | | | | |
| 2. 为了解决特定问题，你们需要什么类型的团队 | | | | | | | |
| 3. 你们想要学生控制什么 | | | | | | | |
| 4. 你们希望教师首先扮演怎样的角色 | | | | | | | |
| 5. 你们能够使用哪种物理空间 | | | | | | | |
| 6. 有多少支持网络连接的设备可供使用 | | | | | | | |
| 总分 | | | | | | | |

在按重要性或是颠覆性进行排序后，根据你们对问题 1 ～ 6 的回答，将每种模式的得分加总，[10] 这将帮助你们对每种模式与所有六个问题的适应状况建立感觉。适合你们项目的最佳模式要达到两个最佳：满足你们的首要需求，且最多的方面与你们的需求有关。更多的说明请参考本章最后的附录 8-1，在六个问题上对每一种模式进行了概要比较。[11]

## • 走向多元模式

复杂化的模式选择，也可能意味着大量创新的机会。我们发现很多学校不局限于只选择一种模式，而是会随着环境与需求的呈现变化而建立一种模式选择的持续进程。例如，加利福尼亚州霍桑的达·芬奇学校（Da Vinci Schools）就将翻转课堂和机房转换结合：教师给学生新的在线内容以供在家学习；第二天到学校后学生会在小组指导学习、团队合作项目、咨询、实习项目、项目实验室和在线学习实验室之间进行转换。[12]

底特律面向未来学校（SFF）会安排到校生进行个体转换模式学习，他们会根据定制化的日程表在不同课堂、个体工位、实习项目和社区体验项目之间转换。当进入到 SFF 高级水平之后，学生在学习方式、地点和内容等方面能得到更大的自主与更广的选择。他们的"无限校园"（limitless campus）项目包括了一系列菜单式高中和学院课程。[13]

肯塔基州的丹维尔独立学校（Danville Independent Schools）依靠机房转换模式来帮助学生完成基于能力的核心课程。通过标准化测试、任务表现或教师推荐来体现能力。在熟练掌握州立学院水平和职业准备标准的内容后，学生将进一步地基于个性化路径、对自我选择的领域进行学习，并能够自由地投入菜单课程的学习。[14]

有关"学校"和"教室"的措辞已经落伍。教育者开始谈论学习工作室、学习广场和家庭基地，以尝试实践这样一个概念：依照每一位学习者的需求，[15] 学校提供系列可选项。为了进一步开发完整的菜单，对模式进行选择并发展的过程必将持续。

### ••• 小结 •••

- 相对于从零开始地设计混合式学习模式，领导者应该从已有的模式中进行选择——就地转换、机房转换、翻转课堂、个体转换、弹性、菜单和增强型虚拟模式，然后改造它们。

- 问题 1：你们打算解决什么样的问题？涉及大部分学生的核心问题适合采用延续性模式，非消费问题非常适合应用颠覆性模式。

- 问题 2：为了解决特定问题，你们需要什么类型的团队？当你们有

一个自治团队时，颠覆性模式更容易成功，而三种延续性模式更
为灵活。

- 问题3：你们想要学生控制什么？有三种模式允许学生在课程的在
  线部分控制自己的进度和路径，另外的模式则给予了学生更多的
  控制权。

- 问题4：你们希望教师首先扮演怎样的角色？一些模式下教师更多
  地发挥了指南或在线教学的功能，而不是面对面的教导。

- 问题5：你们能够使用哪种物理空间？除了就地转换和翻转课堂，
  其他所有的模式都需要非传统的教室空间。

- 问题6：有多少支持网络连接的设备可供使用？当只允许一小部分
  学生同时使用电脑时，就地转换和机房转换模式能够良好运转。

- 教学团队必须通过分析不同模式在不同范围和不同程度上与他们
  的需求相契合的情况来进行选择。

- 创新型的学校会重复这样的过程，以便提供一系列模式让学生选择。

附录8A

# 哪种混合式学习模式最适合你们的情境

附录 8-1

| 问题 | 就地转换 | 机房转换 | 翻转课堂 | 个体转换 | 弹性 | 菜单 | 增强型虚拟 |
|---|---|---|---|---|---|---|---|
| 你们打算解决什么样的问题 | 面向大规模学生的核心问题 | 面向大规模学生的核心问题 | 面向大规模学生的核心问题 | 非消费问题 | 非消费问题 | 非消费问题 | 非消费问题 |
| 为了解决特定问题，你们需要什么类型的团队 | 职能性、轻量级或重量级 | 轻量级或重量级 | 职能性或轻量级 | 自治 | 自治 | 自治 | 自治 |
| 你们想要学生控制什么 | 课程线上部分的进度和路径 | 课程线上部分的进度和路径 | 课程线上部分的进度和路径 | 几乎整个课程的进度和路径 | 几乎整个课程的进度和路径 | 几乎整个课程的进度和路径 | 几乎整个课程的进度和路径，以及有时还可以不参加面授课堂的灵活性 |
| 你们希望教师首先扮演怎样的角色 | 面授指导 | 面授指导 | 提供支持在线课程的面对面指导、辅导和拓展 | 提供支持在线课程的面对面指导、辅导和拓展 | 提供支持在线课程的面对面的指导、辅导、拓展 | 在线登记教师 | 提供支持在线课程的面对面指导、辅导和拓展 |
| 你们能够使用哪种物理空间 | 现有教室 | 现有教室和机房 | 现有教室 | 宽敞、开放的学习空间 | 宽敞、开放的学习空间 | 任何安全、受监控的场所 | 宽敞、开放的学习空间 |
| 有多少支持网络连接的设备可供使用 | 足够部分学生使用 | 足够部分学生使用 | 足够所有学生在课上和在课后或家中使用 | 足够所有学生在整个课上使用 | 足够所有学生在整个课上使用 | 足够所有学生在课上和在课后或家中使用 | 足够所有学生在课上和在课后或家中使用 |

## • 注释

1. Nick DiNardo, "A Cross-Country Roadtrip to Design a School," EdSurge, January 14, 2014, https://www.edsurge.com/n/2014-01-14-a-cross-country-roadtrip-to-design-a-school (accessed January 17, 2014).

2. 推荐访问克莱顿·克里斯坦森研究所的"混合式学习大学大全"网站 www.blendedlearning.org，浏览更多混合式学习项目主页和案例研究，以了解更多运行模式。

3. 我们注意到颠覆性创新同样应用于那些已有解决方案、而用户被过度服务的问题。我们也注意到这会使某些人感到疑惑：专家通常关注困难和具有挑战性的问题——在学校的案例中意味着满足学生最高的需要和解决最复杂的问题，但是成功的颠覆性创新通常会解决一开始不那么复杂的挑战。

4. 关于晶体管的故事缩写自：Christensen and Raynor, *The Innovator's Solution* (ch. 3, n. 15), pp. 103-107.

5. Diane Tavenner, "Embarking on Year Two: Moving Beyond Blended Learning," Blend My Learning, November 27, 2012, http://www.blendmylearning.com/2012/11/27/embarking-on-yeartwo-moving-beyond-blended-learning/(accessed January 18, 2014).

6. Staker, "The Rise of K–12 Blended Learning" (introduction, n. 34).

7. Bernatek, Cohen, Hanlon, and Wilka, "Blended Learning in Practice" (introduction, n. 39), p. 18.

8. 学生通常会在两三个工位间转换，其中一个是在线学习方式，这就意味着在转换过程中只需 1/2 或者 1/3 的学生同时使用电脑即可。Bernatek et al., "Blended Learning in Practice."

9. 同上。

10. 这些问题也能帮助你们在一定预算条件下考虑实施混合式学习。本书没有就有关混合式学习中预算和财政支持的主题进行深入讨论。

11. 我们也强烈建议教育工作者查阅混合式学习实施指南（Blended Learning Implementation Guide）(ch. 1, n. 11) 获得帮助。本章的六个问题和附录 8A 提供了通过这些问题形成的高水平思考路径，而指南则更详细地讨论了一些本书没有涉及的操作性问题。

12. "Da Vinci Schools: Da Vinci Communications," Next Generation Learning Challenges, http://net.educause.edu/ir/library/pdf/NG1205.pdf.

13. "Schools for the Future: SFF Detroit," Next Generation Learning Challenges, http://net.educause.edu/ir/library/pdf/NG1215.pdf.

14. "Danville Independent Schools: Bate Middle School and Danville High School," Next Generation Learning Challenges, http://net.educause.edu/ir/library/pdf/NGP1301.pdf.

15. Pearlman, "Designing New Learning Environments to Support 21st Century Skills" (ch. 7, n. 33), p. 126.

第9章

# 塑造文化

你有没有曾经走进过这样一所学校：报纸上看着很不错，实际却有点糟糕？学生没有做他们应该做的事，老师看上去疲惫不堪，又或者设施也很凌乱。在所有为创造教育改革而发起的头脑风暴和设计之后，实施是最重要的。而当文化出现不适合或者不平衡的状况时，实施环节便会土崩瓦解。

文化冲击着诸多模糊的话题，影响本书中涉及的混合式学习的设计与实施。这是人们倾向于以拐弯抹角的方式探讨的问题之一，他们认为一个组织的文化飘在空中，有人会说，"文化的存在需要你去感受"。

但是，文化是任何混合式学习项目成功的关键。一个在混合式学习模式学校工作的朋友提醒过我们，"混合式学习能够促进积极文化的发展并且让它变得更好，但它同样会造就一种不好的文化，同样让其变得更糟糕"。[1] 由于混合式学习赋予学生更多的自控性以及灵活性，所以文化在其中有着特别积极或者特别消极的作用。如果学生缺少过程和文化的准则去自我把持这种工具 / 力量，个人环境的转变会产生事与愿违的结果。[2] 不给文化这一主题下定义就不能给混合式学习项目中最重要部分的组成部分下定义。实际上,这是忽视了学校最重要的组成部分之一。

这意味着,即使一个团队设计好了混合式学习模式的方方面面——从师生体验到生理以及心理环境,这个团队的工作仍然没有完成。事实上,如果团队成员没有将注意力放在设计、创建强有力的文化规范上,并与他们的设计结合使其运行流畅,将会很快失败。不管着手努力的混合团队是职能性的、轻量级的、重量级的或自治的,他们都该知晓努力关注每个能够精巧地塑造适宜文化的细节。

如果文化的概念是如此重要而又关键的话,团队应该如何掌控并塑造它,以尽可能成功呢?这基于对文化概念的理解。同样,如果成功开展混合式学习如此重要,那么又该如何来塑造一个"良好的"文化呢?

## • 什么是文化

一位来自组织文化领域的领军学者,麻省理工学院的名誉教授埃德加·沙因(Edgar Schein),[3] 曾经给组织文化下过这样的定义:"文化是一种向着共同目标而一起工作的方式。这种方式被频繁而成功地沿用,以至于人们不会再想去尝试其他方式。如果说文化形成了,人们会自主地去做通往成功的事情。"[4]

"教师休息室简直乱得一团糟,谁负责清理这个地方啊?"

"我们要如何处理家长的投诉?"

"约翰已经旷课 10 次了,我们应该怎么办?"

"我们如何降低食堂噪声?"

每当遇到问题或者任务出现的时候,负责人都会做出决定,决定关乎做什么和怎么做。如果他们的解决方案成功了,当下一次遇到类似问题时，他们很有可能会再一次使用这个方案；如果证明是不成功的，学生会反对、老师会抵制甚至校长会批评。例如，负责解决方案的人下一次可能会寻求不同的解决方案。在不断试错的过程中，负责人会不断完善其所学关于组织的模式——该组织的优先事项，如何执行这些过程。他们获知哪些行为可以获得组织的奖励，哪些行为会遭到惩罚。

最后，整个系统会运转自如，以至于这些方案和优先权会变成条件反射。只要日常工作运作正常，为什么要去改变呢？一种文化围绕着这些行为开始形成。

学校有很多方案和优先权，可以随着时间的推移合并到一个共享的文化中。如果学校的管理者找到一个使学生课程表编制顺畅的流程，那么下一次他们可能会使用相同的方式。随着时间推移，这就变成了一种课程安排的文化，而不需要对此有更多的思考。如果老师发现以某种方式来启动课堂讨论会吸引学生，他们很可能会再次采取这种方式，这逐渐将会成为课堂文化的一部分。[5]如果学生意识到在走廊中步行会得到表扬、跑步会受到训斥，随着时间推移，一种文化规范就会形成，学生会更容易调节他们在走廊步行的速度。

文化力量的形象表述是，组织成员合力成功完成某项任务，最终形成默契无须询问对方要做什么。因为有效，他们认为此方法应该一直沿用。换句话说，这满足了特定组织的优先事项和价值观。因此，组织逐步自治，人们自觉按照规范完成工作获得成功。[6]

## • 文化对儿童的力量

儿童组织因为努力帮助成员们为了同一目标实现而做好自我管理，所以经常获得表彰。从艾尔一家的故事可见文化在一个组织中对孩子的力量。

理查德（Richard）和琳达·艾尔（Linda Eyre）有九个孩子，他们花了一生来诉说、描写如何建立一个成功的家庭。[7] 他们出现在很多节目中：《奥普拉脱口秀》《今日秀》《黄金时段现场》《60分钟》和《早安美国》。有一本书里谈到教育孩子的责任，艾尔说到了她遇到的问题。当她还是三个孩子的年轻母亲时，常为孩子们不愿整理自己床铺感到恼火。一个干净整洁的屋子对她来说是首要目标，她渴望知道该如何把这个概念灌输给孩子们。起初，她唠叨和抱怨每个没整理好床铺的孩子，这个方法很快被证明了它只能激化家长与孩子的矛盾。之后，她试图忽略这些烂摊子，希望孩子能自觉成长。时间一点一滴地过去，但这个方法同样无效。她又尝试了默默忍受和批评教育两种方式，但仍徒劳无功。

最后，她找到了可行的办法。首先，她教给孩子如何整理床铺。每天早上，她挨个带着孩子一起叠被子，等孩子们学会了这项技能后，她和丈夫把大家召集在一起，讨论怎样一起解决一些对每个人的幸福生活都很重要的琐事。然后他们让孩子们设定目标：叠被子、打扫自己的房间和刷牙。14岁孩子的目标是——每天叠被子。艾尔发现，一周内的四天目标都实现了，另外的三天，只需要简单提醒，就能带来立竿见影的效果。

通过反复尝试、失败和思考，艾尔发现了行之有效的方法：首先，教孩子们怎样去做；然后，让他们设定的目标。艾尔不断重复使用这个方法，从叠被子到准备早餐、做饭，再到其他家务。一段时间后，共同承担家务的家庭文化逐渐形成。[8]

## • 文化在校园中的力量

如同文化在公司与家庭中发挥作用一样，文化对于学校实现使命有至关重要的作用。一个朋友向我们讲述了一所学校，它创立于20世纪90年代中期的旧金山，亟待文化变革。该学校与诸多学校一样面临一个问题：经过漫长的一天，老师们最想做的就是坐着挨到会议结束。他们已经非常疲倦，而且为了准备第二天的授课还有更多的工作要做。家庭在招手，会议成了累赘。

但是会议又是至关重要的：教师们能够交流全校的活动，为教师提供时间修整课程方案。我们面临的挑战是如何让此更高效并让教师们有充分的参与感。

学校决定尝试一种新的方法来解决这个问题。该过程涉及一种提高会议运行质量的方法，该方法由互动关联（Interaction Associates）——一个全球性领导力开发公司创建。该方法介绍各种提升会议效率的模式，特别是让教师们在会议伊始就保持充分的热情，营造一个良好的开端。会议以教师们分享赞赏或"联系"开始。如同我们的朋友说的那样：

> 研究发现，如果老师们感到被同事赞赏和感谢，或者与同事有紧密联系，将提升他们的工作效率。赞美改变会议的基调和感受，让人们的注意力从无用的干扰上转移到那些有价值的东西上面。赞美的内容可以是同事、学生、家庭成员或其他任何东西。无须点明，我们通常会给3～5分钟，用于相互赞美。它对改变会议的工作方式确实起到了积极作用。当不好的事情发生时，"联系"变得至关重要，如"9·11"事件之后赞美就不合时宜了，取而代之的应当是"你如何感同身受"。

流程运行顺畅后，学校反复采用此方式，直至其嵌入文化。随后朋友离开了学校，12年后，他重返该校时对所见所闻深感吃惊。员工和教师们仍然在会议中践行互相"赞美"。当他询问为何如此时，无人知晓，仿佛又顺理成章。自从他离开后这种文化被保留了下来，这也表明文化不仅强大，而且持久。由于文化将会持续相当长的时间，所以在管理文化的过程中我们要十分谨慎。

## • 如何塑造文化

无论是艾尔家的传统还是会议中"赞美"的传统都证明，领导者其实可以塑造自己的组织文化。就学校而言，在某些情况下文化已经存在，但它作用甚微。学生不上轨道，教师不堪重负，一些关于文化的平衡度欠佳。许多领导者此时的下意识反应是，攻击文化本身并呼吁文化变革，但是只谈论文化是不能奏效的。其他领导者，特别是近些年来的一些城市管理者，试图通过发起"改变或者灭亡"的运动，来推动辖区内的文化地震，但却遇到了强大的阻力，效果不尽如人意。[9] 不过可喜的是，领导者无须等待或推动强有力的危机来促进变革，他们可以通过对流程更为细致的管理来促成改变。

教育者可以通过遵从一系列规则，来刻意打造一种文化。首先，定义一个反复出现的问题或任务；摒弃学校现有相应该问题的模式，推陈出新，尝试一些能够改进工作的新方法。

其次，从组织中挑选一个小组来探索如何解决此问题。即使失败也无妨，只需让它使用不同的方法再次尝试。一旦获得成功，不要解散队伍，而是让其来解决相同的反复出现的问题。团队采取相同方式解决相同问题积累起了越来越多的成功经验之后，处理该问题将更得心应手。文化就是通过重复形成的。但是通常情况下，当问题出现时，如果解决方案发挥了作用，工作结束团队随即解散；反之，领导者会调整或者批评团队。以上两种解决方式都不适于创建文化。[10]

若某种文化被证明有效，组织应当记录下来并尽可能经常去讨论它。

许多学校领导通过推广镌刻着学校文化的手工艺品，感受到了其中的价值。杰夫和劳拉·桑德弗对于定义与推广阿克顿学院的核心文化拥有宗教般的狂热，这种文化也许并不适用于每个人，但却能够在他们的社区中发挥重要作用。这些核心文化包括：

- 每个人都承担着学习者与指导者的双重角色。指导的职责通过自发的互助体现在整个社区，使得每个人的需求与供给得到了匹配。
- 由同行评价工作质量，与世界一流的案例作对比，或在工作室展览过程中由参观者进行评价。
- 将学生和家长作为重要的合作伙伴。每周学生和家长都会收到客户满意度调查表并匿名填写，结果将会被发布。[11]

但是，仅仅书面或者口头探讨文化是远远不够的，行胜于言——领导者制定决策也需要遵循文化。试想，如果在家庭中，家长仅仅表示"这就是我们家的规矩"，在行动中却没有与之相匹配的奖励、惩罚，或通过事例引导孩子，那会发生什么？沟通很重要，但更重要的是能够沟通并贯彻执行。

你可以通过询问，"组织成员能够按照文化要求，选择行事方式？所做的决定是否符合组织文化？"来判断组织文化的健康程度。

修正错误的文化和重建新文化，规则是相同的。我们需要识别并定义在新的组织中需要解决的问题，然后解决它们。如果解决方式是有效的，随即重复这种方式，直至它被深植于组织文化之中。

以下列表概述了创建或调整文化的基本原则。

### 如何使塑造文化

- 定义一个重复出现的问题或者任务。
- 指定一个小组去解决问题。

- 如果小组失败，要求他们用不同的方式再次尝试。
- 如果成功，要求同一小组每次碰到这类问题时采取同一方式处置。
- 记录并改进你的文化。
- 以与文化契合的方式工作。

## • 文化在实施混合式学习过程中的作用

塑造文化对于任何一所学校都是至关重要的，尤其是在混合式学习背景下。

奥利弗·西卡特（Oliver Sicat），在他就任南加州大学海布瑞得高中（USC Hybrid High School）首席执行官 6 个月后，他说了如下一段话：

> 如果说我们真的从特许状 V.1.0(charters V.1.0) 中学到什么的话，那就是文化关系重大。我指的并不是单一的文化形态，而是让学生能够清晰理解、赏罚分明的文化。如果你正在建立一种开放的学习环境，这是当务之急。我们如何规划、培训和管理学生与员工，决定了我们希望塑造什么样的文化，我们需要明确它的重要性，随后展开学习。[12]

以上是结论。接下来的三个例子将让我们重回起点。

---

第 19 号视频：南加州大学海布瑞得高中转变教师的角色，同时创建审慎文化传播弹性模式。

### 阿纳卡斯蒂亚高中

阿纳卡斯蒂亚高中（Anacostia High School），在剖析这所位于华盛顿特区、拥有 697 名学生，并且长时间作为地区表现最差的高中时，我们发现一份来自美国企业研究院（American Enterprise Institute）的报告，强调了该校向混合式学习环境转变所做的努力。报告的作者提及，该校学生利用上网本访问多种在线多媒体工具以辅助的学习，并参与能够提供即时反馈的在线评测。该报告谈到了学生如何使用各自的密码登录学习，教师可以据此跟踪每个学生的学习进展。

但是，作者谈到，在他们观察过程当中，学生使用的是通用 ID 而非个人的。部分学生登录还存在问题，有的学生甚至花 5 分钟才登录成功。教师同样也没有利用在线评估工具，取而代之的是传统考卷；学生碰到生词也没有使用电子字典或者谷歌，而是去书架查阅字典。[13]

这是一个典型的案例，即学校负责人并没有积极地塑造文化，而是由其任意发展。学校没有主动做到以下三点：①界定学生、教师及员工在混合式学习环境下会面对到的问题；②指定一个团队寻找成功的路径来克服困难，完成任务；③让团队重复解决类似问题，来形成并强化这种文化。正是由于这方面工作的缺失，诸如学生花 5 分钟登录网站、没有使用个人 ID、翻阅纸质字典查阅生词，这些行为通常被认为是无关紧要，却造成了事实上的文化混乱。

### 吉尔罗伊预备学校

吉尔罗伊预备学校（Gilroy Prep School）是一所位于加利福尼亚州吉尔罗伊的使用机房转换模式的特许学校。这里的学生都清楚，一旦他们走入传统的教室，他们就要在 12 秒内入座，并根据指示板上的内容马上开展学习活动。当他们走入机房，他们必须在 15 秒内佩戴上自己的耳机并且登录软件。效果就是，学生们很清楚当他们处于学习环境时，他们没有可以挥霍的时间。此外，学生们每天需要在不同的小组活动中轮换五六次，而他们也会抓紧间隙的时间休息、调整，并为下一个任务做好准备。虽然吉尔罗伊预备学校的文化未必适用所有人，但其却在该校发挥了作用，它在加利福尼亚州 2011 年 12 月开设一年的特许学校 API 测评中，获得了 978 分的最高分。[14]

---

📺 第 20 号视频：吉尔罗伊预备学校学生体验机房转换模式作为日常课堂的主要特征。

---

### 卡帕蒂姆学校

对卡帕蒂姆学校（Carpe Diem School），这所我们在第 1 章中介绍的实施混合式学习模式的学校而言，文化是它们获得成功的关键。学校的创立者里克·奥斯通花费了可观的时间，与学校的老师、员工和学生一起探索以何种方式应对经常碰到的挑战或者情境，并形成了能以学生学习为主且尊重学生需求的有效流程，也可以称为"常规模式"。卡帕蒂姆学校的学生每隔 35 分钟需要为他们下一个任务做好准备。老师要求学生有效地在活动之间或者从非学习活动向学习活动转换，这对于学生来说非常重要，这能使学生在到达他们活动区域时不浪费宝贵的学习时间。奥斯通发展了一种能使学生在不同活动间转换调节的有效模式。一位卡帕蒂姆学校的观察者回忆道，奥斯通给学生们展示早上要像行军一样进入学校，然后要求在每个学年的开始都让学生们户外拉练，即使室外温度高达 38 度，他的文化理念就是"神圣"。如何使这一模式有效实施是至关重要的！为了能确保学生们表现良好，并且知道在不同情境下使用何种常规模式，每一个细节都至关重要。

学校的老师和工作人员也要求执行这些要点。在我们参观卡帕蒂姆学校时，我们看到一些学生头趴在书桌上，明显在打盹。我们询问奥斯通，是否有老师会批评这种行为。我们问这个问题的初衷，是希望他也能反问我们一些问题，诸如难道你在工作中就不需要短暂休息或打盹儿？如果领导训斥你，就能够提升你的工作效率吗？他告诉我们，就如同我们在工作时一样，有时候学生也需要片刻休息，而这完全没有问题。他和老师们所需要做的，就是当学生休息时间过长时，上前去确认这个学生一切正常。根据学生的回答，并且假设一切都正常，他们有时甚至会让学生在回到学习状态前再多休息片刻。当然，正如我们观察到的那样，这些把头趴在书桌上打盹的学生，一两分钟后就回到了学习状态，继续投入地学习。

奥斯通也和其他的混合式学习教育者一样，会帮助学生们理解其职责，并且让他们知道在面对挑战时，哪些行为是可取的，哪些是要规避的。这种帮助学生们迈向成功的文化，使学生们认识到，卡帕蒂姆学校是一所尊重他们，并且希望他们成功的学校。

通常，混合式学习环境与传统环境最大的区别是，在同一间教室的学生可能需要使用不同的学习模式，并练习各种各样的技巧。这一氛围要求学校文化支持灵活多样性。在这一教学环境下，老师势必要将教学文化塑造的让学生拥有较高预期，并且要求学生能够掌控自己的学习。当该文化形成后，学生自习时，老师就不需要时刻监督了。虽然在这种情形下可能出现混乱，但如果老师之前已经全力以赴来创建一种强大、规则和预期明确的文化，它就能通过明确的教学方法有效地贯彻下去。问题的关键并不是学校要长期安静抑或长期喧闹，而是学生需要在高效学习时能够拥有安静的环境，在合作时也能够有秩序地"喧闹"。

## • 现在还为时不晚

有些人读到这里，可能会觉得为时已晚——他们学校的文化已经形成，但并不尽如人意。

重塑文化不需要从调整一个巨大的、功能失调的文化开始。正如我们前文提到的，塑造文化是以一个个小任务为开端。学生如何进入教学楼？安排几个学生（甚至可以是一个团队）找出可行的流程，不断重复，然后推广。接下来进入到下一个任务。

我们参观了一所位于加利福尼亚的学校，它就发现了塑造文化的重要性，但一开始也遇到了阻碍。虽然这是一个弹性模式学校，但它在很多方面模仿了卡帕蒂姆学校的设计。经过一年尝试，并未达到预期效果。到底是什么地方出了问题？分析来看，学校在暑期之后就开学了，以至于工作人员没有充足的时间来设计详细的流程应对学生数量众多、大规模、开放的学习环境。因此，老师、员工和学生只能自己摸索。因该组织并未就那些关乎学生成功、需优先考虑的事项上达成一致，这些自发的流程并没能实现最终目标。在大多数情况下，员工和学生会倒退到个人熟悉的、原来情境下的模式，而这并不适用于混合式学习。学校一开始没有做好文化塑造工作，就会有一批学生在整个学年学习中掉队。

努力在第二年调整学校文化的工作非常重要也非无法解决。校长安排团队研究学生的日常互动、活动与挑战；思考学校期望的良好习惯；能够跟踪良好习惯的系统；如何培训学生形成这些习惯；如何确保教师与员工将学校希望灌输的流程与目标付诸实践。这意味着要观察学生某一天可能遇到的挑战，包括他们迟到了如何处理？需要上洗手间如何反应？电脑出故障怎么解决？需要登录被屏蔽掉的或有问题的网站怎么办？

学校建立的流程有时是不可预测的。例如，学校开发了举手模式，以至于教师无须穿过这个教室来处理某个学生的问题。学生对功课有疑问，学校教给他们可以在向教师求助之前，上网寻找答案或者向同学请教。当学生提出问题时，经过培训的教师会给学生提出另一个问题，让学生就这个问题展开研究，对自己的学习负责，这里教师并不是仅仅给出一个答案，而让学生回避开探索真知的艰苦环节。尽管仍需要克服很多早期错误遗留下的问题，但对文化塑造的关注仍然使得该校收获颇丰。

### ••• 小结 •••

- 塑造适宜的文化是混合式学习成功的关键。

- 埃德加·沙因将文化定义为，"文化是一种向着共同目标而一起工作的方式，这种方式被频繁而成功地沿用，以至于人们不会再想去尝试其他方式"。

- 文化包含在组织流程（即共同工作的方式）以及优先权（即形成决策的标准）当中。

- 塑造文化的方式，是定义亟须解决的问题，安排团队逐个解决这些问题。如果团队未能成功，给予重新尝试的机会；一旦成功，就让他们重复解决该问题的方式，直至被内化为组织文化的一部分，组织将其记录下来，不断巩固，并使后续的工作与之相适应。

- 在混合式学习环境中，有无数活动与问题反复出现。有意识地总结解决这些问题时采用了什么方式及组织关注的重点，这些对于建立引导学生成功的文化至关重要。

- 重塑文化不需要从调整一个巨大的、功能失调的文化开始，而是从单个任务开始，优化流程与工作重点，任何时候都不为晚。

### • 注释

1. 感谢教育要素公司（Education Elements）的创始人安东尼·金（Anthony Kim），该机构帮助学校实施混合式学习方案，感谢金多年以来为塑造学校文化所做的工作。同时，也感弗雷莱克斯公立学校创始人马克·库什纳（Mark Kushner），该校在美国建立了多个混合式学习学校，帮助我们更深刻地理解了文化如何在学校中发挥作用，以及形成正确文化的重要性。前教育部长罗德·佩奇（Rod Paige）在《休斯敦纪事报》上对此理念给出了进一步阐述，"另一个区分教育技术成功与失败的要素是所有成功学校均具备的：文化和价值"，参考罗德·佩奇的"佩奇：数字教室正在重塑教育"，《休斯敦纪事报》。2014 年 2 月 8 日（http://www.chron.com/opinion/outlook/article/Paige-Digitalclassrooms-are-reshaping-education-5217202.hphp?cmpid=opedhphcat）。

2. 2013 年 6 月，硅谷学校基金会 CEO 布莱恩·格林伯格在一次邮件中跟进其基金会参与工作的学校进展时提及此点。

3. 本部分改编自由克莱顿·克里斯坦森出版的笔记《什么是组织的文化》，哈佛商学院，2006 年 8 月 2 日（9-399-104）。该笔记很大程度上借鉴了埃德加·沙因的《组织文化与领导力》（旧金山，Jossey-Bass，1988）前三章中的概念。同时，本部分也借鉴了克雷·克里斯汀，凯伦·狄龙与詹姆斯·奥尔沃斯的《你如何衡量自己的生活》（纽约，HarperCollins，2012），第 9 章。

4. 沙因针对组织文化用了一个更为正式的定义。他的描述是，"组织文化是一系列基本假设，是在处理其所面临的外部适应性与内部整合问题时发明、发现或者发展出来的，其良好的运行使其有效性得到了认可，因此这种组织文化被灌输给新的成员作为正确辨识、思考与感知这些问题的方式"（《什么是组织的文化》第 2 页）。

5. 这提出了一个重点。考虑到今天大多数学校的课堂架构，它基于学校的理念或其如何被领导与管理，学校可能在组织内部有强大、清晰的内部文化。谈及此，我们的意思是，老师、员工在处理大量问题时具备一套很强的共同学习体验。另一方面，虽然学校在解决某些问题时是一个整体，就像它有自己的文化，但仍有单个班级需要解决的问题，因此每个班级自己作为一个组织在运行时，也拥有独特的文化，这导致每个班级老师通过不同方式来应对挑战。

6. 如果员工穿休闲服而无需正装，上班时间相对灵活而非严格考勤，很多人常会给这种文化打上"随意的"标签，而非与之相对的"正规的"文化。但是，人们的服饰并不能准确地告诉我们这里的文化究竟是什么样的，它仅仅是文化的一个承载物。相反，我们应当观察人们在解决问题、做出决定时发自本能采取的流程与优先级。一组穿着休闲的员工，可能实际上在工作起来相当僵化并且等级森严。那么这还是"非正式"文化吗？换句话说，关键是不要把文化本身和表达文化的物品完全等同起来。

7. 艾尔的一个女儿夏丽蒂·艾尔（Charity Eyre），也曾经是我们在克莱顿·克里斯坦森研究所的同事。

8. 琳达和理查德·艾尔的《教导学生责任感》（犹他州盐湖城：犹他州图书公司，1982），第 57-59 页。

9. 米歇尔·李（Michelle Rhee）任职华盛顿特区教育局局长期间，因为试图极力推动学区内公立学校改革文化，被打上紧张与斗争的标签。尽管她在学区组织自身文化改革方面取得了成功，但是许多传统的公立学校拒绝按照她的设想推进改革。

10. 克里斯坦森、狄龙和奥尔沃斯《你如何衡量自己的生活》。

11. 杰夫·桑德弗《学习者驱动的社区：培养新生代美国人在 21 世纪成为终身学习者》(未出版)。

12. 奥利弗·西卡特《混合式高中第一年的初步总结》，混合式的学习，2013 年 10 月 13 日，http://www.blendmylearning.com/2013/10/31/initial-conclusionshybrid-high-first-yea/ (2014 年 4 月 15 日可阅读 )。

13. 丹尼尔·劳森海泽（Daniel Lautzenheiser）与泰伦·霍克莱特纳（Taryn Hochleitner)《华盛顿特区公立学校的混合式学习：学区如何重塑教室》，美国企业研究所，2014 年 1 月 30 日，http://www.aei.org/papers/education/k-12/blended-learning-in-dcpublic-schools-how-one-district-is-reinventing-its-classrooms/。

14. 2012-13 责任进展报告，http://api.cde.ca.gov/Acnt2013/2012BaseSch.aspx?allcds=43694840123760；布莱恩·格林伯格、罗布·施瓦茨（Rob Schwartz)、迈克尔·霍恩（Michael Horn)《混合式学习：为学生提供个性化学习》，Coursera，第 3 周，视频 6：转变教师观念，https://class.coursera.org/blendedlearning-001。吉尔罗伊预备学校在 API 测试中获得 942 分（满分 1000 分），一跃成为加利福尼亚表现最为优异的中学。http://schools.latimes.com/2013-api-scores/ranking/page/1/。

第10章

# 发现自己的成功之路

当创新工作涉及儿童的时候，领导者往往很担忧，因为创新意味着实验与不确定性。鉴于儿童福利的利害关系，是不是不仅颠覆性创新，包括突破性的延续性创新也因为极具风险，无法在学校推进？正如诗人罗伯特·伯恩斯（Robert Burns）观察到的："不管是人是鼠，即使最如意的安排设计，结局也往往会出其不意。"[1] 教育者同样知道，几乎没有大胆的新方案在面对实际学生时能够彻底贯彻实施。

当然，在某些案例中出现失误的风险是较低的，领导者可以在全校范围内迅速部署创新，但这必须满足如下三个条件：[2]

- 第一，你必须拟定一个包含成功所需的所有重要细节的计划，对前提假设的正确充满信心。同时，所有负责实施该计划的人必须理解每一个重要细节。
- 第二，该计划对于组织中的每个人而言都非常合理，每人在各自不同背景下看到的情况与计划制订者相同，这样每个人才可能采取适当与一致的行动。
- 第三，外力作用。例如，社区与学生的反应，或者是其他学校、项目乃至科技的影响，在开展计划时必须合理稳定且效果可预测。

若以上三个条件成立，就放手去做吧！但是在大多数情况下，团队在开展混合式学习项目时，特别是第一次时，需要独特的实施流程。

## • 发现导向规划

当对假设条件是否成立理解有限，推出一些不熟悉也无法预测的计划时，教育者需要改变规划与设计的流程。一个标准的规划流程是：制订计划，构思预期结果，之后假设这些结果非常理想，实施计划。这实际上是无法推进的，因为结果依据的前提假设，无论是显性还是隐性的，常常是错误的。[3]这就是为什么很多激进的方案，无论是颠覆性的还是延续性的，在推出之后都会夭折。

即使我们书中涉及的一些开展混合式学习非常成功的学校或者实例，它们在实施过程中都对初始方案做了重要的调整。它们成功的一个重要因素是检验假设，同时获取更多信息来迭代它们的方案。

例如，高峰公立学校系统，采用了所谓的"精益创业"（lean start-up）方法，这是一种能够迅速迭代迈向成功的方法，可以指导其混合式学习模式。学校系统内首先实验了就地转换模式，将可汗学院的数学课程用作课堂教学。一年后的结论表明，该模式并没有为学生提供足够的个性化学习与学习自主权，因此接下来的一年，在系统内两所学校的数学课上尝试了弹性模式，这一年里，高峰公立学校系统通过验证数据及对所关注的学生小组的投入，不断迭代模式。在这些信息的帮助下，高峰公立学校系统大大调整了学习环境的物理建构，包括环境如何引导学生，如何引导内容知识与基于项目的学生之间的互动。一年后，高峰公立学校系统根据积累的经验，面向所有学科推出了完全不同的"弹性模式"，并随着实践与数据的积累不断发展其混合式学习模式。

飞船教育项目，因其机房转换模式著称，与此前将在线学习内容部署在机房不同，取而代之的是布置给核心教师，目的是考察此举较之线上学习是否能够加强学生与教师之间的交流。位于洛杉矶的特许学校南加州大学海布瑞得高中，第一年后戏剧性地改变了模式，转而持续改造物理空间，并在既有的转换日程表基础之上不断进行调整。这些都表明了我们很难预知哪些新的举措可行，关键在于为模式中假设的调整留有余地。

这不仅是对学校里的孩子有效，研究表明在新的成功企业当中，90%采取的制胜战略与创始人最初的规划相异。[4]

因此，当教育者创造一些与此前的工作不同的事物时，需要另谋途径制定规划，特别是在较为不能够接受失败的结果并且要求高度认真的背景下，而这通常是涉及儿童的创新。

发现导向规划，首先是由美国哥伦比亚大学商学院教授丽塔·冈瑟·麦格拉思（Rita Gunther McGrath）与美国宾夕法尼亚大学沃顿商学院教授伊恩·麦克米伦（Ian MacMillan）首先提出的，这是我们发现在这种环境下最为实用的规划方法。[5]发现导向规划与"精益创业"——一种较新的设计方法论，具有很强的相似性，这是史蒂夫·布兰克（Steve Blank）部分依据发现导向规划概念于 2003 年提出的。因为大部分学校不同于创业企业还在探索如何"获得"学生，而是已经在与学校、家长和教师合作，这些人群对学校抱有预期，我们认为发现导向规划的分析框架，能够帮助减少创新的风险，对大多数学校领导及教师设计混合式学习模式非常有益。

在发现导向规划过程当中，关键是初始就要构思预期结果。以此为起点，关键的下一步是列举出所有能够确保正确的假设，以实现预期的结果。假设确立后，下一步是实施最经济最可行的方案，来检验这些关键的假设是否合理。假设获得检验之后，组织就可以投入资源来实施战略了。如果假设被证实是错误的或者不确定的，组织可以据此调整或者持续检验，确保没有偏离正确的轨道。我们接下来阐述的这些步骤，从很多方面来反映本书的框架。示例 10-1 归纳了这些步骤。

### 示例 10-1　发现导向规划流程

第一步：列举出预期结果。

第二步：为了确保结果的实现，确定哪些假设必须被证实。

第三步：实施方案来检验这些重要的假设是否合理。

第四步：重要的假设被证实后，实施战略。

那么何时采用这个流程呢？答案是当你准备实施一些自己既不熟悉又无法预测的措施时。

---

## • 从结果入手

首先，从预期的结果或者预测入手，如果每个人都知道创新的结果是什么，那么得州扑克也就失去了它的意义，我们仅需要在游戏开始时亮牌。[6]创新最终需要做什么？你希望实现什么？你如何知道自己已经成功了？关键是要确保你有一个 SMART 的目标，并能够测量结果，这样你就可以知道是否实现了目标，这点我们在第 3 章中已经做了解释。

例如，高峰公立学校系统的目标，是显著提升在该校就读 6 年大学学生的毕业率，即从 55% 提升至 100%。第 3 章我们提到的特许学校路易斯安那州前线学校联盟，它的目标是将表现较差的学校中的学生成绩从 25% 提升至 50%～60% 甚至更高。[7]第 1 章中的宾夕法尼亚州的夸克敦社会学区，希望能够让离开该校选择全日制网络特许学校的学生重返校园。

## • 创建一个假设条件清单

第二步则是真刀实枪了。预期目标及结论明确之后，开始编写假设条件清单。所有假设必须穷尽并证实，以确保预期结论能够实现。学校做的所有隐性假设也必须写明，包括所需时间、日程、空间及人力。完全把握所有假设的一种方法是逐章梳理本书内容，列举出所包含的所有设计要素，包括推进创新的团队类型、团队成员、学生体验、教师体验、软硬件、基础设施及辅助设施，混合式学习模式及在哪里实施该模式（在核心学业领域或者是非消费领域），以及组织文化。通过编目所有这些显性及隐性元素，你将整合出一张综合的假设条件清单。此时就好比，"数学软件已经足够严谨"之后，"教师可以获得他们需要的数据并通过正确的方式进行干预"，随后"我们已经给学生提供充足时间掌握课程"。

例如，高峰公立学校系统，最初假设就地转换模式将在学生学习过程中带给予他们足够的个性化及帮助，来协助他们在大学中取得成功。学校很快得出结论，他们还需要做一些更为出色的工作。如果假设由我们来设计高峰公立学校系统的模式而并非目前运行当中的，我们可以头脑风暴若干确定假设来实现混合式学习，包括：

- 该校学生能够根据自己的进度开展学习。
- 基于项目的学习能够更好地发展学生的深度思维及认知技巧，同时让他们感受到完成任务的成就感。
- 高峰公立学校系统能够与一个营利性公司合作，以更为有效地建立自己的学习管理系统。

- 每周五为每个学生提供 10 分钟的专门辅导，即可以满足需求。

高峰公立学校系统依据教师的经验确立了几个假设，包括：①每年四次的学生考察及其他职业发展活动，能够帮助教师转变到能够成功阅读学生数据，发展学生认识与非认知技能；②每周两次的教师团队会议，将给予他们足够的时间回顾学生数据并据此做出决定。高峰公立学校系统的物理环境也带来了若干假设，包括：①没有独立教室概念的敞开空间在新的学习模式中是可行的；②人手一本的谷歌笔记本电脑 Chromebook 是适应该模式的科技手段。本案例还假设学生焦点小组会产生有价值的信息用于迭代与改进。

前线学校联盟为了实现目标，同样有若干假设需要被证实。最初，前线学校联盟假设其在线学习实验室是学生学习英语 / 语言最好的方式，但它不久转向了混合式学习模式。如果仍然处于方案讨论阶段而不考虑该校已有的现实，前线学校联盟模式还需要的另外一个假设是，幼儿园到三年级开展 60 分钟的在线学习，四至八年级学生开展 100 分钟的在线学习能够完成学习目标，且这不会带来其他意料之外的效果，比如在电脑屏幕前坐的时间太长。在教师的经验中，前线学校联盟模式背后的假设，是辅助学习实验室的专业人员并不需要掌握较深的专业知识，但必须具备激励技能，因此每周五由混合式学习负责人及混合式学习项目经理组织的两小时职业发展培训恰到好处。最初，前线学校联盟假设教师在线学习实验室软件非常有效，但很快否定了这个想法，改为聘请软件项目代表每月到校讲解。在其物理环境上，前线学校联盟最初假设它可以在旋转推动的电脑车上使用电脑，但很快发现这种方式下电脑车很容易损坏。

前线学校联盟和其他学校一样需要经费投入。尽管本书中我们并未过多谈论这个问题，但是每个学校都需要在财务可持续的背景下推出自己的方案。关键是首先要在可行的预算下启动项目，之后采用逆向工程（reverse-engineer）方式调整预算。例如，前线学校联盟要有一个推进混合式学习的预算，并需要照此执行。该校方案包含三个假设：能够提供所需数量的计算机；无须要扩大班级规模；可以削减辅助员工。第三个假设不仅是财务假设，同样也是确定学习模式自身可行性的假设。

类似地，夸克敦社区学区针对其教师的技能，以及由面对面学习转换为通过在线媒介学习提出了如下假设：

- 教师了解如何建设优秀的在线课程。
- 每个学校只需一位导师，就可以确保学生上轨道。
- 一人可以承担技术人员与专业发展辅助人员的双重角色。
- 教师可以同时开展面对面授课与在线授课。
- 教师可以利用面对面授课的教学内容，无须为在线课程付出多余的准备时间。

最后一条假设包含对经费投入的影响，一旦该假设不成立，随之而来的隐含假设就是需要为教师新增投入到在线课程建设的时间付费。

列举假设条件的过程通常耗费一天或者两天时间，但这是值得的！有时，这个阶段假设条件能列出超过百条。我们还建议邀请能代表大多数院系与观点的人，坐在一起头脑风暴，这样一来可以确保假设条件的全面，二来可以帮助负责人了解组织内的人对事物的看法。图 10-1 是我们绘制的表格，阐述了头脑风暴时需要思考的部分假设条件。

当你汇总了所有假设条件，接下来的工作是将它们按照重要性排序，对此，我们发现针对同一组人员就每个假设条件提两个问题，是实现该目标最有效的方法。[8]

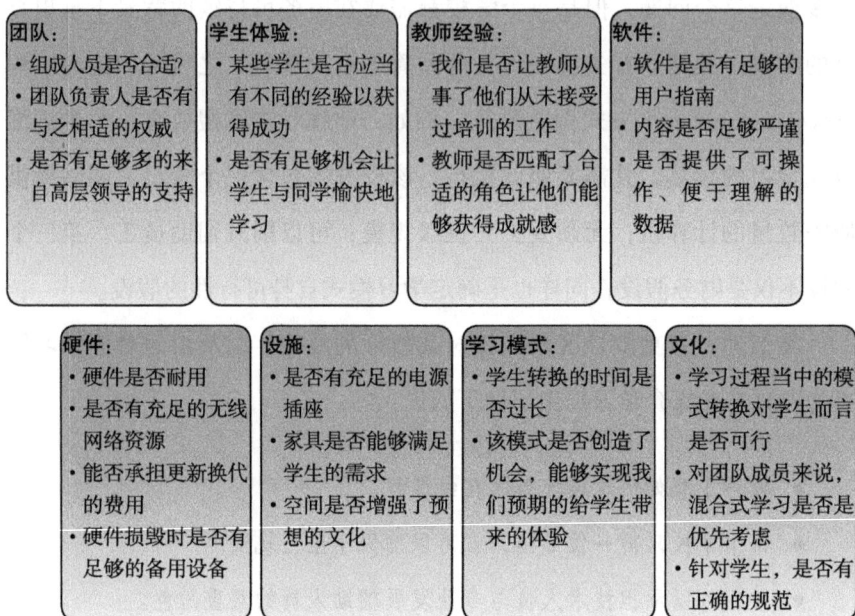

图 10-1 假设条件的扩展

第一，提问如果其中一个假设错误会怎样？换句话说，这些假设中如果哪个错误，将严重影响项目的成功？若此条假设错误，将会给项目带来灾难性的后果吗？它会给计划带来重大改变吗，还是影响甚微只需要做一些微调？或者即使错误，对方案也毫无影响？如果某项假设错误给项目带来的结果是灾难性的，则将其优先级列为 1；反之，列为 3；位居第 2 位的对项目的影响介乎中间。

第二，考察被访人对每条假设正确性的自信程度。一个有趣的测试是询问他如果判断失误，是否愿意放弃一年的薪酬，若愿意，可推断他对自己的判断相当自信。或许有人愿意为判断失误放弃一周薪水，或者一天薪水，也可能一分钱也不愿。据此，可以给信心程度赋值，3 代表极度自信，1 代表对该假设的正确性毫无信心。

将所有假设条件排序后，将其根据赋值布局在图 10-2 上，这就形成了假设条件清单。

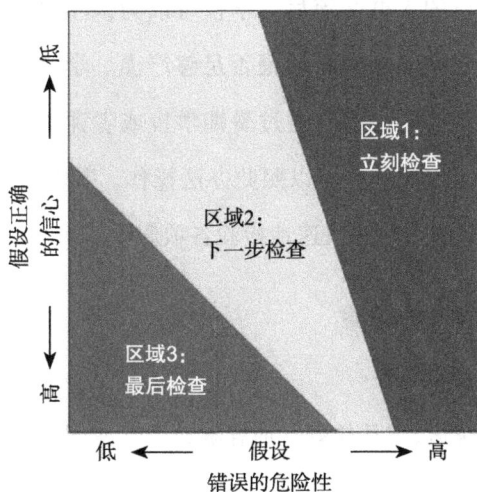

图 10-2 假设与风险的优先级排序

## • 实施方案：了解更多

假设条件清单形成后，接下来要实施一个方案来检验假设的正确性。首先测试位于区域 1 中最重要的假设，因为对这些假设最缺乏信心，但同时它们却决定了项目的成败。

规划的最初阶段，测试应当简单、经济、尽可能的快速，他们应该简单认定出这些最关键假设的信息是否正确。其中，参考其他学校的做法就很可取，包括本书中提到的案例，防止错误的假设导致覆水难收。阅读现有的研究，参考早期的访谈，或进行快速实物模式研究，乃至建立样板研究都是可行的。样板可以是任何形式，只要能够表达出你希望呈现的东西，从实物模式到模拟和角色扮演。推出人们通常所说的"最简可行产品"也非常有用，这意味着整合出最简单的产品或者样板，能够尽可能快的测试最重要的假设条件。更具体地说，也许某个关键的假设涉及一个数学学习项目的严谨性，为了测试它的严谨性，在仔细了解并与使用过该项目的人群交流后，学校可以为该项目申请许可证，由学校教师根据自身使用体会判断其是否足够严谨。学校可以在采购该项目用于全校学生全年使用之前，通过暑期学校或者课外活动来试验这个数学项目数周。其他的项目也可以照此办法操作。我们在示例 10-2 中囊括了更多方式方法来创造性并快速地检验各项假设。

### 示例 10-2　创造性地检验

**保持简单，保持经济**

- 建立一个快速、"足够好"的样板；
- 与学生和家长交流；
- 与内部员工交流；
- 与其他推行类似方案的学校交流；
- 拜访其他学校；
- 回顾自身历史；
- 阅读研究；
- 确定早期的关键时间节点；
- 与商务经理交流，确保方案可持续；
- 与行业内专家交流；
- 建立一个焦点小组；
- 启动一个试点，可以是暑期学校或者课外活动。

越接近项目启动，测试则需要越来越全面、准确，可能也越来越昂贵。但谨记，在假设未被证实之前不要投入太多的时间与资源。建立测试的进度，知道何时需要更加准确的测试，并形成测试点来系统性地检验所有假设。[9]测试点是一些假设需要被测试完成的时间，在此基础上团队可以评估学习到哪些内容，这个也是我们接下来要讨论的内容。

第一个测试点可以为期一个月，这样可以给团队成员留出时间来学习其他学校的混合式学习，在较高的层面测试某些（非全部）假设。第二个测试点可以在分析了软件市场之后的一个月进行。在这个月内，团队可以与其他学校负责人交流并再次检验假设条件，这里检验的内容可能在上一步中已经被测试了，但本次将在一个更为准确的层面上再次评估。因此，随着团队获得的信息逐渐增多，方案也在不断细化。接下去的测试点可能包括一个混合式学习的工作样板或者试验项目的测试，之后就是启动混合式学习模式了。

模式推出之后，仍然需要设立测试点，让团队能够退一步观察这当中的经验以及未来还需要调整的地方，持续改进的理念融入了团队的DNA。当开始推动创新之后，就面临着过于快速与激进的风险。例如，项目进行剧烈调整，将使学校困惑，并将削弱学生、家长和教师对学校的信任。项目整体推进前开展设计与测试的重要原因，就是避免出现无法弥补的错误。此流程让学校避免代价昂贵的失败，测试点成了最后一个用来判断项目能否继续推进的契机。

## • 我们应当继续推进、改变抑或搁置方案

最后一步是做出是否继续实施战略的决定。每个测试点之后，都需要做一揽子的决策，而并非无视测试结果盲目前行。

如果你的假设被证实，则继续推进至下一个测试点。

很多情况下，假设可能有误，你将面临一些选择。或许你可以调整方案继续推进，例如，某款数学软件每天合理的教学时间可能是 20 分钟

而非 30 分钟，这也意味着学生课表需要做出相应调整。

此外，有些情况下需要做出较大调整。该混合式学习模式可能需要另外一支团队进行测试，以便在全校大规模推广前留出更多的时间对创新进行调整。

或者最终所有奠定项目成功的假设条件均无法实现，该项目不可行。如果是这种情况，需要及时搁置计划，避免造成更多资金投入的浪费，或者赌注过高以至于不能放弃。

在每个测试点，团队都将获得更充分的信息。假设条件在经过检验之后可能比最初设想的要复杂，这无伤大雅。如果团队最终发现假设不成立，且无法推进项目，无须绝望。快速失败也是一种成功！避免大家在此浪费过多的时间和金钱，每次能够成功决策是关键。胜利的内涵是对假设条件全面认识，而并不是捍卫某个想法或者证明谁对谁错。

最终，伴随团队不断做出调整与迭代，会发现计划推进过程中的假设被逐渐证实。尽管计划在逐步实施过程中已经与最初设想有了较大的差别，但是如果它能成功实现预期的效果，那就是一个巨大的成功，这也是发现导向规划的最终价值。

### ••• 小结 •••

- 当启动一些并不熟悉或者难以预测的项目时，而此时知识与假设的水平又较低，教育者需要改变规划与设计程序。我们认为，发现导向规划就是在这种背景下最为有效的方法。
- 发现导向规划包含四个步骤，它的目的就是要降低创新的风险。通过鼓励快速失败，来避免更昂贵、更高代价的失误。
- 第一，从预期的结论或者预测入手，形成一个"SMART"的目标。

- 第二，预期目标即结论明确之后，开始编写假设条件清单。所有假设必须得到证实以确保预期结果能够实现。然后，根据你对各假设的信心程度将其排序。
- 第三，通过实施一个计划来测试重要的假设是否成立。
- 第四，在预设的测试点上，基于检验得到的结论，决定是实施该方案，还是调整或暂停。

- **注释**

1. 该处引自罗伯特·伯恩斯的诗歌"致一只老鼠——因为我用锄头捣了它的窝"，其中的"不管是人是鼠，即使最如意的安排设计，结局也往往会出其不意"。

2. 建立在基于环境理论（circumstance-based theory）下的战略规划的思考，改编自克莱顿·克里斯坦森和迈克尔·雷诺（Michael Raynor）的《创业者解决方案》（波士顿：哈佛商学院出版社，2003），第 8 章。接下来的部分也借鉴了这里的观点。

3. 标准的规划流程在知识及假设相当充分的背景下是非常可行的。这意味着对假设为真的充满信心，因为此前你已具备在类似背景下开展相关工作的经验。通常在一个熟悉的、持续的创新环境中，这种流程可以较好地实施。例如，许多经验丰富的教育家，从事了若干年社会学研究或者教授社会学案例课程，在课堂中开发类似新课或者项目对他们而言并非难事。类似地，开办过若干学校的人同样认为开设新的类似学校，从年级搭建到服务的学生与社区都并非难事。

4. 克里斯坦森和雷诺的《创业者解决方案》，第 8 章（Kindle 版：2677-2678）。

5. 我们强烈推荐丽塔·冈瑟·麦格拉思和伊恩·麦克米伦的《引爆市场力：驱动企业持续增长的关键》（波士顿：哈佛商学院出版社，2009）。

6. 当人们在不确定的环境下，采用标准的规划流程而不是发现导向规划，他们就将假设置于了方案的核心位置，通过不断鼓吹这些假设并让结果看起来越来越好，使得该项方案获得通过。

7. 在第 3 章中提到，前线学校联盟本可以设立一个更为准确的目标，夸克敦社区学区也是如此。

8. 我们感谢美国创见咨询公司（Innosight）使用了颠覆性创新理论来推动新的客户增长，他们非常了解整个流程。本部分大多数内容来源于他们的原创工作，对希望深入了解的读者，我们推荐斯科特·安东尼（Scott Anthony），马克·约翰逊（Mark Johnson），约瑟夫·辛菲尔德（Joseph Sinfield）与伊丽莎白·奥特曼（Elizabeth Altman）所著的《创业者的成长指南：将破坏新创新引入日常工作》（波士顿：哈佛商学院出版社，2008），第 7 章。

9. 希望了解如何选择测试点读者，请阅读麦格拉思和麦克米伦的《发现导向规划》，第 7 章。

第11章

# 结　语

**创新是一个过程，不是结果。**

本书一开始我们探讨了在线学习工具创新背景下，带给学生、教师、学校及社会的前所未有的机遇，之后描述了实现这些利好的方式。

但是仅按照流程办事，结果也可能不尽如人意。正如第 10 章提到的，拥有持续改进的精神，不断探索学习做到更好才是关键。持续进步、拒绝静止，是一个健康社会、健康学校的标志，这也建立了我们希望学生掌握的终身学习的模式。我们希望本书中的理念能够帮助你及全世界所有教育者形成一个稳定节奏的创新。

采用这种创新的心态是取得成功的关键。尽管混合式学校为个性化学习提供了契机，使得每个学生能够实现自身的学习需求，并解放学生和教师使他们能够关注到更多关系到学生成功的活动，但时至今日，处在发展初期的混合式学习仍常常受到冷遇。当然，该领域已经诞生了很多成功的案例，书中我们涉及了一些，也看到了一些比较清晰的发展路径。但是，无论是在线学习工具还是混合式学习模式都在持续进化，教师们可以毫不费力地指出目前的教育技术需要改进的环节。创新的教育者不断混合匹配模式来创新设计服务学生。但是，混合式学习在这个发展时间点上并非可以高枕无忧了。

## • 不断推进项目实施

**好消息是你无须立刻实现每一件事。**

首先，给自己时间来审慎计划和实施，奥克兰联合学区（Oakland Unified School District）的第一个混合式学习试验项目，1月确定了学校，2月开始规划，9月新学期伊始开始启动项目。[1]得克萨斯州奥斯汀的公立混合式学习学校蒙台梭利（Montessori For All），在对外营业前规划了超过一年，[2]这绝非一个一蹴而就的过程。学校最少需要6个月时间，将混合式学习元素融入现有模式；启动全新的混合式学习模式的学校，则通常需要12～18个月。[3]尽管你可能非常着急，但切记给自己合理的时间来应对变化，获取资源。

其次，创新需要分阶段开展。一个办法是在处理未来不同或者更大的目标之前，聚焦在一个小问题或目标上，暑期学校通常是一个富有吸引力的试验田。一些学校或学校系统选择向一个年级学生推出混合式学习，之后将其每年推广至另一个年级；一些学校首先让教师参与进某个学科的混合式学习；校区和特许学区有时按学校依次推进混合式学习；还有一些学校选择尝试某个模式，再不断改进创新。以高峰公立学校系统为例，它首先针对两个学校的数学课试验了就地转换模式；一年后，取而代之的是弹性模式，服务对象没有改变；一年后的2013～2014学年，弹性模式已经推广至了系统内所有学校的所有学科。还有一些学校采用了上述模式的一个混合。

如果你分阶段开展工作，脑海中已经形成整体方案，清晰包含每一个流程的每一个时间点，请也采用发现导向规划，随时根据实践进行调整。当学校的成员看到混合式学习的实践，他们对创新的期望会逐渐升高。同样，当你按阶段推进工作时，不可避免地要面对不同的团队结构，人们也将扮演不同的角色。为管理者、教师、学生及家长设定清晰的预期与目标是关键，使得他们理解自己在创新中的定位，以及创新的演变。

## • 混合式学习是团队协作

**每个人都在混合式学习中发挥着作用。**

教师可以迅速启动创新，推进翻转课堂或者开展就地转换模式。当教师将自己的创新融入团队，他们兴奋于自己带来的改变，同时他们能够带领其他教师形成团队，规划更大的变革。

学校管理者可以通过鼓励和辅助教师创新来支持自下而上的创新，包括为教师规划与学习提供时间，为他们提供职业发展机会，同时清楚他们创新道路上的障碍，如技术障碍等。同样，学校负责人可以积极组建团队，邀请教师加入这些队伍来应对更多的需求。

家长应当参与到创新当中。如果家长无法理解发生了什么，这些改变为何有利于自己的孩子，他们很快也会顺理成章地成了改革的障碍。然而，他们也能够成为改革的最大支持者。飞船教育项目的案例中，学校培育了家长社区，形式包括邀请家长参加每日晨会、家长志愿者政策、对家长付出的官方认可。[4] 反过来，家长帮助更大范围的社区了解飞船教育项目的学习模式。家长的需求也是促成改革的重要力量，在一些社区中，学校实施了个性化教学以回应家长的需求。在另一些社区中，如加州洛斯拉图斯校区，家长团队在筹款支持传统学习模式转变为混合式学习过程中发挥了巨大作用。

学区及学校系统领导者同样扮演着重要的角色，正如第 4 章我们讨论过的。对于这些参与者，运用组合方式——赋权不同的学校建立不同的创新模式来解决不同环境下的问题至关重要。类似地，所有领导者都应当采用分屏战略来解决涉及持续创新的核心问题，如就地转换模式，并解决颠覆性创新问题，如弹性模式与菜单模式。没有一个模式是完美的，但需要制定一个综合的创新流程，鼓励两种类型的创新，特别要防止颠覆性创新仅仅被纳入组织传统工作当中。

这些领导者也应当积极承担应有作用，搭建让创新能够生长的基础设施，例如，确保足够的互联网资源，明确中心机构在设备采购中的角色，软件授权，为不同学校、不同教师的技术需求提供支持。同时，明确哪些需要集中决策，哪些可以放权需要仔细思考。例如，允许学校从一揽子方案中选择所需软件是对权力使用的合理平衡，但是让网络中每个学校采用一套不同的学生信息系统，则毫无意义。

学校董事会、政策制定者及其他领导者需要参与进来支持实践，他们能够利用资金的力量同时不断提出问题，促进创新者以学生成功为宗旨并采取审慎工作方案，进而同时推动延续性与颠覆性创新。但是，他们也应该警惕自上而下的行动，可能会扼杀创新。

创新者集群或网络为领导者及教师提供了交流的机会，他们可以与从事类似工作的人充分交流，学习类似环境下的技术与设计，坦诚交流机遇与陷阱，集合需求加强供应商的响应。引领可能是寂寞的，但是成为创新者网络中的一员，又或者是在集群内部领导的巨大益处是获取信息、技术，获取平滑创新流程的机制。[5]包含下一代、混合式学习模式的区域集群发源于硅谷、华盛顿特区、芝加哥，以及其他有此计划的地区。

最后，记得团队要包含学生。如果学校的角色是帮助学生成为成功的终身学习者，那么帮助他们主导自己的学习是非常重要的。正如他们经历了基础教育阶段的学习生活，学校应当帮助他们提升在控制时间、地点、学习路径与进度方面的能力。不仅仅如此，学生还可以辅助教学与辅导。正如我们前文提及的高峰公立学校系统，还利用学生焦点小组来反馈学习模式设计及学校的演变。

## • 理解、动员、设计和实施

不要为了创新而创新，不要为了利用高科技而利用高科技。

以行动纲领和 SMART 的目标为起点，能够让你知道自己是否在创新中取得了胜利。

打造正确的团队，能够积极应对挑战。

了解你的学生待解决的任务，并设计一整套正确的学生体验，学习者的体验应当激发你的工作。

设计正确的教师体验，以实现目标及预期的学生体验。

此时你再思考技术，包括软硬件与基础设施，并思考设备设计。哪些是你需要改变的？哪些是你需要做的能够修订既有方案的工作？

然后选择你的模式，根据所处的环境定制该模式。

关注你希望看到的文化，积极塑造组织流程与并明确工作优先级以获得成功。

最后，采用发现导向规划来帮助你成功，避免需要付出高额成本的失败。根据你的初步计划与既定目标下的预期成果，确定各假设条件，对它们进行排序，实施一个方案来检验假设的真伪，确定哪些假设需要调整，之后设立测试点来判断接下来如何推进。

本书并不想成为每个学校开展工作的剧本，而是希望能够帮助学校在自身的环境下找到适合自己的发展道路。正如没有万灵丹似的模式能够培养所有学生，这里也没有万灵丹似的混合式学习模式、软件甚至是创新提供给所有学校。图 11-1 概括了在本书中我们提出的推进并实施混合式学习战略的蓝图。

图 11-1　混合式学习的蓝图

混合式学习具备相当大的潜力，将我们传统的工厂模式教育转变为以学生为中心的教学设计，并实现个性化、公平与机会以及成本控制。虽然它不是灵丹妙药，但面对日益陈旧的学校和学校里的学生，它将是版图中相当重要的一块。

当我们具备了这方面的专业知识，是时候撸起袖子大干一场，构建未来学习了。教师、学校和社区领导者、家长在帮助学生面对复杂的未来时，都扮演着各自的角色。

## • 注释

1. 2014 年 6 月访谈 CEE 信托首席战略官卡丽·道格拉斯（Carrie Douglas）。

2. 事实上，创始人在计划制订上耗费了 3 ～ 5 年的时间，但在项目启动前全时全职投入了 10 个月。2014 年 6 月采访蒙台梭利创始人兼执行总裁萨拉·科特纳（Sara Cotner）。

3. 2014 年 6 月采访美国高等教育信息化非营利组织 Educause "下一代学习挑战项目" 副主任安迪·卡尔金斯（Andy Calkins）。

4. 丽贝卡·基斯纳（Rebecca Kisner），"家长持续参与高绩效特许学校：学校指南"，唐纳 – 凯基金会（Donnell-Kay Foundation），2013 年 5 月，第 5 页。

5. 哈佛商学院教授迈克尔·波特（Michael Porter）写道，"全球经济中的持久的竞争优势更加依赖于地方属性，包括知识、关系网、动力，这些是遥远的竞争对手无法比拟的"，迈克尔·波特，"集群与新竞争经济学"，哈佛商学院评论，1998 年 11 ～ 12 月，第 78 页。尽管此处的观点针对商业价值网络，但其原理对教育家同样适用。波特还写道，"作为集群一部分，企业能够在原材料采购，获取信息、技术、机制，与相关企业协作，测量与推动进步方面更为高效"。

附录A

# 需要讨论的问题

以下的讨论题也许能有助于你对于"混合式"概念的反思。这些问题可以用来激发在专业学习社区、教师发展工作坊，或者教师教育课程中有关"混合式"概念的讨论。

## • 第1章

1. 假设你回到课堂成为一名中学生，你更倾向于技术型教学方式还是混合式学习？中学生视角下，它们的优势和劣势分别是什么？

2. 面对面教学时间如何利用最佳？翻转课堂创始人之一的乔纳森·伯格曼发现，"不应该是我站在讲台上喋喋不休，正确方式是动手学习、探究式学习以及项目式学习"。分值 1～5，1代表任何时候都是正确的，5代表全部错误，如果断言伯格曼的看法对所有学生都适用，你如何评分？

3. 弹性模式的机遇和缺陷有哪些？哪些情况下你认为弹性模式适用，哪些情况下不行？

4. 如果明天你将利用混合式学习开始学习一门新的语言，

你会采用哪种模式，或者哪些模式的搭配模式？

• **第 2 章**

1. 你同意高中仍存在，但教室会消失吗？为什么？

2. 你认为作者描述的四类活动，即深度学习、安全照料、环绕式服务、课外活动及与朋友愉快地相处，如果在线学习出现后学校开始接受，那么哪个对于你的社区来说是最重要的？将它们按照重要性由高到低进行排序，并陈述原因。

3. 学校是否应当转向开展一些作者尚未提及的重要活动？列举它们并说明。

• **第 3 章**

1. 如果你可以利用混合式学习来解决学校的某项预算短缺问题，那将是什么问题？为什么？

2. 作者列举了若干学校希望利用混合式学习实现的目标，包括个性化学习提升成绩，给学生提供更多的帮助与管理，以及改善教师培训。举例说明其中哪个目标对你的社区最为重要，为什么？

3. 如果你需要在如下两项中做出选择：（a）利用延续性创新改进传统课堂来服务核心班级中的主流学生；（b）引入颠覆性创新模式为非消费领域带来新的解决方案。你会如何选择？为什么？

• **第 4 章**

1. 在当前的环境下，什么层次的问题最棘手、最需要解决？为什么？你需要什么样的团队？对于团队组成人员，你有何设想？团队由谁来领导？

2. 如果纽约市计划利用多个团队来实现创新，你认为这种方式能否成功？在你所在的环境下，如果你认为法律保护（regulatory relief）很重要，那么你会选择哪种类型的团队？为什么？

3. 你自己更愿意服务重量级团队还是职能型团队？为什么？

## • 第5章

1. 按照1～5分打分，1代表非常重要，5代表毫无意义，评价你认为设计学校对于学生找到学习的乐趣以及对学习产生原动力是否重要并讨论。

2. 思考你最近买到的一样商品，利用"待解决任务理论"进行分析，你"接受"该件商品要解决生活中什么问题？供应商带给了你何种体验，让你认为可以实现购买目的？供应商还应该带给你哪些体验？

3. 高峰公立学校系统创造了8种体验来帮助学生感受到成功，并获得与朋友相处的愉悦：学生学习主动性、个人掌握进度、获得学习行为数据及快速反馈、学习目标的透明度、持续静读时间、有意义的工作体验、导师指导与积极的团队实践。你认为这其中哪个或者哪两个最为重要？

4. 考虑到你的学生所处的环境，思考哪些体验能够让他们感受到成功并愉快地与朋友相处？

## • 第6章

1. 按照1～5分打分，1代表非常重要，5代表毫无意义，你认为教师担任导师是否重要？在你的社区中，你认为儿童需要正面榜样与导师的需求是否在上升？为什么？

2. 列举大多数教师在执教生涯中都会做的两件事情，为什么这是他们最重要的工作？

3. 作者认为教师会被对他们的认可所激励，并且更愿意团队协作教学而并非散兵游勇作战，你是否同意此观点？为什么？

4. 勾勒你理想中的教学模式，它是由一个教师还是多个教师组成？他们的角色都是什么？

## • 第 7 章

1. 探讨模块化给你生活带来的灵活性及定制性。

2. 作者认为对某些学生而言，完全一体化、独立的学习模式在提供全面的功能方面已经做的很多了，当下更多的需求指向为学生提供更多的选择，灵活性与个性化。你认为这对你社区中的学生适用吗？

3. 如果你可以让学校在发展自己的在线内容及利用外部资源方面做出选择，你更倾向于哪种方式？为什么？

4. 学校物理环境方面，如果你可以在传统的蛋箱型教室与开敞、灵活的工作室之间做出选择，你会如何选择？每种模式的利弊是什么？

## • 第 8 章

1. 你正试着解决什么问题？

2. 你需要什么类型的团队来解决这个问题？

3. 你希望学生能够控制些什么？

4. 你认为的教师的核心角色应该是什么？

5. 你想利用怎样的物理环境？

6. 有多少上网设备可供使用？

7. 你所处的环境下，以上问题中哪个是最重要的？

8. 这些问题中的哪个你无权进行改变？

## • 第9章

1. 说明某个流程或规则形成了你组织文化中健康的一面，你为什么认为这部分是健康的？

2. 说明某个流程或规则形成了你组织文化中失败或者有害的一面，你可以测试不同的流程使之改善吗？

3. 你愿意尝试哪个新流程来帮助你的混合式学习模式取得成功？

## • 第10章

1. 列举某个在教育、商业或者政府事务中付出过高昂代价的失败案例。你认为他们做出的主要假设是什么？在计划启动之前是否测试了该假设？

2. 假设你是高峰公立学校系统初创团队中一员，你认为该设计的哪些假设是最具风险的？

3. 你会采用哪些简单、经济、快捷的测试来检验这些假设？

## • 第11章 结语

1. 你认为，当你的社区需要动员教学方式转向以学生为中心时，哪些群体需要参与行动：教师、学校管理者、家长、校长、学区领导者及其他联盟的负责人，学校董事会与政策制定者，创业者联盟、学生？

2. 回顾图11-1的混合式学习蓝图，阅读其中每个层级的内容，你学习到了什么？你最大的收获是什么？

# 清华大学首推混合式教育学位项目
# 促进专业硕士招生培养模式改革

## 师雪霖　刘亚萍
## （二○一五年五月）

- **案例背景**

　　中国的专业硕士学位目的是培养具有扎实理论基础，并适应特定行业或职业实际工作需要的应用型高层次专门人才，其突出特点是学术型与职业性紧密结合。专业学位与学术型学位在培养目标上各自有不同的定位，因此在教学方法、教学内容、授予学位的标准和要求等方面均有所不同。

　　清华大学正在深入推进教育教学改革，而人才培养质量的提高，教育模式的改革发挥着重要作用。大规模在线开放课程在全球的迅速兴起，给传统高等教育教学带来巨大影响，正在触发大学传统的学习形态发生重大改变。基于在线课程的混合式教育模式，有助于实现从以教为中心向以学为中心的转变，推进课程教学向更加符合认知规律的方向转型，有利于提高学生的学习质量，从而提升人才培养质量，促进优质教育资源的开放和共享。

　　清华大学的混合式教育模式探索，经历了从个别教师的自发实践，到更多教师进行翻转课堂的小规模试点。面向不同类型的学生，教师们认真探索了利用在线课程实施混合式教育的不同方法、手段和模式。在这些实践探索的基础上，清华大学成功试点实施了在线课程的校内学分认定，为更高层次的系统性探索积累了宝贵经验。

在专业硕士学位项目中采用混合式教育模式，就是希望更有效地服务专业人才及其组织的一种强烈需求——在不脱离实践的同时，提升知识、能力和素养，让线上与线下、学习与实践、在岗与在校更好地融合。大规模在线开放课程的出现，提供了一个满足这种需求的非常好的契机。如何从一门一门课程的学分认可，发展到混合式教育模式基础上的学位授予，是个富有改革意义的模式创新。

## • 案例描述

2015 年 5 月 7 日，清华大学宣布正式启动国内首个基于混合式教育模式的学位项目——"数据科学与工程"专业硕士项目。该学位项目将依托"学堂在线"（www.xuetangx.com）平台，建设满足培养要求的完整成系列的数据科学与工程专业在线课程组，并格外强调线上与线下、学习与实践的高度融合。

该项目将于 2015 年秋启动第一次招生，2016 年第一批学生将进入该项目学习。该项目旨在培养数据存储、运行监管、智能分析挖掘及战略决策等依赖于大数据资源和平台的专门人才，这些人才可胜任数据存储管理师、数据分析师、数据系统架构师乃至数据科学家、首席数据官、商务分析师和战略管理者等岗位。

## • 实施方法

"数据科学与工程"专业硕士项目突破了传统专业硕士学位的招考和培养模式。在招生录取环节,将以在线课程学习代替专业考试,面试则重点考核创新实践能力。这种招考模式使得在线教育平台所记录的学生学习行为的大数据,成为辨别可塑之才的重要参考,使专业考试从偏重知识考核转向注重能力考核。

在培养环节,该项目所有课程都将采用基于在线课程学习的翻转课堂,学生通过"学堂在线"平台学习理论知识,定期回到学校课堂与老师、同学进行深度研讨,并针对实际问题开展系统性专业实践。为此,该项目以实践为导向精心设计了课程体系,既汇聚了清华大学计算机科学与技术系、软件学院、自动化系、交叉信息研究院等院系的知名教师,还邀请了研发一线专业人士讲授企业案例课程,并依托百度、阿里巴巴、腾讯等公司合作建立学生实践基地,为学生按需定制专用大数据实验平台,促进专业硕士的实践能力培养。

## • 结论

高等教育体系中的在线教育,要走混合式教育模式,这将有力地提升人才培养的质量。认为在线教育仅带来便利而妥协质量,这是对真正意义上的混合式教育缺乏正确认知而产生的一种误解。在招生录取环节,已经完成的在线课程学习的大数据将在提升人才选拔质量中发挥重要作用。这些能够更全面反映考生专业学习和实践能力水平的大数据,将成为招录过程的重要依据之一。而在培养环节,通过借助在线课程学习这一手段,把传授基本知识的环节从校园课堂里转移到网络上,而线下的课堂环节用来进行问题导向的师生交互研讨和进行系统性专业实践，这种严肃有效的混合式教育模式，对学生学习和发展的成效大有裨益。

　　清华大学以混合式教育模式为突破口的创新专业硕士学位项目，将更有针对性地服务实践人才培养的需求，更有效地选拔可塑之材，让线上线下各扬其长，让学生以用促学而学用融合，真正提升专业硕士的培养质量。

# 慕课混合式学习实践概要

## 清华大学在线教育办公室
### （二〇一五年四月十三日）

## • 学堂在线 MOOC 平台

"学堂在线"（www.xuetangx.com）是由清华大学发起的基于互联网技术的新型学习平台，旨在汇聚并共享全球优质教育资源，引领教育教学模式创新，提升教育质量，促进教育公平。

"学堂在线"于 2013 年 10 月 10 日上线，首批上线的五门慕课在全球学习者中引起了巨大反响，其中清华大学经济管理学院肖星教授的"财务分析与决策"慕课连续推出四次，选课人数超过 15 万，学员覆盖全球 201 个国家和地区。

"学堂在线"是教育部在线教育研究中心的研究交流和成果应用平台。2014 年 4 月，"学堂在线"与哈佛大学和麻省理工学院联合发起的 edX 平台签约，获得 edX 大量优质海外课程在中国大陆的独家授权；2014 年 12 月，法国国家在线教育平台 FUN 与"学堂在线"签署合作备忘录，双方将开展课程建设、平台开发等方面的合作。截至 2014 年 4 月 13 日，"学堂在线"的优质国内课程超 140 门，优质海外课程超 260 门，选课数量已经超 132 万人次。

"学堂在线"平台一直坚持教育资源的精品化和多元化。目前，平台的国内课程来自清华大学、北京大学、复旦大学、西安交通大学、中国科技大学、台湾新竹"清华大学"和台湾新竹交通大学等著名高校；国外课程则来自麻省理工学院、加州大学伯克利分校、斯坦福大学、荷兰代尔夫特理工和澳大利亚昆士兰大学等世界一流大学。所有课程均严格遵循慕课的教学特点和规律进行设计和制作，以保证课程品质和教学效果。

除了专业基础类的课程外，"学堂在线"也一直在尝试实践操作类课程的开发。"创业启程"由清华大学经济管理学院组织，采用"理论＋案例"相结合的形式，由企业家亲自讲授创业方法或案例，教授点评，在学习中，激发学生的创业兴趣，并需要学生参与创业项目试验，以达到知行合一的学习效果。

"学堂在线"在大力发展慕课的同时，也在积极开展混合式教学在高校中的试点，希望通过在线学习与传统课堂教学的结合，探索新技术环境下的教学模式创新。在清华大学，已有"电路原理""组合数学"和"马克思主义基本原理"等多门课程借助"学堂在线"平台，在校内开展试点。此外，南京大学、青海大学和贵州理工学院等院校也已开始利用"学堂在线"在本校推进混合式教学创新。

"学堂在线"将继续促进教育资源的低门槛和高效率的共享，以成为国内优质慕课输出和国际优质慕课引进的枢纽，推进全民终身学习体系建设，服务全球各类学习者，力争成为全球首屈一指的中文慕课平台。

## • 清华慕课混合式学习试点情况

自 2013 年秋季开始建设慕课以来，清华大学就重视利用在线教育探索教学改革。利用在线课程支持的教学，通过翻转课堂的形式，体现了混合式学习的理念，促进了教育质量的提升。

　　清华大学的混合式学习模式探索，迄今为止经历了自 2013 年以来个别教师的自发实践，到 2014 年更多教师在自己主讲或引入他校优质慕课基础上进行翻转课堂的小规模自觉试点两个阶段。截止到 2014 年秋季学期，已有 7 门课程利用慕课支持了校内教学。与此同时，基于"学堂在线"技术搭建了专门为清华校内教学服务的"清华大学慕课平台"。通过这些探索实践，清华大学成功试点实施了在线开放课程的校内学分认定；面向不同类型的学生，教师们探索了利用在线课程实施混合式教学的不同方法、手段和模式。通过在线学习落实"三位一体"培养目标，为学校下一步更大范围的系统性探索积累了宝贵经验。

　　同时，清华大学积极推进跨校合作，鼓励本校慕课对其他院校教学的支持。合作院校的教师使用清华教师的慕课，开展本校教学的混合式学习的探索，取得了良好的效果。清华大学还多次组织不同规模的校际教师培训和交流会，研讨如何利用慕课来支持校内教学提升。这些试点，体现了教育工作者在利用开放课程促进优质教育资源共享、提升总体教学质量上的探索和不懈追求。

　　本报告将简明扼要介绍清华大学和合作高校利用慕课进行混合式学习模式探索的试点课程情况，并简要介绍下一步的相关计划。

## 1.基于慕课的清华校内混合式学习

　　截止到 2014 年秋季学期，清华大学已有 7 门课程进行了基于慕课支持的校内教学试点（见表 C-1）。这些课程面对的学生包括本科生、研究生和留学生等各类群体，分别属于公共课 / 专业课、必修课 / 选修课等不同类别，在混合程度、具体的实施方法上各有侧重。虽然数量不多，但试点课程具有较好的代表性，也体现了在线课程与常规课堂结合的多元性。

表 C-1　清华大学基于慕课的校内混合式学习试点课程（截至 2014 年）

| 序号 | 课程名 | 时　间 | 课程性质 |
|---|---|---|---|
| 1 | 电路原理 | 2013 春 ~ 2014 春 | 本科生专业基础课 |
| 2 | C++ 语言程序设计 | 2013 秋 | 本科生公共必修课 |
| 3 | 云计算与软件工程 | 2013 秋 | 本科生专业选修课 |
| 4 | 马克思主义基本原理 | 2014 秋 | 本科生公共必修课 |
| 5 | 组合数学 | 2014 秋 | 研究生专业必修课（留学生） |
| 6 | 基础英语听说 | 2014 秋 | 本科生公共选修课 |
| 7 | 财务报表分析 | 2014 秋 | MBA 专业选修课 |

**"电路原理"**　本课程是最早进行基于"慕课"支持的翻转课堂实践案例之一，分别于 2013 年春季、2013 年秋季和 2014 年春季等三个学期实施了三轮试点，每一轮在试点目标、学生遴选、具体的组织方式上都各有侧重。

**"C++ 语言程序设计"**　本课程在 2013 年秋季实施了一轮翻转课堂的教学模式探索。学生在课下观看教学视频，并通过习题库完成在线练习，线下的实体课堂以重难点分析和讨论为主。与 2013 年春季学期的期中考试相比，秋季学期翻转模式的课程成绩，优秀率从 30% 上升到 58%，平均分从 77 分上升到 85 分，不及格率从 9% 下降到 5%。

**"云计算与软件工程"**　本课程于 2013 年秋季学习实施，课程对象是近 30 名计算机科学实验班（俗称"姚期智班"）大二至大四的学生。学生需要注册"学堂在线"引入的 UC Berkeley 课程"Engineering Software as a Service"（CS169X），课前观看在线视频，完成在线习题。在课堂上，教师引导学生进行重点回顾与讨论，学生结对编程、完成作业。此外，还有贯穿全学期的一项真实的软件开发项目，学生需组成四五人一组的团队，以敏捷开发的形式，面向实际的用户，开发基于互联网的应用程序。

**"马克思主义基本原理"**　2014 年秋季学期，清华大学近千名本科生在学校选修了本课程。结合慕课，课程团队在校内组织了 7 次小班专题讨论和 3 次综合辅导讲座，学生可以自由报名参加。期末，选课同学必须参加一次线下笔试。课程最终成绩由学生的线上得分（占比 60%）和线下期末考试成绩（占比 40%）组成，学生及格后即可获得学分。从期末考试的结果来看，相比以往常规课堂中以读书报告为主的评价形式，该模式能够更好地反映学生的学习投入情况，具有良好的区分度。此外，在本课程中，在线学习形式占有较大比重，学生在学习上具有很强的灵活性与自主性。课程调查问卷的部分初步结果显示，学生对此模式下的自由度最为满意，对教学效果和成就感也有较高评价。此外，76% 的学生更接受基于在线教育的混合式教学模式，22% 的学生更接受完全的线上教学，只有 2% 的同学更接受传统的教学方式。

**"组合数学"**　本课程教师在将近 15 人的留学生硕士研究生班级实施混合式教学。教师将慕课视频分为课前自学、课后复习及作业相关的三类供学生在不同环节观看学习，并要求学生完成相应的在线测验；线下课堂则结合了教师讲授、学生分组讨论、学生分组完成项目等不同环节；课程着眼于学习过程和情境设计，采用了多样的考核方式来激励和评估学生学习。此外，在常规的研究生同名课程班级里，教师还安排了一次课的翻转试点，学生可报名对应环节以在线学习替代实体课堂出勤学习。

**"基础英语听说"**　本课程定位于英语听说水平较薄弱的本科生，并聚焦于语音语调，要求学生课下观看视频、完成在线习题，而在课堂上组织了多种形式的活动，包括互相听写、讨论、角色扮演、动画片配音、小组汇报、对话视频拍摄等。

**"财务报表分析"**　本课程是 MBA 学生的专业选修课。课程以两阶段的翻转课堂形式组织，前 4 周学生在线学习，观看视频、完成习题；后

8周是实体课教学，教师进行知识点串讲和重点复习，主要是案例分析。从实施效果来看，教师和学生的时间更为灵活；实体课堂上，学生参与讨论更为积极，教师反映学生的基础比以往更为扎实。

## 2. 利用清华大学 MOOC 开展混合式学习试点情况

与此同时，清华大学慕课也开始用于支持合作院校的校内教学。截止到2014年秋季学期，已有7门清华大学慕课在"985""211"、一般本科院校、高职高专和高级中学等不同类型的学校中进行了翻转课堂的试点（见表 C-2）。

表 C-2　清华大学慕课支持的合作院校试点课程（截至 2014 年）

| 课　　程 | 学　　校 |
|---|---|
| 电路原理 | 南京大学（36）、青海大学（24）、贵州理工学院（200） |
| 马克思主义基本原理 | 贵州理工学院（50）、云南经济学院（900） |
| 数据结构 | 南宁学院高博软件学院（100） |
| 模拟电子技术基础 | 复旦大学 |
| 中国建筑史 | 温州大学瓯江学院（200）、北师大实验中学（30） |
| 财务分析与决策 | 北师大实验中学（30） |
| 心理学概论 | 北师大实验中学（30） |

在这些课程中，合作院校能够结合各自的人才培养目标和需求，应用清华慕课等在线教育资源，尝试以不同方式结合在线学习与课堂教学，探索校际课程的创新应用模式，促进教学质量的提升。

## 3. 总体效果

从试点课程实施的情况和效果来看，慕课支持下的校内混合式学习受到参与学生的普遍欢迎和认可，课程能够赋予学生更多的学习自主空间，满足学生个性化、多样化的学习需求，有助于提高学生的学习兴趣和学习投入，进而提升学习成绩。

同时，基于慕课的优质教学视频、在线评测、学习数据反馈，以及开放学习社区或跨校教师交流机制等优势，有助于教师教学的提升与优化，并给予教师教学上更多的灵活性。

此外，我们可以欣喜地发现，不同院校引入他校优质慕课支持校内教学的实践，确实体现了慕课在促进优质教育资源共享、促进教育公平上的巨大潜力。

当然，在试点过程中还发现翻转课堂对于师生双方的投入都可能有较大的要求；还需要更多政策保障和硬件支持。这些问题，都有待在进一步的试点中探索解决和完善。

伴随着全社会对于在线教育发展的持续关注，我们期待通过越来越多的试点课程，探索出一条将在线学习与高校常规教育有机结合的路径，有效提升高校教育水平，并促进优质教育资源的共享，助推教育公平。

## • "电路原理"课程混合式教学案例

（于歆杰 清华大学电机系副系主任、副教授）

从 2013 年起，清华大学在 edX 和"学堂在线"两个平台同时开设了电路原理慕课。迄今为止，已有来自全球近 160 个国家和地区的超过 7 万名学生选修。

图 C-1 给出了清华大学"电路原理"慕课在 2014 年秋季学期开课初（针对选修学生基础数据）和课程结束前（针对课程质量）两次匿名调查问卷的统计结果。

edX 平台和"学堂在线"平台学生的年龄分布如图 C-1 所示（横轴为选课学生年龄，纵轴为该年龄的学生人数）。可以看出，学生的年龄跨度超过 50 岁。

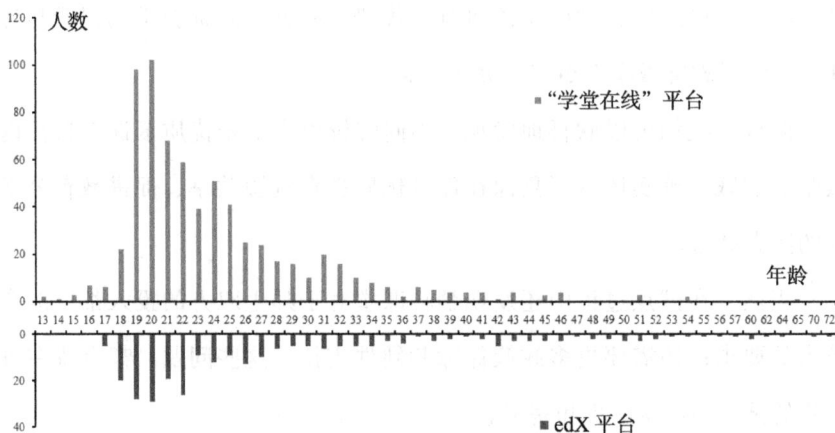

图 C-1　清华大学"电路原理"慕课 2014 年秋季学期学生年龄分布

edX 平台和学堂在线平台学习者的工作状态分布如图 C-2 所示（其中的数值表示属于该类别学习者的比例）。可以看出，约有一半学习者当前并非在校学生。

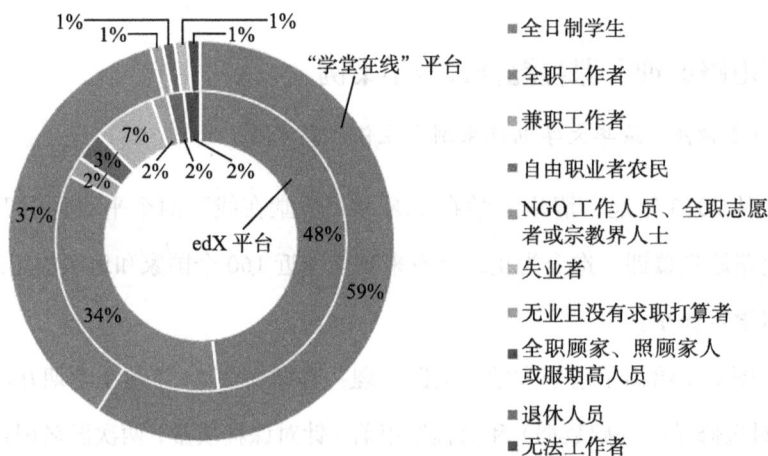

图 C-2　清华大学"电路原理"慕课 2014 年秋季学期学生工作状态分布

edX 平台和"学堂在线"平台学习者对慕课视频和音频的满意程度如图 C-3 所示（其中的数值表示属于该类别学习者的比例）。可以看出，绝大部分学生对视频音频质量满意。

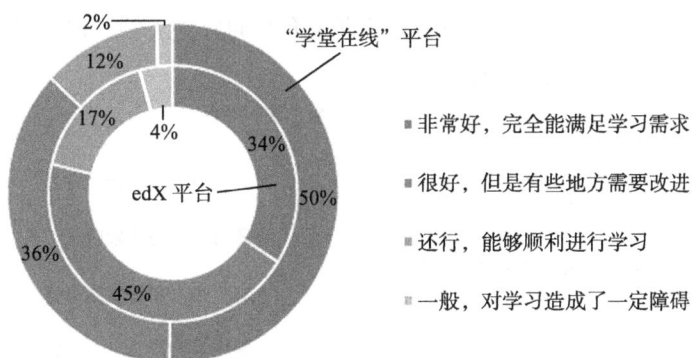

图 C-3　清华大学"电路原理"慕课 2014 年秋季学期视频和音频质量反馈

注：反馈选项中"不怎么样，基本上没什么帮助"无人选。

　　edX 平台和"学堂在线"平台学习者对慕课讲间练习（简单习题）的满意程度如图 C-4 所示（其中的数值表示属于该类别学习者的比例）。可以看出，大部分学生认为这些讲间练习与前面的知识点有比较紧密的联系。

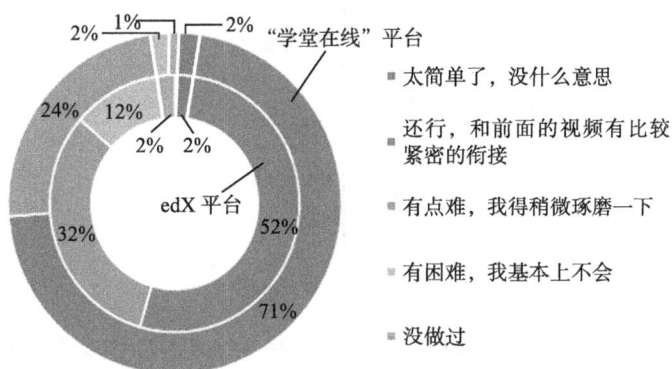

图 C-4　清华大学"电路原理"慕课 2014 年秋季学期讲间练习反馈

　　edX 平台和"学堂在线"平台学习者对慕课每周（复杂习题）的满意程度如图 C-5 所示（其中的数值表示属于该类别学习者的比例）。可以看出，大部分学生需要用些精力方能完成每周作业。

　　edX 平台和"学堂在线"平台学习者对慕课中介绍的应用实例满意程度如图 C-6 所示（其中的数值表示属于该类别学习者的比例）。可以看出，绝大部分学生对"电路原理"慕课中介绍的应用实例非常感兴趣。

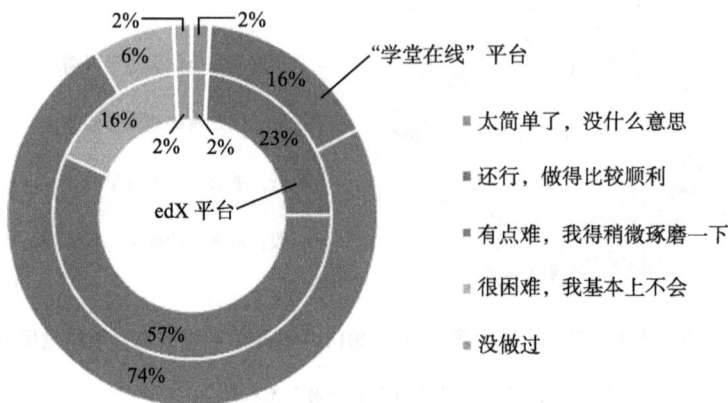

图 C-5　清华大学"电路原理"慕课 2014 年秋季学期每周作业反馈

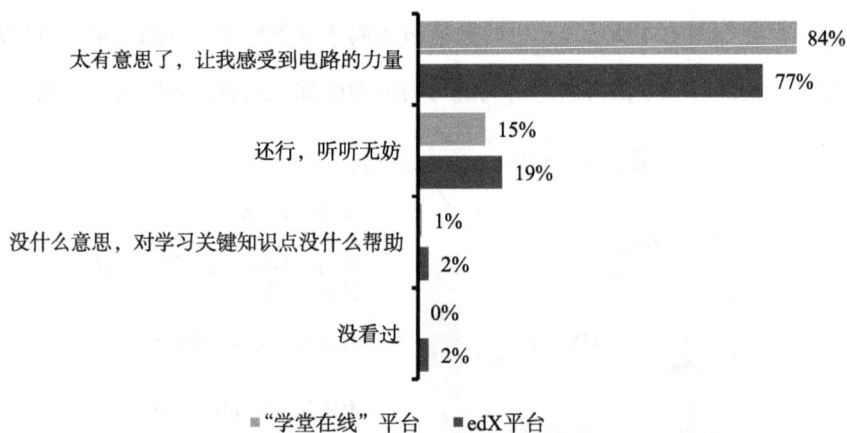

图 C-6　清华大学"电路原理"慕课 2014 年秋季学期应用实例反馈

　　我们不难得出结论，清华大学"电路原理"慕课面对多样化的授课对象，制作出来的慕课能够得到社会化学习者的集体肯定。

　　除了采用种种手段，为社会化学习者提供更优质的教育资源外，来自清华大学、南京大学、青海大学和贵州理工学院等高校的教师们，还以此为基础，探索出一条利用优质慕课资源、为各自学校学生提供更好教育服务的新路，这就是所谓的"以学生为中心的教与学"，即借助慕课资源和 SPOC 平台，以翻转课堂或 PBL 为载体，实施混合式教学。

这里不妨用图 C-7 来说明它们之间的关系。图 C-7 中的外环意指慕课资源、SPOC 平台和翻转课堂分别提供以学生为中心的教与学模式的教学内容、教学环境和教学方法；内环是学生在该模式下的学习行为：从课前预习知识，到课上通过讨论巩固知识，再到最终课后总结和讨论所掌握知识。可以看出，教学内容、教学环境和教学方法的选择和实施，是对教师施教层面的考虑；课前预习、课上讨论、课后总结和讨论的闭环学习过程，是对学生学习层面的考虑。它们都是围绕学生发生有效学习行为而专门设计的，因此称为"以学生为中心的教与学"。

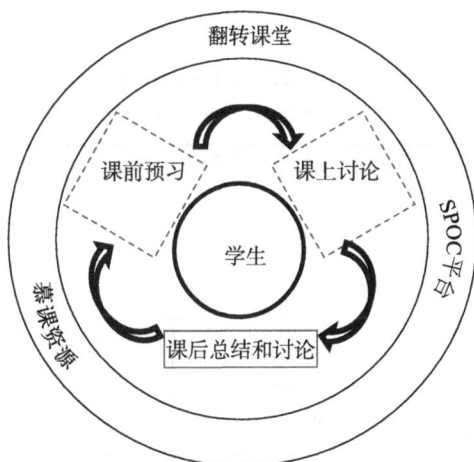

图 C-7　以学生为中心的教与学

学生在课前，需要利用慕课资源，根据教师事先给出的要求进行预习。预习的目标是：掌握程度超过 50% 的慕课资源中的知识。而且需要学生总结出：慕课资源中听不懂的地方，认为有错的地方，认为特别有道理、然后自行展开研究的地方。

学生在课上，以"学生-学生"讨论和"学生-教师"讨论为主要形式，就课前预习的知识点、课堂教师布置的练习题展开讨论甚至争论。

教师的作用就是控制时间进程，提出讨论题和练习题，维持讨论秩序和大致的讨论走向，在适当的时候进行仲裁和点评等。

学生在课后，根据课堂讨论的体会，整理本堂课各问题和知识点之间的逻辑关系，将其绘制在一张图上，下次课要和教师留的其他课外练习一起，作为作业上交。同时，学生还会在 SPOC 平台的讨论社区中继续和同学与教师进行与课堂讨论相关的、更加深入的讨论，参与维基百科词条的编辑。

自 2013 年起，该模式在清华大学、南京大学、青海大学和贵州理工学院得到了成功应用。表 C-3 和表 C-4 分别给出了各校的基本情况和线上、线下成绩占比。

表 C-3　2013 ~ 2014 年电路原理课程以学生为中心的教与学试点院校基本情况

| | 学校级别 | 高考入学成绩 | 开课学期 | 目标 | 学生选择 | 学生数量 |
|---|---|---|---|---|---|---|
| 南京大学 (标准版) | 1 "985" | >610 | 大一（秋） | 效果创新 | 学生申请 简单面试 | 36 |
| 清华大学 (a) (加强版) | 1 "985" | >630 | 大一（春） 大二（秋） | 创新 | 学生申请 简单面试 | 20 |
| 青海大学 (精简加强版) | 2 "211" | 480 ~ 580 | 大二（秋） | 低课时 创新 | 学生申请 面试考虑成绩 | 24 |
| 贵州理工学院 (逐步过渡版) | 3 二本 | 380 ~ 450 | 大二（秋） | 效果 | 选择行政班 | 50×4 |
| 清华大学 (b) (迷你版) | 1 "985" | >630 | 春、秋 | 灵活性 | 学生选课 | 10 |

表 C-4　电路原理课程以学生为中心的教与学各实现方案最终成绩占比

| | 线上学习 | | | | 线下学习 | | | | | 总成绩 |
|---|---|---|---|---|---|---|---|---|---|---|
| | 讲间 练习 | 每周 作业 | 讨论区 表现 | 期末 | 课堂 表现 | 笔头 作业 | 仿真/ 实验 | 期中 | 期末 | |
| 南京大学 | 5 | 5 | 10 | | 20 | 10 | | | 50 | 100 |
| 清华大学 (a) | 5 | 10 | 5 | | 5 | 5 | 15 | 15 | 40 | 100 |
| 青海大学 | 5 | | 5 | 10 | 20 | 10 | | 20 | 30 | 100 |
| 贵州理工学院 | 8 | 8 | 8 | 16 | 18 | | 6 | | 36 | 100 |
| 清华大学 (b) | | | | | | | | 40 | 60 | 100 |

南京大学（标准版）的目标是消除学生的畏难情绪，提高学习效果，在此基础上，适当训练学生的创新能力。实施一个学期后，学生的学习积极性大为高涨，研究性学习蔚然成风，团队学习和协作学习的新学习方式初步形成，成功开展了多次研究自主性实验，教学效果可谓是"超出预期，令人惊喜"。

清华大学（加强版）的目标是帮助学生找回被应试教育磨灭的探索热情。根据 3 个学期的实践结果，学生的课堂表现非常积极踊跃，每个学期都有选修该课程的大一新生申请的专利被授权，参加该课程学习的学生在后续大学学习生活中也表现出很强的创新欲望和创新能力（大二以第一完成人身份获得清华"挑战杯"一等奖）。

青海大学（精简加强版）采用分层次教学的思想，希望同时实现降低课时数和培养创新性这两个目标。在 2014 年秋季学期，他们只用了原先一半的课内学时，就使得教改班的期中、期末同卷平均成绩比相同基础对照组要分别高出 14 分和 11 分。更重要的是，涌现出一批大大超出教师预期的主动学习行为。例如，自行研制电磁发射装置；灵感涌现时在食堂地板上就地开展实验研究；学生到南京大学 SPOC 平台参与讨论……

贵州理工学院（逐步过渡版）的目标是，让学生逐步养成学习的习惯，从学习知识中发现乐趣，最终实现较好的学习效果。在 2014 年秋季学期，他们在 4 个行政班（包括两个大一学分成绩垫底的行政班）中，实现了同卷期末成绩比其他 6 个行政班高 8 分，明显降低了放弃学生的比例（卷面成绩低于 40 分学生比例为 7%）。到学期后段，参与课前预习的同学已占到 60% 以上；有 70% 以上的同学课外学习时间在 1 小时及以上；2/3 学生在教改班的上课兴趣比传统课堂有提升；如果再次选择，接近 80% 的学生愿意选择"以学生为中心的教与学"模式。虽然学生的课前预习比例和课外学习时间与前面学校比起来可能依然差之深远，但是与其自身相比，学生对课程的认可度和投入都远超其他平行班。课堂上师生互动频繁。教师认为对于其他核心课程来说，这种模式是完全可以推广的。

清华大学（迷你版）的目标是为学生提供更大的学习灵活性。他们单独设置了电路原理X课程，面授（讨论）时间从传统"电路原理"的每周课内4学时变为每2周2学时。从2014年春季学期期中和期末考试同卷卷面成绩来看，教改班平均分与其他自由选修的"电路原理"平行班学生完全可比。

可以看出，在这种"以学生为中心的教与学"的混合式学习模式下，各校都用同一个种子（相同优质慕课资源），在不同地方种植（不同学校SPOC平台的实现方式不同），采用不同的种植方式（翻转课堂实现方法不同），可以开出不同的花（学生课堂表现不同），结出不同的果（达成不同的教育教学改革目标）。

这种模式能够利用相同的资源，在高考入学成绩相差近300分的学校中，达成各种不同的教育改革目标。这正是"以学生为中心的教与学"模式的最大魅力。

## • 翻转课堂改变了什么：探访荆家中学教学改革

*（李曼丽 清华大学教育研究院教授）*

在2014年9月于上海召开的2014年全球互联网教育创业者大会上，荆家中学吸引了人们的目光，它之所以备受瞩目，是因其对翻转课堂理念的践行和信息化教学改革。

翻转课堂是一种新型教学模式，学生在上课前自主完成课程内容的学习，课堂上师生共同完成作业，讨论学习过程中遇到的问题。自2007

年起源于美国，翻转课堂就受到热捧，从基础教育到高等教育，都涌现了不少成功案例。然而，由于其对传统教学模式的巨大冲击，在我国并没有得到广泛推行。

## 1. 探索之路

通过沪江网为其拍摄的短片了解了相关情况，我们课题组立即动身，先后三次赶赴荆家中学进行实地调研。荆家中学是山东省淄博市桓台县荆家镇的三所初级中学之一，辖附近 8 个村，共 300 余名学生。整个校园中的唯一建筑，是一座三层的略显老旧的教学办公综合楼，教室里的门窗、桌椅都已经比较破旧。我们第三次去实地调研时，时值 12 月中旬，供热系统仍在建设中，不能投入使用，虽然教室向阳，师生仍需穿棉服御寒。就是在这样一所偏远、贫困的农村中学，正发生着和遥远的美国林地中学类似的教学变革。

近年来，与当地其他乡镇中学一样，荆家中学也一直处于发展困境之中：办学经费依靠有限的财政拨款，校园基础设施简陋，学生和优秀教师大量流失。教育资源城乡分布不均极大地限制了学校的发展。要突破困境，必须探索新的发展路径。荆家中学的李栋副校长相信，互联网可以让农村孩子获得同样优质的教学资源，自 2013 年开始，他带领一支年轻的教师队伍，顶着巨大的压力走上了改革之路，逐渐进行翻转课堂的尝试。

开始的路是艰辛的，这样一反传统的改革对于这所农村学校来说并非易事。校长和老师们说服家长为学生购置笔记本电脑，不断为贫困学生寻求社会资助，终于保证学生人手一台电脑。无线网路由器和几个二手接线板是每间教室的标配，楼内的服务器是一台已经工作 8 年的台式机，简陋的设备撑起了互联网学习的梦想。由于师资不足，荆家中学的许多教师并非科班出身，他们经常聚在一起交流讨论，设计各自学科的翻转方案。改革之初，不免收到学生家长的抱怨和投诉，但荆家中学的举措得到了学校领导集体和当地教育部门的支持，虽然困难重重，李校长还是带领教师们，凭着对新型教学模式的坚定信念和对学生的一腔热情，坚持推进教学改革。

### 2. 教学改革

荆家中学从 2013 年 9 月起，对当时的初二课堂进行翻转。目前为止，初二、初三年级 6 个班所有科目均实行课堂翻转，翻转教学方案由各科教师组成的教研团队自行设计。上课前，同学们在家里通过搜集网络教学资源或观看老师提前制作好的微课视频，完成基本的课程内容学习，绘制知识树和思维导图，根据所学制作演示文稿或小视频。课堂上，由同学展示其学习成果，其他同学进行同伴评价，老师进行总结和拓展，师生共同完成针对性练习，讨论学习过程中遇到的问题。教室里，同学们人手一台电脑，面对面坐，方便小组交流。教学过程中，学生可以随时提问和进行讨论，甚至根据讨论需要在教室走动，师生互动频繁，课堂气氛非常活跃。与传统教学模式不同，翻转课堂将基础知识的学习放在课外，学生可以针对自己的情况，进行时间安排和个性化学习，宝贵的课堂时间集中解决学生自己无法解决的问题。

为了配合翻转课堂和信息化教学改革，荆家中学的老师们还设计了一套周密而灵活的"师徒互助"机制。每一门课程由任课教师负责分组结对，每两人互为师徒，三对师徒为一组，分组结对过程充分考虑学生性别、性格、成绩等多方面个性化因素。任课教师为每个小组计分，部分任课教师将黑板划出部分区域当场计分，课堂上回答问题以及其他教学环节的教学任务都与小组打分挂钩，学期末得分最高的小组可以获得奖励。师父在知识学习上帮助徒弟，师徒互相督促，确保学生合理利用网络和课外时间。

### 3. 喜人成绩

一年半过去了，转课堂到底给荆家中学带来了什么变化？三次调研中，我们收集了荆家镇三所初级中学，初二、初三年级的多次考试成绩和调查问卷全样本数据，并对部分师生进行了访谈。

初中是我国义务教育的最后阶段，面临着中考和升学压力，也是学生进入高等教育的重要准备阶段，在我国现行教育体制下，考试成绩仍然是人们关注的焦点，荆家中学教学改革的实效性也因此受到各方的热切关注。我们对三所学校的数据进行了数据统计和回归分析，研究结果是振奋人心的。数据分析结果显示，荆家中学学生考试成绩有显著提高，相比于其他两所中学，进步幅度最大，尤其是数学成绩，提升尤为明显。通过访谈我们还了解到，实行翻转课堂以来，同学们的精神状态和学习态度也有了明显的改善，曾经的几个"逃学王"也逐渐产生了学习兴趣，成了"遵纪守法"的好少年，甚至从徒弟摇身变成了师父。

与我们对偏远地区农村孩子的固有印象不同，在访谈过程中我们发现，荆家中学的学生不仅乐于交流，并且能够用标准的普通话与我们交谈，落落大方地表达自己的所思所想；课堂上，孩子们也可以声情并茂地演讲。另外，由于日常的学习任务需要通过电脑和网络完成，一段时间下来，同学们已经俨然成了 IT 小能手，不仅能够通过网络搜集教学资源，还能够熟练使用办公软件，制作微课视频。流畅的表达、熟练的信息技能，我们相信这都是翻转课堂改革的丰硕果实，也将让这些孩子受益终身。

谈及同学们的转变，校长和老师们都欣喜起来，同学们在新的教学模式下表现出的积极向上的状态让老师们自豪不已。与此同时，翻转课堂也在悄悄改变着每一位老师。由于学校优秀教师大量流失，荆家中学的许多教师都不是科班出身，美术、音乐等专业的教师要承担语文、英语科目的教学任务。还有一位老师，放弃了年薪十余万元的瑜伽教练工作，成为一名乡村女教师，也成为翻转课堂改革的中坚力量。为了配合翻转课堂改革，老师们利用业余时间自学教学办公软件、录制微课等电脑技能并对同学们进行基础培训，还有教师完成了北京大学"翻转课堂教学法"MOOC课程的学习。2013年，学校四位教师参加全国中小学信息技术实践与创新活动（NOC）全国总决赛，全部荣获二等奖；2014年，五位教师获得NOC全国总决赛一等奖。

2014年6月22日，由山东省教育科学研究所主办的"山东省翻转课堂课题研究暨观摩研讨会"上，李校长主持申报的课题获得省教科所立项，荆家中学被省教科所确定为"山东省教育科学规划重大攻关课题——翻转课堂与微课程开发实验基地"。这是上级教育部门对荆家中学的又一次肯定。荆家中学的翻转课堂改革是一次勇敢的尝试，未来还要克服种种困难继续探索，还需要社会各界的持续关注和支持，我们相信也祝愿，荆家中学能够在翻转课堂和信息化教学改革的道路上越走越远。